L. kohlfirst

Die elektrischen Einrichtungen der Eisenbahnen und das Signalwesen

L. kohlfirst

Die elektrischen Einrichtungen der Eisenbahnen und das Signalwesen

ISBN/EAN: 9783743395992

Hergestellt in Europa, USA, Kanada, Australien, Japan

Cover: Foto ©ninafisch / pixelio.de

Manufactured and distributed by brebook publishing software (www.brebook.com)

L. kohlfirst

Die elektrischen Einrichtungen der Eisenbahnen und das Signalwesen

Elektro-technische BIBLIOTHEK.

XII. BAND.

Die elektrischen

EINRICHTUNGEN

der

EISENBAHNEN

und das

SIGNALWESEN.

A. Hartleben's Verlag.

WIEN · PEST · LEIPZIG.

Die

ELEKTRISCHEN EINRICHTUNGEN

der

EISENBAHNEN

und das

SIGNALWESEN.

Von

L. Kohlfürst,

Ober-Ingenieur.

Mit 130 Abbildungen.

WIEN. PEST. LEIPZIG.

A. HARTLEBEN'S VERLAG.

1883.

K. k. Hofbuchdruckerei Carl Fromme in Wien.

Vorwort.

Zweck des vorliegenden Werkes ist die Besprechung der elektrischen Bahneinrichtungen und insbesondere der Signalmittel der Eisenbahnen.

Die Durchführung dieser Aufgabe erwies sich insofern schwierig, als für den reichlichen Stoff nur ein verhältnissmässig enger Raum zur Verfügung stand, während gleichzeitig dem Umstande, dass jeder Band der Elektrotechnischen Bibliothek für sich selbstständig ist, doch auch einigermassen Rechnung getragen werden sollte. In letzterer Hinsicht schien es geboten, die Principien der elektrischen Anlagen wenigstens in einigen kurzen Andeutungen zu recapituliren. Wie denn hierin nur Knappes geboten werden konnte, musste auch das Material des eigentlichen Vorwurfes auf's engste zusammengedrängt werden. Es haben deshalb die älteren oder bekannteren, oder weniger wichtigen Einrichtungen, sofern sie nicht als richtunggebend angesehen werden durften, nur eine kurze Behandlung erfahren. Ab und zu hat es mit der Verweisung auf literarische Quellen und insbesondere auch auf das einschlägige, reichliche Material der übrigen Bände der „Elektro-technischen Bibliothek" sein Bewenden finden müssen, wie z. B. hinsichtlich der Details zu den Sprech-Telegraphen, ferner bezüglich der galvanischen Batterien, des Leitungsbaues, der inneren und äusseren elektrischen Zugbeleuchtung.

Es war dies der einzige Weg, um die wichtigeren, richtunggebenden oder neuen Einrichtungen, von welch' letzteren die Pariser Ausstellung Vieles und ebensowohl die Münchener Ausstellung Manches gebracht haben, näher in Betracht ziehen zu können.

Von den Quellen, welche benutzt wurden, sind, insoweit solche nicht ohnehin im Texte besonders genannt werden, nachfolgende anzuführen: M. M. Freiherr v. Weber: „Das Telegraphen- und Signalwesen der Eisenbahnen", Weimar 1867; M. E. Brame: „Etude sur les Signeaux", Paris 1867; W. E. Langdon: „The Application of Electricity to Railway Working", London 1877; meine eigenen Arbeiten: „Ueber elektrische Distanzsignale für Eisenbahnen," Prag 1878, „Ueber Blocksignale", Prag 1879, „Ueber elektrische Wasserstandsanzeiger", Berlin 1881; Dr. K. E. Zetzsche: „Handbuch der Telegraphie," IV. Band, Berlin 1881; die Ausstellungsschriften der Thüringischen Eisenbahn, der Französischen Nord-, West- und Paris-Mittelmeer-Bahn, sowie der Oesterreichisch-ungarischen Staatsbahn-Gesellschaft; L. Proske: „Einrichtungen zur Sicherung des durchgehenden Zugverkehrs", Wien 1883.

Schliesslich glaube ich die Bemerkung nicht versäumen zu dürfen, dass das vorliegende Werk, mag es immerhin in Anbetracht seines Stoffes vorwiegend für ein den Eisenbahnkreisen zuzuzählendes Leserpublicum bestimmt scheinen, doch keineswegs unter Zugrundelegung dieses exclusiven Prätextes geschrieben worden ist.

Es wurde vielmehr eine Darstellungsweise versucht, welche der, auf die Information eines ganz allgemeinen, der Elektro-Technik Interesse entgegenbringenden Leserkreises hinzielenden Tendenz der „Elektro-technischen Bibliothek" thunlichst und gewissenhaft Rechnung tragen sollte.

Der Verfasser.

Inhalt.

Einleitung.

Entwicklung der elektrischen Bahneinrichtungen.

Die erste Idee zur Verwerthung des elektrischen Telegraphen für den Bahndienst ging bereits gelegentlich des Baues der Leipzig-Dresdener Bahn von dem Directorium dieser Bahn aus, welches die Professoren Gauss und Weber diesfällig zu Rathe zog.

In seiner an das Directions-Mitglied Linné Erdmann gerichteten, vom 12. Juli 1835 datirten Antwort schlägt Weber vor, schon nach Vollendung eines Theiles der Bahn mit der Anlage des elektrischen Telegraphen zu beginnen; er hält es für möglich, die Schienenstränge an Stelle der Leitungen zu verwenden, eine Anschauung, die erst in jüngster Zeit wieder Geltung erlangt und in Amerika für einige Blocksignale (z. B. System F. L. Pope und S. C. Hendrickson oder System Gassett) praktische Verwendung erfahren hat.

Tiefer geht ein Aufsatz von Gauss ddo. 15. September 1835 in den angeregten Gegenstand ein. Gauss schlägt für die Hinleitung einen 1·6 Mm. starken Kupferoder 3·8 Mm. starken Eisendraht, für die Rückleitung die Schienenstränge vor; letztere für die Hin- und Rückleitung zu benutzen hält er für unausführbar, wenn auch nur deshalb, weil die Räder und Axen der Fahrzeuge leitende Verbindungen herstellen würden.

Die Fähigkeit seines Spiegel-Galvanoskopes, acht Buchstaben in der Minute zu geben, scheint ihm ausreichend. In einem zweiten Briefe Weber's vom März 1836 werden Bedenken, welche gegen die Ausführbarkeit der Sache erhoben wurden, mit dem Bemerken zurückgewiesen: „Gauss' hat die Theorie der elektrischen Telegraphie zum Abschluss gebracht. Distanz der Wirkung, Stärke der Drähte, der Ströme etc. lassen sich mit derselben untrüglichen Sicherheit berechnen, wie eine Mondesfinsterniss."

Wie im ersten Briefe, wünscht hier Weber wieder einen Gauss'schen Zeichen-Apparat angewendet. Die Gesammtkosten der Anlage zwischen Leipzig und Dresden wurden, „da keine Leitung ausser den Schienen nöthig sei", auf 500 Thaler berechnet. Nachdem sich aber noch im gleichen Jahre die Benutzung der Schienenstränge als Hin- und Rückleitung unthunlich erwies, liess die Bahngesellschaft durch den Magister Hülsse, nachmaligen Director der Dresdener polytechnischen Schule, einen Kostenvoranschlag für eine durch Hanf und Pech isolirte Leitung anfertigen, und da sich der Preis per Meile auf beiläufig 500 Thaler stellte, die Vorrichtung aber für Benachrichtigung der Bahnwärter nichts zu leisten schien, wurde von der ganzen Sache im October 1837 „vorderhand abgesehen".

Indessen kam es zur ersten praktischen Anwendung des elektrischen Telegraphen durch Wheatstone und Cooke auf der Great-Western-Bahn im Jahre 1839 und auf der London-Blackwall-Bahn im Jahre 1841. In Deutschland geschah das für Bahnzwecke erst im Jahre 1843 auf der schiefen Ebene zwischen Aachen

und Ronheide durch die Direction der Rheinischen
Eisenbahn. In demselben Jahre beschloss auch die
Direction der Taunusbahn auf Befürwortung von
Seite des Directors Beil und Inspectors Meller, den
ihr von Fardely offerirten Zeiger-Apparat für ihre
Linien anzunehmen, und Ende 1844 kam diese Einrich-
tung auf der Strecke Castel-Biebrich-Wiesbaden in Aus-
führung.

Ein Jahr später führte die Sächsisch-schlesische
Bahn elektrische Telegraphen ein, und 1847 hatte diese
Verwaltung anfangs zehn Meilen Leitung, damals die
längste Eisenbahn-Telegraphenlinie, im Betriebe.

Im Jahre 1847 wurden auch die Bahnlinien Stuttgart-
Esslingen, die Badische Staatsbahn, die Köln-Mindener,
Berlin-Hamburger u. s. w. mit ähnlichen Einrichtungen
versehen.

Von den österreichischen Bahnen war es zuerst
die Kaiser Ferdinands-Nordbahn und dann die nördliche
Staatsbahn, erstere 1846, letztere 1847, welche zur Einrichtung von elektrischen Telegraphen schritten. Von da
an hielt die Verbreitung der Eisenbahn-Telegraphen mit
der Entwicklung und Erweiterung des Staatstelegraphen
in allen Staaten nahezu gleichen Schritt und im Jahre 1852
hatten bereits 39, im Jahre 1863 schon 57 Bahnen des
Deutsch-österreichischen Eisenbahn-Vereines elektrische
Telegraphen. Seitdem sind damit alle Bahnen, die nicht
etwa als ausgesprochene Secundär-, Schlepp- oder Indu-
strialbahnen angelegt wurden, gleich beim Baue oder
vor der Betriebseröffnung ausgerüstet worden.

Eigenthümlich ist, dass in allen deutschen wie
österreichischen Gesetzen, welche sich auf die Bauausführung von Eisenbahnen und deren Anlage im

1*

Allgemeinen beziehen, keine positiven Bestimmungen über das Vorhandenseinmüssen oder die Einrichtungsweise von Bahntelegraphen enthalten sind, während in den Betriebsvorschriften (Bahnpolizei-Reglement für die Eisenbahnen Deutschlands. Grundzüge für die Ausübung des Verkehres auf österreichischen Bahnen) sich Bestimmungen finden, welche das Vorhandensein eines Telegraphen und auch bestimmte Einrichtungsformen desselben als selbstverständlich voraussetzen. Dagegen stellte der Verein deutscher Eisenbahn-Verwaltungen 1869 nachstehende Vereinbarungen fest:

a) Für Bahnen I. und II. Classe: „Jede Eisenbahn, sie mag ein- oder zweispurig sein, muss einen elektrischen Telegraph für die Correspondenz zwischen den Stationen haben" . . . . . . u. s. w.

„Nothwendig ist es auch, Einrichtungen zum Telegraphiren zwischen den Stationen und anderen Zwischenpunkten der Bahn zur Herbeirufung von Hilfe zu treffen. Wünschenswerth ist es, dass diese Einrichtungen zur Vermittlung der ausführlichen Correspondenz geeignet sind."

b) Für secundäre Bahnen. „Wenn Zugskreuzungen vorkommen, so ist die Einführung einer elektromagnetischen Correspondenz zwischen den Stationen erforderlich."

Die Mittel für die elektrische Zeichengebung der Eisenbahnen zerfallen in zwei wesentlich voneinander verschiedene Hauptgruppen, nämlich in jene Vorrichtungen, welche beliebige Mittheilungen zulassen, die eigentlichen Telegraphen, und in solche, welche nur einzelne oder eine beschränkte Anzahl bestimmter, zur Regelung und Sicherung des Bahndienstes dienender Begriffe mitzutheilen gestatten, die Signale.

In jüngerer Zeit haben die Eisenbahnen auch für Controlzwecke, welche nicht gerade unmittelbar mit der Sicherung des Verkehres im Zusammenhange stehen, die Elektricität mit Vortheil auszunutzen begonnen (vergl. Abschnitt X), andererseits auch für Sicherheitsvorrichtungen, z. B. Zugsbremsen (vergl. Abschnitt XI), welche nicht mehr auf dem Gebiete der Zeichengebung stehen.

Es hat ferner das elektrische Licht eine werthvolle Verwendung gefunden für die Beleuchtung von Bahnhofshallen und Rangirbahnhöfen, ebenso auch ambulatorisch an der Zugslocomotive oder auch zur Beleuchtung von Arbeitsplätzen, Unfallstätten u. s. w. auf der Strecke, endlich auch für die innere Zugsbeleuchtung. Hinsichtlich letzterer befindet man sich übrigens erst noch im Versuchsstadium, wenigstens insoweit es sich um die ökonomische Seite des Gegenstandes handelt, obzwar bekanntlich auf der London-Brighton and South-Coast-Bahn bereits seit zwei Jahren ein elektrisch beleuchteter Pullmannzug regelmässig verkehrt. (Ueber elektrische Beleuchtung siehe Band III der Elektro-technischen Bibliothek.)

Schliesslich ist an die Ausnutzung der elektrischen Kräfteübertragung und ihre Ausnutzung für den Betrieb von Eisenbahnen zu erinnern. (Ueber elektrische Kraftübertragung siehe Band II und Band XVII der Elektrotechnischen Bibliothek.)

Princip der elektrischen Anlagen.

Jede elektrische Anlage erfordert das Vorhandensein der Elektricitätsquelle, dann des gutleitenden Schliessungsdrahtes, ferner eines Apparates, mit welchem die Arbeit der Elektricitätsquelle eingeleitet oder regulirt wird,

endlich eines Apparates, welcher die Arbeit der Elektricitätsquelle in eine Leistung umsetzt.

Bei den Anlagen für die Zeichengebung wird diese
Leistung optisch oder akustisch wahrnehmbar sein müssen.
Der Apparat, welcher die Thätigkeit der Elektricitätsquelle regelt, also die Hervorrufung des Zeichens einleitet,
heisst in diesem Falle Zeichengeber (Taster, Sender,
Schlüssel etc.), jener, welcher die Elektricitätswirkung
äussert, Empfänger (Indicator, Schreib-Apparat, Zeichenscheibe etc.).

Der Unterschied, welcher in dem Verhalten der
Elektricitätsquelle während des Ruhezustandes des Schliessungskreises und jenem während der Zeichengebung besteht, gibt die Grundlage zur Bezeichnung des Systems
der Schaltung. Es können in dieser Richtung zwei Hauptgruppen der Stromausnutzung unterschieden werden,
erstens solche Anordnungen, bei welchen im Schliessungskreise während der zwischen der Zeichengebung liegenden Pausen die Elektricitätsquelle unthätig bleibt, d. h.
keinen Strom giebt, und solche, bei welchen die Elektricitätsquelle in diesen Pausen wirksam ist, nämlich Strom
liefert.

Ersterenfalls wird die Stromlosigkeit der Linie in
den Pausen einfach dadurch erzielt werden können, dass
in dieser Zeit keine Elektricitätsquelle im Schliessungskreise belassen wird, die Zeichengebung kann dann durch
Einfügung der Elektricitätsquelle, also durch Entsendung
von Strömen bewerkstelligt werden, welche Anordnung
das Arbeitsstromsystem giebt. Hierbei ergiebt sich
der weitere Unterschied, ob die Arbeitsströme von
gleicher oder wechselnder Richtung sind. Auch kann
die Stromlosigkeit des Schliessungskreises durch zwei

in dem Schliessungskreise verbleibende, gleich starke, aber im entgegengesetzten Sinne wirkende Elektricitätsquellen bewirkt werden, was dann eine Schaltung auf Gegen-ströme ergiebt.

Die zweite Hauptform, bei welcher in den Pausen zwischen der Zeichengebung die Elektricitätsquelle thätig, also im Schliessungskreise verbleibt, erfordert zur Zeichen-gebung entweder einfach die Wegbringung der Elektri-citätsquelle, beziehungsweise die Hemmung ihrer Wirkung oder die Abänderung dieser Wirkung hinsichtlich der Stärke oder hinsichtlich der Richtung. Im ersten Falle heisst dann die Anordnung Ruhestromschaltung, im zweiten Differenzstromschaltung, im dritten Wechselstrom-schaltung.

Ausser den vier Haupttheilen der elektrischen An-lage, als: Elektricitätsquelle, Leitung, Sender und Empfänger, sind sowohl zur Verbindung dieser Theile untereinander, dann zu ihrer gegenseitigen Controle und auch zu ihrem Schutze Vorrichtungen nöthig, die unter dem Namen Neben-Apparate zusammengefasst werden.

Die Leitung.

Die erste Eisenbahn-Telegraphenleitung in Deutsch-land, jene auf der geneigten Ebene bei Aachen, war allem Anscheine nach eine unterirdische nach englischem Muster, weil Weber ausdrücklich hervorhebt, dass die von Fardely an der Taunusbahn angelegte Leitung die erste in der Praxis angewendete sogenannte Luftleitung auf dem Continente gewesen sei. Fardely benutzte (Sep-tember 1844) einen 1·5 Mm. starken Kupferdraht, der auf niederen, hölzernen, etwa 40 Meter voneinander ent-fernten Pfählen hing, wo er in einem Einschnitte des

Pfahles auf Unterlagen von getheertem Filz ruhte und mit gleichfalls getheerten Holzkeilen festgehalten wurde. Nach Fardely's Vorgang wurden zunächst die württembergischen Linien und dann fast alle in Deutschland und Oesterreich aus Kupferdraht hergestellt, obwohl schon eiserne Drähte bei einzelnen Staatsleitungen in Verwendung standen. Sehr bald aber ging man wieder von der Benutzung des Kupferdrahtes ab und auf die von Eisendraht über.

Unterirdische Leitungen scheinen ausser im oben erwähnten Falle nur noch in Mecklenburg für Bahnzwecke erbaut worden zu sein. Erst seitdem die Herstellung von Kabeln so bedeutende Fortschritte gemacht hat, werden wieder stückweise, z. B. in Tunneln, bei Fluss- und Canal-Uebersetzungen, bei Zuführungen auf grossen Bahnhöfen u. s. w., unterirdische, beziehungsweise subaquare Leitungen eingeschaltet, doch waren im Jahre 1880 von circa 5600 Km. Leitungen der deutschen Eisenbahnen (exclusive Baiern) nur 132 Km., also nicht ganz $1/4$ Procent, versenkte Kabel (vergl. Zetzsche's Handbuch der elektrischen Telegraphie, IV. Bd.). Im Uebrigen ist der Entwicklungsgang der Eisenbahntelegraphen-Leitungsanlagen ganz gleich jenem der Leitungen für Staatstelegraphen.

Leitungsfähigkeit, Continuität und Isolirung sind die unbedingten Erfordernisse jeder Telegraphenleitung; dieselbe muss also ein von einem Pole der Elektricitätsquelle ausgehender und ununterbrochen zum zweiten Pol zurückkehrender, durchwegs von schlechten Leitern umgebener Metalldraht sein. Seit der Entdeckung der Erdleitung wird für lange Linien immer nur die Erde an Stelle des Rückleitungsdrahtes benutzt. Man lässt die Enden der Metallleitung, in welche die

Elektricitätsquellen und Apparate eingeschaltet sind, in die Erde auslaufen, d. h. man nietet diese Enden entweder an grosse Eisen-, Kupfer-, Zink- oder Bleiplatten, die in Gruben, womöglich unter dem Niveau des Grundwassers, vergraben werden, oder befestigt sie an die Metallröhren von Gas- oder Wasserleitungen. Von Grüner benutzt auch mit Vortheil statt Metallplatten Coaksstücke für Erdleitungen und in besonderen Fällen wird wohl auch die Erdleitung durch einen Anschluss an die Schienen der Eisenbahngeleise bewerkstelligt. (Vergl. über die bei den Eisenbahnen benutzten Erdleitungen Centralblatt für Eisenbahnen und Dampfschifffahrt vom 8. März 1881, Wien.)

Die im Freien angebrachte Telegraphenleitung wird jetzt nur aus blankem oder in Oel gesottenem oder verzinktem Eisendraht von 2·5 bis 5 Mm. Stärke, mitunter auch aus Stahldraht und neuester Zeit auch von Phosphorbronze und Siliciumbronze hergestellt. Die Drahtstücke (Adern) haben eine Länge von 80 bis 100 Meter und müssen untereinander selbstverständlich nicht nur in guten metallischen Contact gebracht, sondern auch so fest verbunden sein, dass sie der bedeutenden Spannung, der sie ausgesetzt sind, entsprechend widerstehen. Die Bünde müssen demnach solid hergestellt und durch Verlöthen oder durch Ueberzüge von Blei, Guttapercha etc. vor der Oxydation geschützt werden. Zur Unterstützung des Drahtes dienen in bestimmten, den Lageverhältnissen, der Anzahl und dem Material der Leitung entsprechenden Abständen hölzerne oder eiserne Stangen und an Gebäuden guss- oder schmiedeiserne Träger. Die Isolirung des Drahtes von Stützpunkt zu Stützpunkt besorgt die atmosphärische Luft, an den Stangen und Trägern aber, welche der Elektricität Abwege zur Erde gestatten könnten, müssen besondere schlechte Leiter (Isolatoren) zwischen Draht und Stütze angebracht werden. Diese Isolatoren sind aus Guttapercha, Glas oder vorzüglich aus Porzellan und müssen durch ihre Form das Abrinnen der feuchten Niederschläge bestens erleichtern; sie sind deshalb glockenförmig, häufig im unteren Theile mit doppelten Wandungen versehen, auf eisernen Bügeln oder Stiften, die ihrerseits an die Stangen oder Träger befestigt sind, aufgegypst oder mittelst firnissgetränktem Werg aufgekittet und aufgeschraubt etc. Der Leitungsdraht wird entweder um den Hals der Isolatorglocke umgewickelt oder auf deren Kopf aufgelegt oder endlich auch seitlich angelegt und mit einem zähen Bindedraht festgebunden. Wo die Leitungen von aussen in das Innere eines Gebäudes geführt werden sollen, ebenso im Innern an den Wänden der Gebäude können natürlich blanke Drähte nicht mehr benutzt werden, sondern sind mit Guttapercha, Kautschuk oder anderen gut isolirenden Stoffen überzogene Kupferdrähte in Verwendung.

Desgleichen kann es in längeren Tunnelen, die nass sind und wo die Leitungen der Feuchtigkeit und dem Vereisen preisgegeben sind, ferner bei Uebersetzungen von Flüssen, wenn die Füglichkeit fehlt, Isolatorenträger an einer Brücke anzubringen oder den Strom in einem Felde zu überspannen, weiters auf Bahnhöfen, wo der Sicherheit wegen oder zufolge Platzmangels von der Aufstellung von Stangen abgesehen werden muss etc., gleichfalls unmöglich werden, blanke Leitungen zu verwenden und stellt sich für diese Fälle die Nothwendigkeit heraus, Kabelleitungen einzuschalten, die im Tunnel mit Klemmen befestigt und mit einem Schutzdach versehen oder in

Röhren gelegt, beim Durchsetzen von Flüssen wohlver-
ankert in's Flussbett gelagert und auf Bahnhöfen in die
Erde versenkt werden etc.

Im Wesentlichen sind die Leitungsanlagen für Bahnzwecke auch hinsichtlich ihrer Construction identisch mit
jenen der Staatstelegraphen, und zumeist sind eben
beiderlei Leitungen auf demselben Gestänge vereinigt.

Die Leitungen der Eisenbahnen und überhaupt aller
längs der Eisenbahn angebrachten Telegraphenlinien
müssen nicht nur dem Telegraphenbetriebe entsprechend,
sondern auch mit Rücksicht auf die Bahnsicherheit ausgeführt sein. Es sollen demnach die Telegraphenstangen
immer so stehen, dass sie, selbst wenn sie umstürzen
würden, nicht einem Geleise zu nahe oder auf Zug-
schranken, Wechselständer, Signalkörper u. s. w. fallen
können. Wo sich diese Regel nicht befolgen lässt, muss
mindestens durch eine besondere Befestigung der Stangen
Vorsorge getroffen werden. Die Stangen dürfen ferner
auch nie in die Gesichtslinie der optischen Bahnsignale
gestellt werden. Das Ueberspannen der Bahngeleise ist
auf die unausweichlichen, nothwendigen Fälle zu beschränken und soll der unterste Draht über die Geleise
von diesen mindestens 5·5 Meter abstehen.

Hinsichtlich der Telegraphenleitungen bestehen in
allen Staaten zwischen den Eisenbahnen und dem Staate
bestimmte Feststellungen, im Allgemeinen dahin gehend,
dass sich der Staat für die Ertheilung der Concession
zur Errichtung eines Bahntelegraphen als Gegenleistung
vorbehält, seine Leitungen auf dem Grund und Boden
der Bahn längs der Geleise anlegen zu dürfen, oder
auch seine Drähte auf das Gestänge des Bahntelegraphen
zu spannen. Auch ist in vielen Staaten (auch in Oester-

reich-Ungarn) die Instandhaltung der Bahntelegraphen-Leitung der Staatstelegraphen-Verwaltung vorbehalten, sobald diese einen ihrer Drähte auf dem Gestänge der Bahn gespannt hat, wogegen so ziemlich allerwärts die Bewachung der Leitung und die Behebung geringfügigerer Schäden an derselben dem Bahnpersonal überantwortet sind. Es sind aber auch die Fälle nicht ausgeschlossen, dass die Bahn gegen Entschädigung die ganze Instandhaltung der auf ihrem Gebiete laufenden Staatsleitungen übernimmt oder auch das Recht zugesichert erhält, gegen bestimmte Kostentragung ihre Drähte auf dem Gestänge des Staatstelegraphen anzubringen.

Insoweit diese Verhältnisse nicht durch Gesetze festgestellt oder in der Eisenbahn-Concessions-Urkunde Platz finden, werden sie durch besondere Vereinbarungen, Telegraphenverträge, geregelt. (Ueber die Bauausführung der Leitungen siehe Band XVI der Elektrotechnischen Bibliothek.)

Elektricitätsquellen.

Bei den Eisenbahnen sind für den Betrieb jener Einrichtungen, welche im Nachfolgenden der näheren Betrachtung unterzogen werden, sowohl feuchte Batterien als Inductionsmaschinen in Verwendung.

Schaltungssysteme, welche andauernde Stromschlüsse verlangen, werden natürlich solcher Batterien bedürfen, die sich durch besondere Constanz auszeichnen; für Anordnungen hingegen, bei welchen es sich nur um momentane Stromschliessungen handelt, werden Elemente vorzuziehen sein, welche, wenn sie auch nicht vollkommen constant sind, energischeren Strom liefern, da ihnen die Pausen Zeit zur Erholung bieten.

Ebenso sind die Widerstände des Schliessungskreises für die Wahl der galvanischen Kette massgebend, denn in einer Telegraphenleitung mit geringem Widerstande werden sich eben nur Batterien mit geringem inneren Widerstande mit Vortheil benutzen lassen.

Ein ganz wesentlicher Factor für den anstandslosen Betrieb einer mit galvanischen Strömen arbeitenden Einrichtung ist die präcise und richtige Behandlung und Erhaltung der Batterie; es genügt nicht, dass sie entsprechend zusammengesetzt und richtig eingeschaltet ist, sondern sie muss auch rechtzeitig erneuert oder auch während ihrer Inanspruchnahme mit jenen Stoffen wieder versehen werden, welche sie braucht, um thätig zu bleiben.

In Stationen, wo eine grosse Menge Elemente aufzustellen ist, wird es sich empfehlen, hiefür ein eigenes, grossen und plötzlichen Temperatursdifferenzen nicht ausgesetztes Local (die Batteriekammer) auszuwählen. Auch ist es überall zweckmässig, die Elemente nicht in Kästen oder unter den Apparattischen unterzubringen, sondern sie in einfachen Reihen auf freistehenden Regalen aufzustellen, wodurch die Uebersicht und Reinhaltung wesentlich erleichtert wird.

Bei vielen Bahnen besteht betreffs der Auffrischung oder Auswechslung der Batterien der Usus, dass ein eigenes, mit dieser Verrichtung vollständig vertrautes Individuum Station für Station nach einem bestimmten Turnus dieses Geschäft besorgt. Die Vorzüge dieser Anordnung sind unverkennbar, nichtsdestoweniger kann auch nicht geleugnet werden, dass durch dieselbe das executive Telegraphen- und Verkehrspersonal in den Stationen der Ueberwachung und Instandhaltung der Batterien vollständig entfremdet wird. Treten unter solchen

Verhältnissen Fehler in der Batterie ein, mögen solche auch noch so geringfügig sein, so wird immer erst das mit den Batterien vertraute Organ zur Behebung des Anstandes herbeigerufen werden müssen, wodurch schädigende Verzögerungen entstehen.

Bei den elektrischen Eisenbahn-Einrichtungen finden die häufigste Anwendung für Arbeitsstromschaltungen das Leclanché-Element und diverse Variationen dieser Zink-Kohlen-Batterie; seltener das Smee'sche Zink-Silber-Element (in England und bei der Kaiser Ferdinands-Nordbahn für den Betrieb von Nadeltelegraphen).

Für Ruhestrom- und auch Arbeitsstromschaltungen werden benutzt: die Daniell'schen Elemente, diese aber nur noch selten, dafür um so allgemeiner das Meidinger'sche Trichter- und Ballon-Element. Häufig findet man auch die verschiedenen Modificationen dieser Form, nämlich das sogenannte Callaud'sche, Krüger'sche oder Lohmeyer'sche Element und diverse andere.

Unter den letzteren dürfte mit Rücksicht auf ihre Einfachheit und Oekonomie besonders erwähnt werden das Element der Buschtěhrader Bahn, bei welchem auf einer Einkröpfung des Standglases eine siebförmige durchlöcherte Thonplatte aufliegt, unter welcher sich die Kupfervitriollösung befindet und welche als Trennungsmittel der beiden Flüssigkeiten dient, während der als umgekehrter Kegel geformte Zinkpol, an einem gusseisernen Deckel befestigt, oben im Standglase hängt; ferner das Prasch'sche Element, in welchem die beiden Flüssigkeiten durch ein thierisches Diaphragma geschieden werden. Am Boden des Standglases befindet sich der Kupferpol, umgeben mit der Kupfervitriollösung; in's Glas gehängt ist, auf einem ringförmigen Deckel des

Standglases ruhend, ein weiter, unten mit einer thierischen
Membran abgeschlossener Glastrichter, in dem, auf einem
Deckel des Trichters befestigt, der Zinkpol in Zinkvitriol-
oder Bittersalzlösung hängt. Die Kupfervitriollösung muss
ihren Weg durch das thierische Diaphragma nehmen ·
und das Element ist sonach in Linien mit constanten
Strömen und mit grossen Linienwiderständen, mit
Rücksicht auf die auf's äusserste beschränkte Consumtion,
ganz besonders dienlich. (Näheres über die galvanischen
Batterien siehe IV. Band der Elektro-technischen Bibliothek. ›

Häufig und mit Vortheil werden beim Eisenbahn-
betriebe die Siemens'schen Magnet-Inductions- und auch
Dynamo-Maschinen verwendet. Die Anwendung dieser
Elektricitätsquellen empfiehlt sich überall, wo vom elektrischen Strom grössere Leistungen bei erhöhter Sicherheit gefordert werden, unter der Beschränkung, dass der
Leitungswiderstand kein zu grosser ist, und hauptsächlich
also, dass nicht allzu viele Elektromagnet-Spulen sich in
dem Schliessungskreise befinden. Die gedachten Elektricitätsquellen sind sonach für kurze Arbeitsstromlinien, in
welchen nur wenige Apparate eingeschaltet sind, vorzüglich geeignet, auch weil sie Ströme liefern, die fortdauernd
gleich bleiben, was man bei Batterieströmen selbst bei
bester Instandhaltung nicht erwarten darf, und eine Reihe
von Mängeln nicht besitzen, welche den feuchten Batterien
anhaften. Hierin kommt insbesondere die stete und kost-
spielige Pflege der galvanischen Batterie in Betracht,
welche bei den Magnet-Inductoren vollständig wegfällt.

Die Siemens'sche Magnet-Inductionsmaschine besteht
aus einer Anzahl Hufeisenmagnete (Fig. 1), die isolirt
nebeneinander gelagert sind und deren Schenkel am
Polende SN auf der einander zugekehrten Seite segment-

förmig so ausgeschnitten sind, dass der Cylinder C dazwischen Platz finden kann. Dieser Cylinder hat einen
Kern aus weichem Eisen *a* von doppelt T-förmigem Quer-
schnitte. Die längs des Eisenkernes gebildete Nuth ist
mit seidenübersponnenem Drahte umwickelt und ausgefüllt,
wodurch äusserlich die Form einer Walze wieder hergestellt wird, wie dies in Fig. 1 bei *b* ersichtlich gemacht
ist. Behufs Fertigstellung der Maschine, Fig. 2, werden an

Fig. 1.

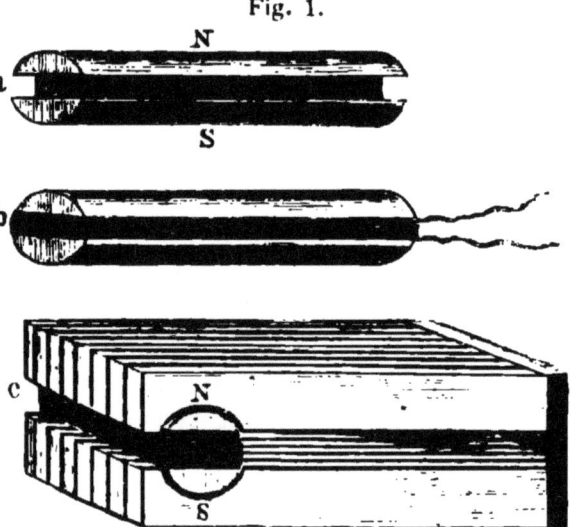

die beiden Enden des auf die vorgeschilderte Art ge-
bildeten Cylinders (Inductor-Ankers) *J* messingene Deckel
mit Zapfen geschraubt, die so in Lagern ruhen, dass *J*
genau in den Ausschnitt der Magnetschenkel zu liegen
kommt; dabei muss der Anker immerhin so viel Spielraum
haben, um nirgends zu reiben. In dem einen Zapfen ist
ein Getriebe *G* eingeschnitten, in welches ein Zahnrad *R*
eingreift, das mit der Kurbel *K* angetrieben wird. Der
zweite Zapfen vermittelt die Weiterleitung des Induc-

tionsstromes. Es ist zu diesem Zwecke das eine Ende der Inductor-Multiplication mit dieser Axe, das zweite mit einer auf die Axe gesteckten, jedoch von derselben durch eine Hartgummi- oder Horn-Zwischenschicht isolirte Metallhülse verbunden. Zwei Federn, von welchen eine an der Axe, die andere an der Hülse schleift, und von welchen, die eine mit der kommenden Leitung a und die andere mit der gehenden Leitung b verbunden ist, bilden die weiteren Vermittler zum Stromaustritt. Bei dieser Anordnung werden die Ströme abwechselnder Richtung, welche durch das Drehen der Kurbel, beziehungsweise des Cylinders J entstehen, indem der Eisenkern bei jeder

Fig. 2.

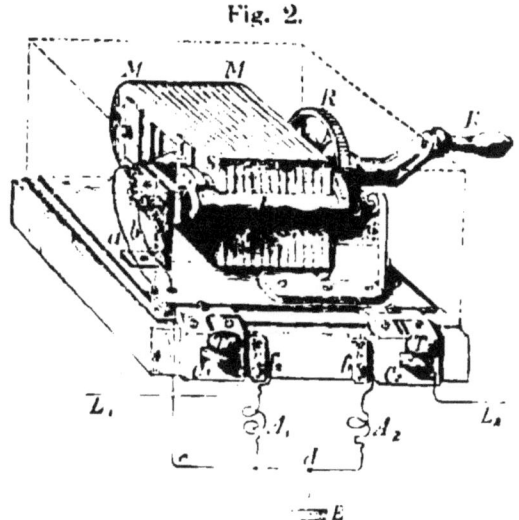

seiner Umdrehungen zweimal den von M empfangenen Magnetismus ändert, direct in dieser Form, d. i. als Wechselströme, in die Linie gebracht.

Sollen hingegen die vom Inductor gelieferten Ströme gleichgerichtet in den Schliessungskreis gelangen, so befestigt man eine isolirende Zwischenlage M (Fig. 3) auf der Axe F des Inductor-Ankers und schiebt die zur Hälfte eingefeilten Metallhülsen H_1, H_2 so darüber, dass sie mit den Ausschnitten ineinander greifen, ohne sich jedoch zu berühren. Beide diese Hülsen sind mit je

einem Ende der Inductionsspule verbunden, und beständig, aber jede halbe Umdrehung abwechselnd, werden
sie von den Schleiffedern *x* und *y* berührt, welche
die Anschlüsse der Linie $L L_1$ bilden. Vermöge dieser
Anordnung wird die Richtung des zweiten Stromes jedes
Wechselstrompaares umgekehrt und der Strom sonach
in stets gleicher Richtung in die Linie geleitet.

Auch Dynamo-Inductoren sind für den Eisenbahn-
und Signalbetrieb zur Anwendung gekommen.

Dieselben haben ein ganz ähnliches Arrangement
wie die eben beschriebenen Magnet-Inductoren für gleichgerichtete Ströme, natürlich mit

Fig 3.

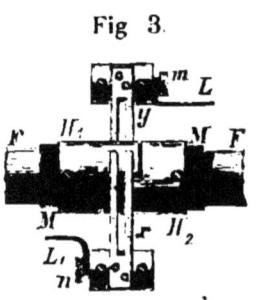

dem Unterschiede, dass die Stahlmagnete durch einen Elektromagnet ersetzt sind, dessen Windungen im Schliessungskreise liegen. Auch benöthigen sie einen
Ausschalter am Inductor, welcher
die Ströme erst dann in die Linie
gelangen lässt, wenn sie die entsprechende Stärke besitzen.

In den Kernen des Elektromagnets ist anfänglich
doch nur schwacher (remanenter) Magnetismus vorhanden, der erst bis zum Sättigungsgrade verstärkt werden muss. Die ersten Magnet-Inductionsströme sollen
diesem Zwecke zu dienen durch die Linienwiderstände
nicht behindert sein, sondern nur die Elektromagnet-
Windungen durchlaufen; erst wenn die inducirende
Kraft des Elektromagnets genugsam gesteigert ist, soll
dem nunmehr kräftigen Strome der Eintritt in die
eigentliche Linie gestattet sein. Diese Anordnung erhellt
aus Fig. 4.

Beim Umdrehen der Kurbel *K* wird der zwischen
den Polschuhen *P* des Elektromagnets *E* liegende Inductor-
Anker *J* durch Vermittlung des Rades *R* und des Ge-
triebes in Rotation versetzt. Die dabei entstehenden

Fig. 4.

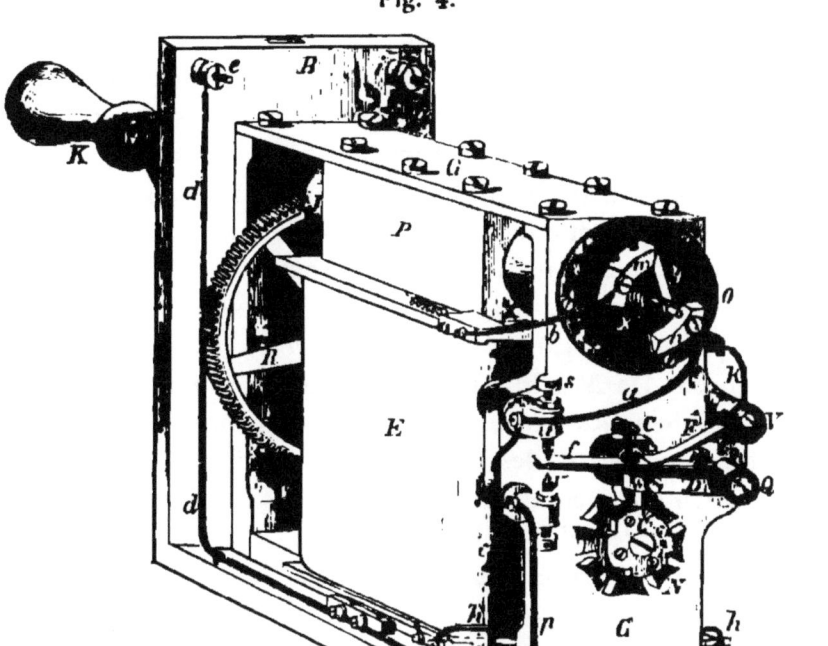

Ströme werden am Commutator *O* durch die zwei Schleif-
contactfedern *x* und *y* abgenommen und weitergeleitet.
Bei *y* ist das eine Ende der Elektromagnet-Spule *b*
angeschlossen, deren zweites Ende *h* durch Vermittlung
der messingenen Gestellswand *G* mit dem Metallhebel *D*
in Verbindung steht. Von der zweiten Contactfeder *x*

2*

des Commutators geht ein Draht zu einer isolirten Schraube s, von welcher zugleich der Weg $c\,d\,d\,e$ zur Linie führt; das zweite Ende der Linie kommt über $i\,q\,p$ zur isolirten Schraube v. Auf der Kurbelaxe sitzt der Mitnehmer C, der das Sternrad N treibt; auf der Axe des letzteren befindet sich auch noch die vierzähnige Scheibe U, auf welcher der Arm D mit der Nase w schleift. Die Feder F drückt D gegen U. Die an D metallisch befestigte Feder f contactirt mit der Schraube s so lange, als dis Nase w nicht in einen Einschnitt der Scheibe U fällt; letzterenfalls tritt D mit v in Contact. So lange f an s liegt, ist die Inductionsspule mit der Elektromagnetspule kurz verbunden, nämlich der Stromweg $J\,x\,u\,s\,f\,D\,h\,E$ $b\,m\,y\,J$ hergestellt, liegt f auf v, so geht von D der Strom über $p\,q$ in die Linie, um über $e\,d\,u\,a\,n$ wieder zurückzukehren. Da N acht und U vier Zähne haben, wird das Niedergehen des Armes D immer erst nach zwei Umdrehungen des Rades R erfolgen, und da der Radius desselben zu jenem des Inductorgetriebes sich etwa wie $9:1$ verhält, werden also 18 Umdrehungen des Inductor-Ankers vor dem Austritte des Stromes in die Linie erfolgen, was zur vollen Kräftigung des Elektromagnets hinreicht.

Die Zeichengeber und Zeichenempfänger.

Als Vorrichtungen, welche in den Schliessungskreis geschaltet sind und die Thätigkeit der Elektricitätsquelle zu regeln, beziehungsweise die Hervorrufung des Zeichens einzuleiten haben, kommen für Eisenbahn-Einrichtungen, insoweit nicht später Ausnahmen ausdrücklich erwähnt werden, Sender oder Schlüssel in Betracht für Arbeitsstrom-, Ruhestrom-, Differenzstrom- oder Wechselstromschaltungen.

In Fig. 5 ist AK ein auf der Axe A drehbarer Metallarm, welchen die Feder f gegen den Anschlag r (Ruhecontact) drückt; unter dem Arme liegt das Metallstück d (Druckcontact). Die einzelnen festliegenden Theile der Vorrichtung müssen auf isolirendem Material, etwa einem Fussbrette aus trockenem Holze, angebracht sein. Wäre nun bei d das eine Ende L' und bei A das zweite Ende L des Schliessungskreises — der Linie — mit der Batterie B angeschlossen, so würde bei der Ruhelage der Vorrichtung in der Linie kein Strom sein können, weil zwischen dem Arme AK und dem Contacte d die Verbindung fehlt, wogegen Strom vorhanden sein wird, sobald man, auf K drückend,

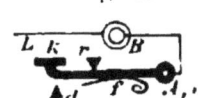

Fig. 5.

den Arm mit d in Contact gebracht hat, wo dann vom Kupferpol der Batterie der Strom einen Weg über Ad in die Linie L' und bei L wieder zurück zum Zinkpol geschlossen findet. Diese einfachste Form des Arbeitsstromsenders wird aber keine Verwendung mehr finden können, sobald die Füglichkeit verlangt

Fig. 6

ist, dass in derselben Linie von mehreren Punkten aus Zeichen gegeben werden, da die in der Ruhelage des Tasters in demselben vorhandene Unterbrechung die Stromentsendung von einer anderen Stelle her unmöglich macht. Der Sender muss vielmehr für die letztgenannte Bedingung dem fremden Strome ungehinderten Durchgang gewähren und wird zu dem Ende auch r (Fig. 6) als Contact (Ruhecontact) angeordnet sein müssen. Bei der Ruhelage kann ein fremder Strom von L über $r A$ nach L' unbehindert passiren, wird aber K niedergedrückt und auf d gelegt, so geht der Strom der eigenen

Batterie *B* über *d A L'* in die Linie und kehrt über *L r* zum Zinkpol zurück.

Hat der Sender nur die Aufgabe, den vorhandenen Ruhestrom einer Linienbatterie *B* (Fig. 7) zu unterbrechen, so braucht der Druckcontact *d* nur als Anschlag zu dienen. Der Strom hat bei der Ruhelage des Senders den geschlossenen Weg über *r A L'* und *L,* welcher durch das Niederdrücken des Armes bei *r* aufgehoben wird. Diese Form des Ruhestromtasters bleibt die gleiche,

Fig. 7.

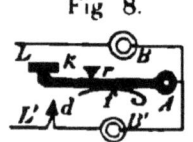

ob nun von einer oder von mehreren Stellen der Linie Zeichen gegeben werden sollen.

Ein Differenzstromtaster, der die Aufgabe hat, den vorhandenen Strom zu vermindern oder zu vermehren, wird die Verminderung, beziehungsweise Vermehrung der Batterie-Elementenzahl oder eine Vermehrung, beziehungsweise

Fig 8.

Verminderung des Linienwiderstandes gestatten müssen. Ersterenfalls könnte eine eigene Batterie *B'* (Fig. 8) zwischen der Axe *A* und dem Druckcontact geschaltet sein, welche, wenn sie mit den nämlichen Polen in der Linie steht wie die Hauptbatterie *B* diese vermehrt, so lange der Taster in der Ruhe bleibt. Wird *K* auf *d* gedrückt, kommt *B'* über *A d* in kurzen Schluss und der Linienstrom erfährt eine Reduction um die Kraft der Batterie *B'*. Wäre *B'* der stärkeren Batterie *B* entgegengeschaltet, so würde beim Bethätigen des Tasters der Abbruch, welchen *B'* herbeiführt, aufgehoben und der Strom, welcher während der Ruhelage des Tasters blos *B — B'* ist, wieder auf *B* gebracht. Je nachdem *B >* oder *<* als *B'* ist, wird der durch den Tasterschluss erzeugte Reststrom die gleiche oder entgegengesetzte Richtung des bei der Ruhelage des Tasters in der Linie vorhandenen Ruhestromes haben. Soll durch Leitungswiderstände die Stromdifferenz erzielt werden, so wird ein Widerstandsdraht W zwischen A und d (Fig. 9) gelegt, wenn eine Vermehrung, oder zwischen r und d (Fig. 10) eingeschaltet, wenn eine Verminderung des Linienstromes in Absicht liegt.

Würde es sich um eine Gegenstromschaltung im engeren Sinne, wenn die Linienbatterie gleich der eigenen ist, handeln, so kann hiefür der Taster Fig. 8 benutzt gedacht werden. Auch könnte mit dem bezeichneten Taster, wie bereits angedeutet wurde, noch die Stromrichtung umgekehrt werden, würde z. B. $B' = 2 B$ gewählt, so ist ein Ruhestrom in der Linie in der Stärke von $- B$, der durch die Tasteraction in $+ B$ umgewandelt wird. Die zwei zuletzt betrachteten Anordnungen würden ersichtlicherweise ihren Zweck nur dann erfüllen, wenn eine einzige Signalstelle verlangt ist.

Fig. 9

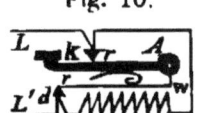

Fig. 10.

Bei den Gegenstromtastern für Schliessungskreise mit mehreren Signalstellen (Stationen) müssten L und L' an die Tasteraxe anschliessen, während zum Druckcontact d die Rückleitung, in unseren Fällen also die Erdleitung anschlösse.

Für eine Wechselstromschaltung mit mehreren Stationen könnte ein Taster (Commutator) mit zwei Tasten (Fig. 11) Benutzung finden. Ein fremder Strom findet den Weg von L über $A r r' A'$ nach L' oder umgekehrt. Wird aber auf k gedrückt, so geht der Strom der

eigenen Batterie B über d, A nach L und kommt von
L' über $A'r'$ zurück; wird dagegen die zweite Taste
in die Arbeitslage gebracht, tritt der eigene Strom über
$d'A'L'$ in die Linie und kehrt über Lr zum zweiten Pol
zurück. Die Ströme werden also je nach der benutzten
Taste in verschiedener Richtung der Linie zugeführt.

Alle in Anwendung stehenden Zeichengeber sind
mit den angedeuteten im Principe übereinstimmend, mag
nun die Hebelanordnung eine andere sein oder auch
nur an Stelle des Hebels eine Scheibe mit eingesetztem
Contacte benutzt werden etc. Auch die
Form der Ruhe- und Arbeitscontacte

Fig. 11.

kann eine mannigfache sein und den
Bedürfnissen verschiedentlich angepasst
werden. Es ist endlich auch nicht nöthig,
dass die Ingangsetzung mit der Hand
bewerkstelligt wird, sondern bei vielen
elektrischen Einrichtungen erfolgen die
Bewegungen der Zeichengeber durch rein
mechanische Kräfte (automatisch).

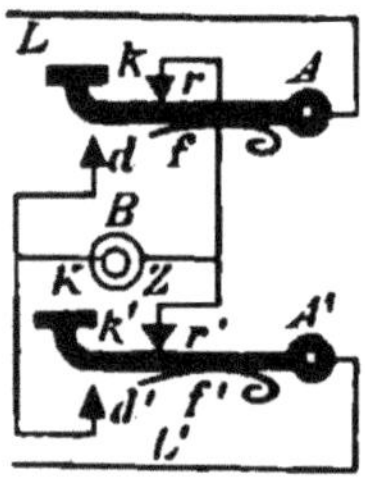

Die Zeichenempfänger, jene Vorrichtungen,
welche die vom Zeichengeber dirigirte, beziehungsweise
regulirte Arbeit der Elektricitätsquelle in eine den Sinnen
wahrnehmbare Leistung umzusetzen haben, können offen-
bar nur auf Ausnutzung der Wirkungen des elektrischen
Stromes beruhen.

Die Wärme-, Licht-, physiologischen und chemischen
Wirkungen fallen für die hier in's Auge zu fassenden
Eisenbahn-Einrichtungen ausser Betracht, dafür finden die
Nadelablenkung und elektromagnetische Anziehung um
so reichlichere Ausnutzung. Die Sinne, auf welche das
Zeichen zu wirken hat, sind das Gesicht und Gehör.

Als die Urtypen der Zeichenempfänger können sonach die in einem im Strome liegenden Multiplications-
gewinde schwingende Magnetnadel und der mit Drahtwindungen umgebene weiche Eisenstab (Elektromagnet)
oder Magnetstab in Verbindung mit einem durch eine
Gegenkraft abgerissenen Anker gelten.

Die Galvanoskopnadel kann nämlich als Signalkörper dienen, indem ihre drei möglichen Lagen: auf
Null, rechts abgelenkt oder links abgelenkt, Grundzeichen
bieten.

Ein Elektromagnet mit einem Anker, der unter
Umständen von ersterem angezogen oder durch eine
Gegenkraft (Abreissfeder, Gegengewicht, magnetische Ab-
stossung etc.) abgerissen wird, giebt zwei Grundzeichen:
die angezogene und die abgerissene Ankerlage. Die
Wahrnehmbarmachung dieser beiden Lagen kann beispielsweise dadurch geschehen, dass sich die Ankerbewegungen auf Hebel übertragen, an welchen kleine Signalscheiben so angeordnet sind, dass sie sich bei der einen
oder der anderen Ankerlage hinter einem Schirm verbergen
oder die Ankerlagen können sich, wie z. B. beim Morse-
schen Schreib-Apparat, durch Vermittlung des Papier-
streifens graphisch kennzeichnen, einerseits als Pausen,
andererseits als Striche oder Punkte.

Die Dauer der Anziehung des Ankers giebt hier
noch weitere Zeichen-Elemente: die kurze Anziehung den
Punkt, die lange den Strich.

Zahlreiche Grundzeichen gestattet ein Elektromagnet, dessen Anker mittelst einer Hemmung auf ein
Steigrad wirkt, auf dessen Axe ein geeignetes Signalmittel (bei den Zeigertelegraphen z. B. der Zeiger, der
über die Buchstabenscheibe läuft) aufgesteckt wird.

Auch akustische Signalzeichen können sowohl durch die Nadel, wie beim Bain-Ekling'schen Telegraph, als durch den Elektromagnet-Anker bei den verschiedenen Weckern hervorgerufen werden, wenn man sie auf eine Schelle einwirken lässt.

Obwohl nun alle die unmittelbar elektrischen Signale im Eisenbahnwesen Verwendung finden, so gehen auf diesem Felde die Anforderungen doch häufig weiter, denn dem Bahnpersonal müssen unter gewissen Verhältnissen die Zeichen auf weite Entfernungen wahrnehmbar gemacht werden, wozu grosse Signalkörper nöthig sind, die nicht unmittelbar durch den elektrischen Strom bethätigt werden können. Für diese Art Signale bedarf es dann einer anderweitigen Mitwirkung, sei es eines Menschen, einer Triebfeder, eines Treibgewichtes, einer Flüssigkeitssäule etc.

Ist ein Signalwärter bei der Signalgebung betheiligt, so erhält er auf elektrischem Wege nur ein Ankündigungs- oder Auftragszeichen, auf welches er erst sein grosses Signalmittel dirigirt; auch kann die elektrische Vorrichtung, wie es bei den Blocksignalen der Fall ist (siehe Abschnitt VIII), dazu dienen, gewisse Actionen an dem grossen Signalmittel des Wärters zu sperren.

Wird ein Triebwerk mit Feder- oder Gewichtsbetrieb zum Stellen des Signals benutzt, so hat der elektrische Theil der Vorrichtung die Aufgabe, das Triebwerk in Thätigkeit zu bringen, auszulösen. Die Action des Triebwerkes dauert nur so lange, bis ein Anhalten durch Menschenhand erfolgt oder die Feder, beziehungsweise das Gewicht abgelaufen ist. In einzelnen, übrigens ziemlich seltenen Fällen kann diese Anordnung erwünscht sein, häufiger wird hingegen gefordert, dass der Apparat

nach Verrichtung der gewünschten Arbeit sich wieder
selbst in eine Lage bringt, die ihn zu einer neuerlichen
Inanspruchnahme geeignet macht. Dieser Vorgang heisst
die Einlösung.

Es werde z. B. das Rad R (Fig. 12), welches in ein
Windflügelrad eingreift, durch das Gewicht G, welches
an der über die Gewichtstrommel T gewickelten Schnur
hängt, angetrieben; R kann aber diesem Antriebe so
lange nicht folgen, als der auf der Windflügelaxe festsitzende Arm c
von der Nase n
des um x dreh-
baren Hebels H
gehalten wird. Das
Ende e des Hebels
H, ein seitlich
herausstehendes
Stahlprisma von
△ - Form, stützt
sich auf den bei X
drehbaren Anker-

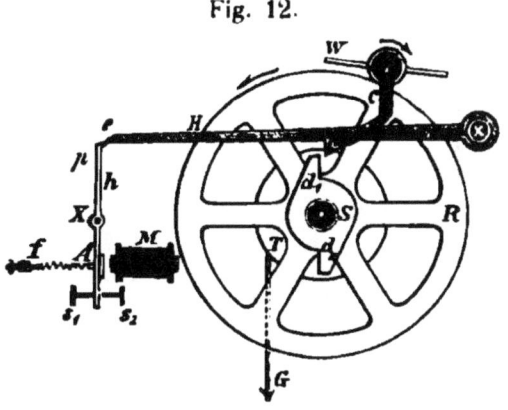

Fig. 12.

hebel des Elektromagnets M. Sobald M durch einen Strom
magnetisch wird und, die Kraft der Abreissfeder f über-
windend, den Anker A anzieht, verliert H durch die seitliche Verschiebung des Auflagers p seine Unterstützung
und fällt ab, wodurch auch n nach abwärts geht und
der Arm c frei wird. Die Windflügelaxe ist nun nicht
mehr festgehalten und R kann sich drehen und dabei
durch irgend eine Uebertragung einen Signalkörper mit-
bewegen, z. B. einen Arm heben oder eine Signalscheibe
umdrehen etc. H kommt im Falle auf die unter ihm
liegende, auf der Radaxe a festsitzende Scheibe S, deren

Daumen d_2 oder d_1 im Verlaufe der Raddrehung unter
m greifen, H wieder in die Höhe heben und auf p
legen. Das Triebwerk hat sich auf diese Weise selbst
eingelöst, da die Nase n nunmehr den Arm c wieder
auffängt und festhält.

Bei der gezeichneten Anordnung mit zwei Daumen
wird nach jeder halben Umdrehung des Rades R eine
Selbsteinlösung stattfinden und die Auslösung wieder
auf's neue erfolgen können. Hierbei ist hinsichtlich des
elektrischen Theiles bedingt, dass der Anker sich in dem

Fig. 13

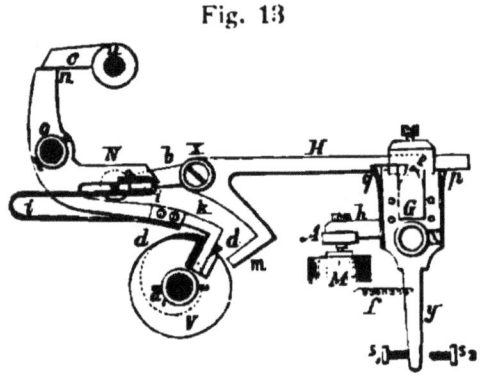

Moment, wo der
Auslösehebel H den
höchsten Hub er-
reicht hat (wenn d
die Nase m verlässt)
und wieder nieder-
fallen würde, bereits
in der Ruhelage be-
findet, so dass c die
Nase p genügend
weit vorgeschoben
findet, sich daran festzuhalten. Würde ein Strom durch M
gesendet werden, von einer längeren Dauer als einer halben
Umdrehung des Rades R, so hätte dies also ein zweites
Niederfallen des Hebels H und somit eine neuerliche
halbe Umdrehung von R zur Folge, was unter Umständen eine gefährliche Signalfälschung herbeiführen
könnte. Man giebt deshalb dem Ankerhebel zwei Fang-
stützen, wie es Fig. 13 zeigt. Der um X drehbare Ankerhebel h ist mit dem oben gabelförmigen Stück Gy steif
verbunden. y spielt zwischen die die Bewegungsgrenzen
bildenden Stellschrauben s_1 und s_2; die beiden Gabel-

arme tragen Stahlläppchen (Paletten) *p* und *q*. Auf *p*
läge das Stahlprisma *e* des Einlösehebels *H* (*e* und *H* in
Fig. 15), wenn Strom in der Linie ist; beim Thätigwerden des Elektromagnets durch Unterbrechung des
Stromes verschiebt sich *p* nach rechts, *e* fällt demzufolge
in die Gabel *G* hinein. Die Auslösung erfolgt, indem
H den um *O* drehbaren Hebelarm *N* unter den Arretirungsarm *c* des Triebwerkes wegschiebt. Bei der Einlösung, welche durch die auf *m* wirkende Schnecke *d d*
geschieht, kommt das Prisma des Einlösehebels wieder
auf *p*, vorausgesetzt, dass der Anker indessen richtig in
die normale Lage zurückgekehrt ist, anderenfalls jedoch
auf *q*, von wo das Prisma dann erst, wenn die Normallage des Ankers sich herstellt, auf *p* herunterfällt. Es
wird also so oder so die Einlösung wieder erfolgen.

Würde die Auslösung nicht durch das Abreissen
des Ankers, sondern beim Angezogenwerden desselben
erfolgen sollen, so braucht die Palettenlage nur insofern
geändert zu werden, dass *p* als die höher liegende und
q als die niedriger liegende angeordnet wird.

Für wichtige Eisenbahnsignale erscheint es ein Haupterforderniss, dass sie auch durch die Einflüsse der atmosphärischen Elektricität nicht beirrt oder gefälscht werden
können. Man kann dieser Bedingung durch eine zweck-
mässige Einrichtung der Paletten enstprechen, indem
man diese beispielsweise staffelförmig anordnet, so dass
der Einlösehebel erst nach jener Anzahl von Strom-
sendungen, beziehungsweise Unterbrechungen, welche der
Anzahl der vorhandenen Palettenzähne entspricht, abfallen und einlösen kann. Noch sicherer kann dies erzielt
werden, wenn zum Auslösen Ströme abwechselnder Richtung zur Benutzung kommen. Das Ende des Auslöse-

hebels *H* (Fig. 14), der durch eine Feder oder durch
seine mechanische Verbindung mit dem Triebwerke nach
abwärts gedrückt wird, ist bei e_1 und e_2 gezahnt. Der
Ankerhebel *A A* steht steif in Verbindung mit dem Stücke,
das die Paletten *p* und *q* trägt. Diese, welche sich beim
Spiel des magnetischen Ankers zwischen den Polschuhen
u_1 und u_2 wechselweise in die Zähne e_1 und e_2 einlegen,
gestatten dem Auslöschebel *H* nur ein schrittweises Niedergehen.

Fig. 14.

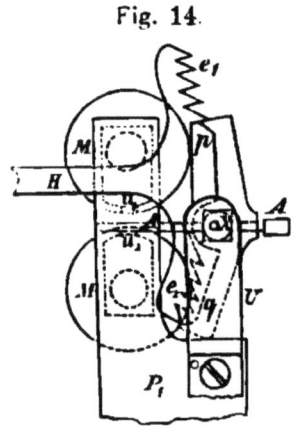

Es kann endlich bei Signalmitteln, welche nur zwei bestimmte wichtige Zeichen geben
sollen, angestrebt werden, dass
die Signalstellungen in eine zu-
verlässige Abhängigkeit zum
Zustande des Schliessungskreises
(als z. B. Strom in der Linie,
kein Strom in der Linie; oder
Ruhestrom in der Linie von
positiver oder von entgegengesetzter Richtung) gebracht
sind.

Wenn man sich ein Triebwerk mit Einlösung, wie
das in Fig. 12, versehen denkt mit der in Fig. 13 dargestellten Palettengabel, und annimmt, dass einer der
beiden Hebedaumen d_1 oder d_2 (Fig. 12) kürzer gehalten
ist als der andere, so dass er den Hebel *H* nur auf *p*,
nicht aber auf *q* (Fig. 13) legen kann, so giebt diese
Anordnung eine **bedingte Einlösung**. Wenn nämlich d_1 die Einlösung besorgt, wird diese erfolgen, gleichgiltig ob der Anker sich zur Zeit, wo *H* den höchsten
Punkt erreicht hat, in der Arbeits- oder in der Ruhelage

befindet, denn ersterenfalls wird das Prisma auf die Palette q, letzterenfalls auf p gelegt; soll hingegen der kürzer gedachte Arm d_2 die Einlösung besorgen, so kann dies nur geschehen, wenn sich der Anker in der Ruhelage befindet, also die Palette p zum Fangen des Prismas bereit liegt; würde der Anker noch in der Arbeitslage sich befinden, könnte sich das Prisma nicht auf p legen, weil dieses zu weit seitlich absteht, es könnte aber auch nicht auf q gelegt werden, da ja der verkürzte Daumen d_2 H nicht hinreichend hoch hebt. Jede Einlösung durch d_2 bedingt also die Ruhelage des Ankers, d. i. im angenommenen Falle eine stromfreie Linie. Würde man mit dem gedachten Triebwerk beispielsweise ein Distanzsignal stellen, mit dem die Signalzeichen „Frei" und „Halt" zu geben wären, so könnte man die Reihenfolge der zwei Daumen so anordnen, dass der grössere die Einlösung zu besorgen hätte, wenn das Signal von „Frei" auf „Halt" umgestellt wird, der kleinere beim Umstellen von „Halt" auf „Frei". Die Freistellung des Signals würde auf diese Art unbedingt an das Vorhandensein des Stromes gebunden sein. Die Vortheile solcher bedingter Einlösungen liegen, wie das Beispiel zeigt, in dem, dass durch eine zufällige, also vom Signalisirenden nicht beabsichtigte Unterbrechung des Stromes, sei es zufolge eines Drahtbruches in der Leitung oder zufolge Versagens der Batterie, die Haltstellung des Signals nicht alterirt, dagegen die Freistellung selbstthätig in die Haltstellung umgewandelt wird.

Aber auch zufällig in die Linie kommende Ströme, z. B. Gewitterströme, sind unschädlich gemacht, denn ein solcher vorübergehender Strom wird wohl eine Umstellung des auf „Halt" befindlichen Signals herbeiführen können, allein da der hierbei an die Reihe kommende Hebedaumen die Einlösung nicht vollziehen kann, so begiebt sich das Signal sofort wieder in die Haltlage zurück. War das Signal in der Freilage, so konnte ein in der Richtung des Batteriestromes eintretender Gewitterstrom ohnehin keine Umstellung bewirken, wohl aber unter Umständen ein in entgegengesetzter Richtung verlaufender. Allein diese Signalfälschung ist eine unschädliche, da es sich nur um die Umwandlung der Freistellung in „Halt" handelt.

Bedingte Einlösungen mit verkürzten Hebedaumen haben unter Anderen Křižik, Langie bei ihren Distanzsignalen, Gassett bei seinem Blocksignal direct, Teirich indirect u. s. w. angewendet.

Schäffler benutzt zur Erzielung der bedingten Einlösung bei Distanzsignalen statt eines Einlöschebels zwei nebeneinander liegende; die Hebedaumen sind dann (siehe Fig. 39) je einer unter einem Einlöschebel, die Paletten p und q sind aber so gestellt, dass p den einen Auslöschebel nur bei abgerissenem, q den anderen nur bei angezogenem Anker fangen kann.

Dr. Hipp benutzt zu gleichem Zwecke zwei Leitungen, die wechselweise bei den Umstellungen des Distanzsignals aus- und eingeschaltet werden. Der vom Stellorte ausgehende Strom kann somit immer nur in jene Linie entsendet werden, welche bei der Signalstellung in Action zu treten hat.

Ebenfalls durch Ausnutzung des Signalmechanismus als Linienwechsel in verschiedenen Modificationen erzielt Dr. Zetzsche bei nur einer Leitung denselben Erfolg. Es wären z. B. auf der Signalaxe i_0 (Fig. 15) die zwei voneinander isolirten Contactarme i_1 und i_3 angebracht,

von welchen i_1 mit der zum Stellorte und zur Batterie
führenden Linie L, i_3 mit der Erdleitung in Verbindung
stünde. Die elektrische Auslösung sei so angeordnet, dass
nur ein Elektromagnet M vorhanden ist, an dessen dreh-
barem Kern der Arm A sitzt, welcher sich zwischen den
Polen N und S eines Magneten bewegt. Die mechanische
Auslösungsvorrichtung befindet sich auf A und A kann
die zur Auslösung nöthige Stellung nur bekommen,
wenn der Strom in derjenigen Richtung in M eintritt,

Fig. 15.

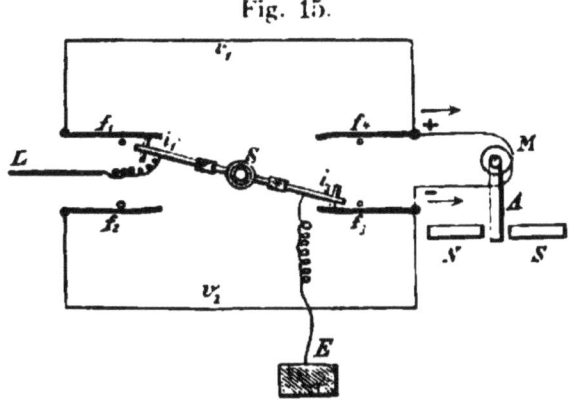

welche die in Fig. 18 mit $+$ und $-$ bezeichneten Pfeile
andeuten.

Bei der Haltstellung des Signals würde i_1 mit der
Contactfeder f_1, i_3 mit f_3 in Berührung sein. In diesem
Falle umkreist der vom Stellorte kommende negative
Strom, der über L, i_1, f_1, v_1, f_3 und i_3 seinen Weg zur
Erde findet, den Elektromagnet M in falscher Richtung
und ist demgemäss wirkungslos. Damit eine Signalstellung
herbeigeführt werde, muss also der Strom umgekehrt
werden. Sobald dies der Signalgebende mittelst eines gewöhnlichen Commutators bewerkstelligt, wird der Anker

A auf die andere Polseite geworfen und hierdurch die Auslösung des Triebwerkes und die Umstellung des Signals bewirkt. Hierbei dreht sich aber auch die Axe S zurück und sobald, oder noch ehe die Signalumstellung ganz vollzogen ist, sind die Verbindungen i_1 f_1 und i_3 f_3 aufgehoben, dagegen jene zwischen l_1 und f_2, sowie i_3 und f_1 hergestellt worden. Der von der Station positiv in die Linie tretende Strom kommt jetzt über L, i_1, f_2, r_2 in den Elektromagnet M, also von der anderen Seite, und kann denselben nicht mehr bethätigen. Erst wenn vom Signalgebenden ein neuer Strom in negativer Richtung in die Linie entsendet wird, kann die nächste Signalumstellung bewirkt werden. Es ist demnach bei dieser Anordnung die Auslösung von der Stromrichtung absolut abhängig gemacht.

Nebenapparate.

Ausser den vier Haupttheilen der elektrischen Anlagen stehen bei jeder solchen Einrichtung auch noch verschiedene andere Hilfs- und Nebenapparate im Gebrauche, welche behufs leichter und zweckmässiger Verbindung der einzelnen Haupttheile, nämlich Leitung, Elektricitätsquelle und Apparate untereinander, sowie für die richtige Beurtheilung und Beobachtung des Linienzustandes und der vorhandenen Stromstärke, endlich für den Schutz der Apparate gegen die schädlichen Einflüsse der atmosphärischen Elektricität von nennenswerther Wichtigkeit sind.

Für den ersten Zweck sind die verschiedenen Sorten von Klemmen, Linienwechseln, Aus- und Umschaltern, für den zweiten die Galvanoskope, für den dritten die sogenannten Blitzableiter oder BlitzSchutzvorrichtungen in Anwendung.

Zur Verbindung der Leitungsdrähte untereinander dienen Messingprismen, welche an solchen Stellen der Leitung oder der Apparate angebracht werden, wo Drahtanschlüsse nöthig sind, wie z. B. beim Uebertritt der Bureauzuleitung zu den Apparaten oder wo behufs Linienuntersuchung leicht herzustellende und zu unterbrechende Anschlüsse gebraucht werden etc.

Solche Klemmen sind auf isolirendem Materiale, zumeist auf einem trockenen, polirten Holzbrettchen mittelst Holzschrauben befestigt. Eine eingelassene Metallschraube dient zum Festklemmen des kommenden, eine zweite zum Festhalten des weiter gehenden Drahtendes. Die Form dieser Klemmen ist ungleich und dem Bedürfnisse eben angepasst. Wo es vermieden werden kann, sollen sie jedoch so angeordnet sein, dass der anzuschliessende Draht nicht in ein Oehr gesteckt und von dem konischen Ende der Klemmschraube gepresst wird, weil beim kräftigen Anziehen der Schraube der Draht leicht dem Abgedrücktwerden ausgesetzt ist.

Soll der Anschluss recht sicher sein, so erhält die Schraubenmutter wohl auch eine besondere Form, so dass sie weder mit der Hand, noch mit einem gewöhnlichen Schraubenzieher, sondern nur mit dem genau angepassten Schlüssel angezogen und aufgeschraubt werden kann.

Sind zwei oder mehrere Leitungsdrähte an je einen isolirt befestigten Messingkörper geführt und diese nebeneinander oder untereinander so angeordnet, dass sie, sei es durch inzwischen eingeklemmte oder eingeschobene Metallstöpsel oder durch übergelegte Metallbügel oder Federn in leitende Verbindung gebracht werden können, so hat man einen Umschalter oder Wechsel, der

3*

nach der Verbindungsform Klemmen-, Kurbel- oder
Federnumschalter etc. heisst.

Am häufigsten werden derzeit sogenannte Lamellen-
wechsel benutzt. Dieselben bestehen aus zwei Lagen
übereinandergeschichteter Messingprismen oder Messing-
schienen, wovon die obere Lage in einem rechten Winkel
über der unteren liegt. Sämmtliche Lamellen sind untereinander durch Hartgummi oder Holzzwischenlagen gut
isolirt. Dort, wo sich die übereinanderliegenden Messingprismen kreuzen, sind sie gleichförmig durchbohrt, so
dass ein Metallstift, welcher in die Oeffnung eingesetzt
wird, die obere Lamelle mit der unteren verbindet. Dieser
Stift ist überdies seiner Länge nach einmal von oben
nach unten und ein zweitesmal von unten nach oben
aufgeschlitzt; die hierdurch entstehenden Lappen federn
nach auswärts. Beim eingesteckten Stifte presst sich also
der eine Lappen gegen die obere, der andere gegen die
untere Wechsellamelle, wodurch der Gefahr eines mangel-
haften Contactes wirksam begegnet wird. Der Hauptwerth
dieser Art von Wechseln liegt in der grossen Anzahl
der Combinationen von Linienverbindungen, die sie zulassen und der leichten Durchführbarkeit des Wechselns.

Ein wichtiger Apparat jedes Telegraphen-Bureaus ist
das Galvanoskop, welches jederzeit Aufschluss giebt
über den Zustand der Leitung, über den Umstand, ob
Strom in der Linie ist oder nicht, und über die jeweilige
Stärke eines vorhandenen Stromes und über seine Richtung. Das Galvanoskop hat also auch besonderen Werth
beim Aufsuchen und Eingrenzen von Linienstörungen.
Das anormale Verhalten der Galvanoskopnadel ist ein
unumstösslicher Beweis, dass auch ein anormales Betriebs-
verhältniss in der Telegraphenleitung vorhanden ist. Da

die Nadel des Galvanoskops viel empfindlicher ist, als für gewöhnlich die Zeichenapparate sind, so wird sie selbst ganz schwache Stromimpulse, die in die Linie gesendet wurden, markiren, wenn die ersteren Apparate längst versagen.

Man wird also umgekehrt in einem Falle, wo die Nadel normal functionirt, während die Zeichenapparate nicht arbeiten, fast immer urtheilen dürfen, dass die Sprechapparate nur verstellt sind oder dass denselben sonst ein mechanischer Fehler anhaftet.

Die im Telegraphen-Bureau eingeschalteten, also im Gebrauche stehenden Galvanoskope sollen, so lange kein Strom durch ihre Drahtwindungen läuft, ganz genau auf Null zeigen und müssen deshalb von Zeit zu Zeit, jedenfalls aber vor jeder mit ihrer Hilfe vorzunehmenden Linienuntersuchung genau eingestellt (orientirt), werden.

Selbstverständlich sollen die Galvanoskope am Bureautische so aufgestellt sein, dass keine fremden Einflüsse ihr Functioniren beeinträchtigen können; sie müssen also möglichst entfernt von jenen Apparaten aufgestellt werden welche Eisenbestandtheile oder kräftige Elektromagnete enthalten.

In der Eisenbahnpraxis findet das sogenannte stehende Galvanoskop — ein stehender Multiplicationsrahmen, der in seiner Mitte das Lager der Magnetnadel trägt, an deren Axe ein Zeiger befestigt ist, welcher vor einem senkrechten Theilungskreis spielt — die häufigste Anwendung. Auch die sogenannte liegende Bussole wird oft benutzt, sobald man auf die genauere Anzeige der Stromstärke Gewicht legt, wie z. B. bei den Ruhestrom-Läutewerkslinien der österreichisch-ungarischen Bahnen oder den Bréguet'schen Zeigertelegraphen der französischen

Bahnen. Natürlich sind die Galvanoskope jeder Form
thunlichst vor Staub und äusseren Einflüssen durch Gehäuse mit Verglasungen geschützt.

Die Construction und Einrichtung aller Vorrichtungen,
welche zum Schutze gegen atmosphärische Entladungen
in Anwendung kommen, ist darauf begründet, dass die
atmosphärische Elektricität ähnlich der Reibungselektricität
grosse Neigung besitzt, von einem Leiter zum anderen
überzuspringen, um den möglichst kürzesten Weg zur
Erde zu finden, während die galvanischen und die in der
Telegraphie verwendeten Inductionsströme nicht die geringste Unterbrechungsstelle im Leiter zu überspringen
vermögen.

Die ersten solchen Blitz-Schutzvorrichtungen
wurden 1846 construirt von Steinheil; sie bestanden aus
zwei quadratischen, nebeneinander liegenden, jedoch durch
eine Zwischenlage von Seidenzeug voneinander isolirten
Kupferplatten; zu der einen dieser Platten war die kommende Luftleitung angeschlossen und ebenso der zu den
Stations-Apparaten weitergehende Leitungsdraht; zur
anderen Platte schloss die aus den Apparaten kommende
Leitung und die zur nächsten Station weitergehende
Luftleitung an; einem Blitzschlag, welcher der Leitung
entlang kam, war die Gelegenheit geboten, den weiteren
Weg durch die Bureau-Apparate zu vermeiden und gleich
von einer Platte in die andere überzuspringen und in
der Luftleitung weiterzugehen.

Bei den nunmehr angewendeten Blitzschutz-Apparaten
wird in der Regel der Blitz nicht in die Linie weiter-,
sondern zur Erde abgeleitet.

Bei allen ist die Luftlinie vor und nach ihrem Ein-
tritte in's Bureau an isolirte Metallplatten, Schneiden

oder Spitzen angeführt, welche je einer ähnlichen mit
der Erde in Verbindung stehenden Platte, Schneide oder
Spitze gegenüberstehen und dadurch den atmosphärischen Entladungsströmen bequeme Gelegenheit bieten,
durch Ueberspringen einen kurzen Weg zur Erde zu
finden.

Der für Eisenbahn-Telegraphen und elektrische Signal-
Einrichtungen häufig angewendete Blitzableiter von Bréguet besteht aus drei Messinglamellen, die nebeneinander,
jedoch voneinander etwa um Papierdicke entfernt, und
isolirt auf eine Unterlage von Hartgummi oder trockenem
Holz aufgeschraubt und an den Seiten, wo sie einander
gegenüberstehen, sägeförmig zugespitzt sind. Zu der einen
seitlichen Lamelle ist einerseits die Leitung, andererseits
der zu den zu schützenden Apparaten weitergehende
Draht metallisch angeschlossen, zur zweiten, seitlichen
Lamelle dagegen der von den Apparaten kommende und
wieder in die Leitung weitergehende Draht. Die mittlere
Lamelle ist zur Erde verbunden. Ein aus der Leitung
rechts oder links kommender Entladungsstrom kann also
in der Blitzschutzvorrichtung von der seitlichen Lamelle
auf die mittlere überspringen und zur Erde gelangen,
ohne die Apparate zu beschädigen.

Bei den Schneiden-Blitzableitern, wie sie im
Bereiche des seinerzeitigen Norddeutschen Telegraphen-
Vereines im Gebrauche stehen, sind statt gezähnter
Messinglamellen messingene Cylinder verwendet, welche
einander auf Papierstärke isolirt gegenübergestellt sind.
Die gegenüberstehenden Seiten sind halbkugelförmig aus-
gebohrt, wodurch eine kreisförmige Schneide gebildet
ist, welche zur Verhütung des Abschmelzens mit Platin
überzogen wird.

Die Siemens- und Halske'schen Blitzplatten
sind derzeit unter allen Blitzvorrichtungen die einfachsten
und verbreitetsten. Eine gusseiserne Fussplatte (Erdlamelle)
ist mit der Erdleitung verbunden. Auf derselben liegen
zwei kleinere gleichfalls gusseiserne Platten (Luftlamellen),
welche von der Fussplatte durch Guttaperchaplättchen
und untereinander durch kleine Hartgummikegel isolirt
sind. Bei den oberen Platten schliessen einerseits die
Luftlinien, andererseits die Apparatleitungen an. Gewöhnlich sind die Luftlamellen mit einem Holzknopfe versehen, um sie allenfalls zum Zwecke der Untersuchung
oder Reinigung u. s. w. abheben zu können. Das Ueberspringen der atmosphärischen Entladungen von der Luftlamelle zur Erdlamelle ist noch dadurch gefördert, dass
beide Platten auf den einander zugekehrten Seiten ge-
riffelt sind.

Bei den in letzterer Zeit durch Siemens eingerichteten
Bahnen sind Blitzplatten in Anwendung gekommen,
welche gleichzeitig als Linienwechsel dienen. Auf dem
gusseisernen Gestelle G (Fig. 16 und 17), welches mit
der Erdleitung E verbunden ist, liegen auf Hartgummi-
Zwischenlagen die beiden gerippten gusseisernen Platten
P_1 und P_2 (die Luftlamellen), zu welchen die Linien-
drähte L und L_1 und die zu den Apparaten führenden
Drähte A und A_1 angeschlossen sind. Auf dem Gestelle
G ruht noch, durch zwei Stahlstifte s festgehalten, die
gusseiserne, mit einem Holzknopf K versehene, gleichfalls unten gerippte Platte D, welche also durch das
Gestelle zur Erde verbunden ist. Diese Sturzplatte — in
Fig. 17 ist dieselbe weggenommen — steht von den
Luftlamellen etwa 0·5 Mm. weit ab. In das Plattensystem
sind die drei konischen Löcher 1, 2 und 3 eingebohrt,

in welche ein passender Metallstöpsel *S* eingesetzt werden kann. Wird dieser Stöpsel, welcher für gewöhnlich in

einem entsprechen-
den Loche des Holz-
knopfes *K* steckt, bei
1 eingestöpselt, so
kommt P_1 mit *G*,
beziehungsweise *L*,
und *A* mit der Erde
in Verbindung.

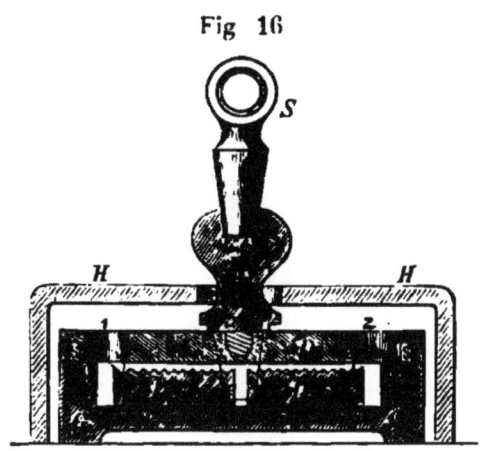

Fig 16

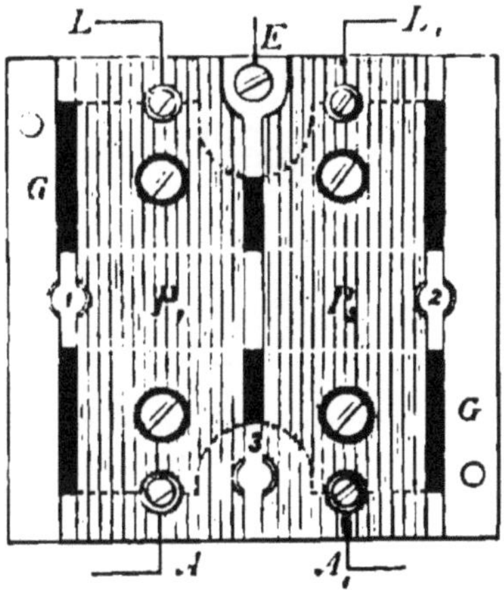

Der in 2 ein-
gesetzte Stift legt in
gleicher Weise L_1 an
die Erde; der in 3
eingesetzte Stöpsel
erzeugt Bureau-
schluss, da er *L* mit
L_1 in Contact bringt.
Die Oeffnung über 3
ist in der Platte *D*
so weit, dass dieselbe
vom Stöpsel nicht
berührt werden kann.

Fig. 17.

Der ganze Ap-
parat wird gewöhn-
lich mit einem an
den Apparattisch fest-
geschraubten Holz-
gehäuse *H* verschlossen. Dieses Holzgehäuse hat nur oberhalb des Loches 3 einen Ausschnitt, so dass mittelst des
Stöpsels, so lange das Holzgehäuse nicht abgenommen
wird, nur kurzer Schluss (zur Bureau-Untersuchung oder

bei Gewitter), aber keine Erde eingelegt werden kann. Um
einen Erdschluss, herstellen zu können, muss erst der
Knopf *K* abgeschraubt und das Holzgehäuse abgehoben
werden, ein Umstand, welcher für den Dienst einigen

Fig. 18.

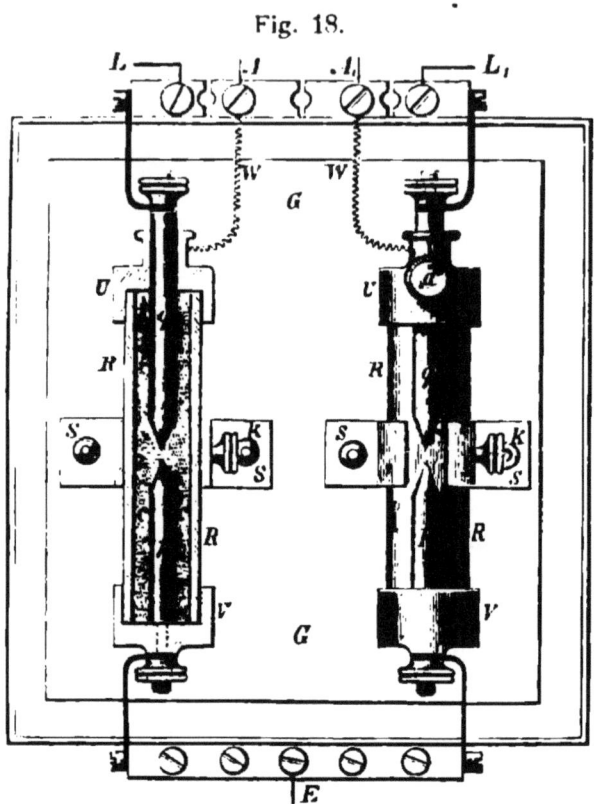

Vortheil mit sich bringt, weil er den Missbrauch der
Erdleitung wesentlich erschwert.

Bei der Buschtehrader Eisenbahn sind Blitzschutzvorrichtungen von der in Fig. 18 dargestellten Einrichtung, sogenannte Blitzstege, in Gebrauch. Auf einem
Fussbrette ist der aus zwei federnden Theilen zusammen-

gesetzte Messingständer S aufgeschraubt, von welchem eine
Glasröhre R festgehalten wird. Die beiden Enden dieser
Röhre sind mit messingenen, gut aufgekitteten Verschluss-
stücken V U versehen. Ein in eine Platinspitze aus-
laufender Messingcylinder p ist mit dem Verschlussstücke
V fest verbunden, ein zweiter, ganz ähnlicher Cylinder q
geht durch das Verschlussstück U in die Röhre und
kann durch die Klemmschraube d an richtiger Stelle,
die durch eine besondere Marke bezeichnet ist, festgeklemmt werden. Die beiden Platinspitzen stehen sich auf
eine Entfernung von circa 0·75 Mm. gegenüber. Der im
Glasrohr noch vorhandene Raum, besonders jener zwischen
den beiden Platinspitzen, ist mit einem Gemenge von
50 Procent Holzkohlenpulver und 50 Procent Magnesia
ausgefüllt. Die Luftlinie L, L_1 schliesst mittelst eines dicken
Drahtes direct zum Cylinder q an; die Weiterleitung zu
den Bureau-Apparaten ist durch eine Spirale W von ganz
dünnem, übersponnenem Neusilberdrahte hergestellt. Der
Cylinder p steht mit der Erdleitung E in Verbindung.
Die Füllung der Röhren mit dem obgedachten Gemenge
hat den Zweck, jene Magnet-Inductionsströme, welche
in der Leitung nach und zufolge atmosphärischer Entladungen entstehen und nicht kräftig genug sind, um
überzuspringen, auf die Bureau-Apparate aber nichtsdestoweniger schädigend einwirken, unschädlich zu machen.
Der von der Luftlamelle zur Erdlamelle überspringende
Entladungsfunke bringt das zwischen den Platinspitzen
befindliche, im kalten Zustande schlecht oder wenigstens
so schlecht leitende Gemenge, dass dadurch ein störender
Verlust des Betriebsstromes nicht herbeigeführt wird, zum
Glühen und macht es dadurch so leitungsfähig, dass der
hinter der Entladung folgende Magnet-Inductionsstrom

einen bequemen Weg zur Erde findet, ehe er in die
Apparate dringen kann. Die fast momentan erkaltende
Masse ist wieder so nichtleitend wie früher.

Bei einigen älteren österreichischen Eisenbahnen findet
man auch noch ab und zu die Matzenauer'sche Blitzschutzvorrichtung, welche gleich unmittelbar am Fussbrette der Apparate angebracht werden kann und im
Wesentlichen aus einem mit der Erde verbundenen
Messingcylinder besteht, um den ein Seidenband ge-
schlungen ist. Zwei Federn, welche mit der kommenden
und gehenden Leitung verbunden sind, tangiren den
Cylinder. Ein Entladungsstrom springt, statt in die
Apparatspulen zu treten, die Seidenhülle des Cylinders
durchschlagend, auf den Cylinder — zur Erde — über.

I. Die Eisenbahn-Telegraphen überhaupt.

Allgemeines. Die Apparate des ersten Sprech-
telegraphen, nämlich auf der Taunusbahn 1844 (die auf
der schiefen Ebene bei Aachen früher schon in Benutzung kommenden Wheatstone'schen Apparate hatten
nur zur Signalgebung gedient), waren von Fardely nach
Wheatstone'schem Muster construirte Zeigertelegraphen.
Dieses Apparatsystem wurde 1846 auch von der Sächsisch-
schlesischen Bahn (Acten der Sächsisch-schlesischen Eisenbahn-Gesellschaft Nr. 16, Vol. II, fol. 271, Weber 126) und
in einer von Geiger herrührenden verbesserten Form 1847
auf der Bahnlinie Stuttgart-Esslingen eingeführt. Im gleichen Jahre richtete sich die Köln-Mindener Bahn, nachdem sie mit Fardely's und Leonhardt's Zeigerapparaten
Versuche gemacht hatte, ebenso wie die Berlin-Hamburger, die Niederschlesisch-märkische und andere Bahnen

mit Kramer'schen Zeigertelegraphen ein, während die Badische Staatsbahn eine etwas abgeänderte Form des Wheatstone'schen Nadeltelegraphen einführte.

Mit Kramer'schen Zeigerapparaten waren zu jener Zeit im Ganzen 15, mit Siemens-Halske'schen 12, mit Stöhrer'schen 7, mit Fardely'schen 5 und Leonhardt'schen 2 Eisenbahnen eingerichtet. (Vergl. Weber, pag. 127.)

In Deutschland benutzte man also für die Eisenbahnen fast ausschliesslich (die Badische Staatsbahn hatte Nadeltelegraphen) Zeigerapparate, während in Oesterreich der Bain'sche Nadeltelegraph nach der von Ekling und Schefczik in Wien angegebenen Abänderung (vgl. Zetzsche, Handbuch, I, Seite 185 ff.) rasche Verbreitung gefunden hatte. Schreibtelegraphen fehlten bis zum Jahre 1848, wo die hannoveranische Regierung die auf der Strecke Hannover-Lehrte seit 1847 vorhandene Morse-Einrichtung auch für den Bahndienst in Verwendung nehmen liess. Von da an verbreiteten sich zwar die Morse-Apparate, aber doch nur weit langsamer als die Zeigertelegraphen, weil man die Schwierigkeit der Dienstausübung beim Morse'schen Schreibtelegraphen allgemein überschätze. Sobald dies Vorurtheil durch die Erfahrung gebrochen war, verdrängte hingegen das Morse'sche System alle anderen, so dass, obwohl 1852 von 39 mit elektrischen Telegraphen versehenen deutschen Bahnen nur 6 Morse'sche Schreibtelegraphen besassen, im Jahre 1858 doch schon von 57 Bahnen 30, im Jahre 1868 von 77 Bahnen 65 und 1873 von 95 Bahnen 94 damit versehen waren (vergl. Statistik des Deutschen Eisenbahnvereines) und jetzt ohne Unterschied alle Bahnen des Vereinsgebietes mit Morse-Apparaten ausgerüstet sind. Auf ganz wenigen Linien findet man neben dem Morse noch Zeiger- oder Nadeltelegraphen, jedoch immer nur in Leitungen secundärer Wichtigkeit.

Auch ausserhalb des Bereiches des Deutschen Eisenbahnvereines hat der Morse'sche Schreibtelegraph grosse Verbreitung gefunden, und zwar in Russland, Italien, Spanien, Rumänien u. s. w., wo sich überall Nadel- oder Zeigertelegraphen nur mehr selten oder doch nur in Nebenlinien vorfinden. Nur in England werden noch immer vorwiegend Nadeltelegraphen von Wheatstone und Cooke benutzt, so wie in Frankreich und Belgien vielfach Zeigertelegraphen von Bréguet, Froment und Garnier, obwohl man in jüngerer Zeit auch in den letztgenannten Staaten den Werth des Morse-Apparates zu würdigen beginnt.

Man hat es hier insbesondere versucht, für die Morse'sche Correspondenz Sender zu construiren, die wie jene der Zeigertelegraphen gehandhabt werden können, weil man die Schwierigkeit der Erlernung des telegraphischen Spieles fürchtete. Ein solches von Gatget construirtes System, bei welchem der Zeichengeber die Form einer Kurbel hat, die über einer Buchstabenscheibe gedreht wird, während der Empfänger Morse'sche Schrift nach Art eines Typendruck-Telegraphens erzeugt, wurde bei der Paris-Lyon-Mittelmeer-Bahn versucht. Einen gleichartigen Sender für einen gewöhnlichen Morse-Schreiber hat Naefer in Vorschlag gebracht. (Elektrotechnische Zeitschrift 1881, S. 353.)

Die amerikanischen Bahnen haben zwar Morse'sche Einrichtung, jedoch am weitaus häufigsten nicht schreibende Zeichenempfänger, sondern sogenannte Klopfer (Morse ohne Papierstreifen und Triebwerk), von welchen die Depeschen nach dem Gehör genommen werden.

Die grösseren Eisenbahnen besitzen in der Regel eine Telegraphenlinie, durch welche die Centralleitung mit den wichtigsten Stationen bis zu den Endpunkten der Bahn direct verbunden ist, d. i. die sogenannte directe oder Hauptlinie, eine Linie, welche die grössere oder kleinere Anzahl aller zwischen zwei Hauptstationen (Dispositions-Stationen) liegenden Stationen der Reihe nach untereinander und mit den zwei Hauptstationen verbindet, d. i. die sogenannte Omnibusleitung, hie und da auch Betriebslinie genannt, endlich ist häufig noch eine dritte, oft auch zugleich für Signalzwecke mitbenutzte Linie vorhanden, welche die telegraphische Verbindung von Station zur Nachbarstation herstellt.

Selbstredend richten sich diese Anlagen immer nach dem Bedarf und es giebt viele grosse Bahnen, welche ausser den angeführten drei Correspondenzlinien noch eine vierte oder fünfte besitzen, während wieder andere mit kleineren Betriebsverhältnissen sich auf zwei oder gar nur eine Linie beschränken. Endlich sieht man neuerer Zeit bei den Secundärbahnen von der Errichtung elektrischer Bahntelegraphen häufig auch ganz ab.

Im grossen Ganzen hat das Telegraphenwesen der Eisenbahnen mit der Entwicklung des Verkehrs gleichen Schritt gehalten; jeder Steigerung der Ansprüche des Dienstes hat man zu entsprechen versucht und so kam es, dass man sich mit den die Stationen untereinander verbindenden Telegraphen (Stationstelegraphen) nicht mehr begnügte, sondern auch die einzelnen Posten der Streckenbewachungsorgane einbezog, oder endlich die Füglichkeit anstrebte, den Zug selbst mit den Stationen oder mit anderen Zügen in telegraphische Verbindung zu bringen.

Stationstelegraphen. Die für Stationstelegraphen
in Betracht kommenden Systeme finden bereits im V. Bande
der Elektro-technischen Bibliothek ausführliche Behandlung; es wären hier nur einige Besonderheiten, welche
in der Anordnung der Morse'schen Schreibtelegraphen
bei Eisenbahnen vorkommen, zu erwähnen.

In erster Linie macht sich bei den Bahnen das Bedürfniss nach Einfachheit der Schaltung und Solidität
der Apparate geltend, weil durchschnittlich das den
Telegraphen bedienende Personal erstlich mit der engeren
Pflege und Beaufsichtigung der Einrichtung nicht so
eingehend vertraut gemacht werden und der Fürsorge
für die Apparate der anderweitigen geschäftlichen Inanspruchnahme wegen sich auch selten so widmen kann,
als die Beamten der Staats - Telegraphen. Vor Staub
und Verstellungen gesicherte Relais, wie z. B. die
Siemens'schen Dosen-Relais, werden besonderen Werth
haben. Desgleichen eine Tischanordnung, welche für den
Fall, als Apparatauswechslungen nöthig werden, diese
bewerkstelligen lassen, ohne dass der Beamte an den
Verbindungen irgend etwas selbstthätig vorzunehmen
braucht. Sehr empfehlenswerth ist es daher überall, wo
es die räumlichen Verhältnisse gestatten, dass nicht viele
und verschiedenen Linien angehörige Apparate auf einen
Tisch zusammengestellt werden, sogenannte Tischeinsätze
zu benützen, d. h. Platten, worauf ein ganzer Apparat-
satz festgemacht ist, und die sich im gedachten Bedarfsfalle durch eine gleiche Platte leicht und bequem ersetzen lassen. Aller Schwierigkeit des Umtausches ist bei
den Siemens'schen Federschlussvorrichtungen vorgebeugt, da die Linienanschlüsse sich durch das Einsetzen
der Apparatplatte selbstthätig herstellen, wogegen beim

Herausnehmen der Platte die Federcontacte einen kurzen Schluss bilden.

Die Frage, ob Farb- oder Stiftschreiber den Vorzug verdienen, ist noch immer nicht völlig ausgetragen, wenngleich die Wohlmeinung in den letzten Jahren mehr den ersteren sich zugewendet hat. Den Farbschreibern wirft man vor, dass sie weniger leicht rein gehalten werden können und geräuschloser arbeiten, als die Stiftschreiber, was insbesondere für kleinere Bahnstationen in's Gewicht fallen kann. Die neueren Farbschreiber sind indessen in dieser Hinsicht gegen die älteren wesentlich verbessert und empfehlen sich gegenüber den Stiftschreibern durch das geringere Batterie-Erforderniss und durch die besonders auch bei Nacht deutliche und die Augen weniger ermüdende farbige Schrift.

In Centralstationen mit mehreren Apparaten, die nur von einem Beamten bedient werden sollen, oder an Controlstellen, wo ohne jede Bedienung doch alle Depeschen auf den Streifen registrirt werden sollen, wie auch in manchen anderen Fällen sind Morse-Schreiber mit Selbstauslösung erwünscht. Bei solchen Apparaten muss die Arretirung des Laufwerkes durch das Beginnen der Correspondenz, d. h. durch die Bewegung des Anker-, beziehungsweise Schreibhebels selbstthätig gelöst werden und darf erst wieder nach Schluss des Telegraphirens, d. h. bei andauernder Ruhelage des Schreibhebels in Wirksamkeit treten.

Eine Besonderheit der Eisenbahnen ist es, dass sie häufig dem Signaldienst gewidmete Leitungen gleichzeitig auch für Correspondenzzwecke ausnutzen. Auf diese Weise kann eine zweite Sprechlinie oder eine besondere Sprechlinie überhaupt erspart, beziehungsweise eine ins-

besondere für Hilfstelegraphenzwecke geeignete Linie
gewonnen werden. In der Regel ist es die Läutewerkslinie (Glockenlinie), welche dem zweifachen Zwecke
dienstbar gemacht wird. Eine solche Doppelausnutzung
wurde in Deutschland zuerst durch Frischen bei der
Hannoverischen Staatsbahn und in Oesterreich durch
Schönbach bei der Elisabeth-Westbahn eingeführt. Je
nachdem die Läutewerke mit Inductionsströmen oder
mit Batterieströmen bethätigt werden, wird natürlich auch
die Anordnung der Mitbenutzung verschieden sein.

Man hat früher in mit Ruhestrom betriebenen Om-
nibusleitungen mitunter gleich die Läutewerke eingeschaltet. Sollten Glockensignale gegeben werden, so legten
zwei betreffende Stationen mittelst eines Umschalters die
Linie zur Erde, wobei unter Einem der Magnet-Inductor
(Fig. 2) eingeschaltet wurde. Nun entsendete man den
kräftigen Inductionsstrom, der die Läutewerke auslöste.
Nach erfolgter Signalisirung wurde der Erdschluss wieder
beseitigt. Die Abreissfedern der Elektromagnet-Anker der
Läutewerke waren natürlich so stark gespannt, dass der
verhältnissmässig schwache Ruhestrom eine Ankeranziehung nicht bewirken konnte.

In ganz gleicher Weise geht man jetzt so ziemlich
überall zu Werke, wo die Läutewerke mit Inductionsstrom betrieben werden, jedoch verzichtet man auf das
Durchsprechen. Die Leitung wird vielmehr in jeder Bahnstation zur Erde geführt; dafür aber schaltet man in der
Regel auf den Wärterposten der Strecke Correspondenz-
Apparate für den Bedarfsfall ein.

Ein Muster einer solchen in Deutschland häufig benutzten Stationsschaltung (doppelte Endstation) zeigt
Fig. 19. Bei der Ruhelage der Apparate stehen die Um-

schalterkurbeln k links, also mit den Contactfedern w
und w_1 in leitender Verbindung. Der Strom der Batterie
B findet seinen Weg über den Wecker W, den Taster
t und die Blitzplatte in die Linie L_1, um aus der Erde
E über w_1 und k wieder zum Zinkpol zu gelangen. Es
cursirt also ein Ruhestrom in der Linie und sobald
derselbe unterbrochen wird, läutet W als Selbstunterbrecher, da bei ab-
gerissenem Anker die
Batterie B über $c\,w$
in den Localschluss des
Weckers gebracht ist.
Das Ertönen des
Weckers ist die Auf-
forderung zur Corre-
spondenz; man braucht
hierzu nur die Kurbel
k von links weg und
in die Mitte zu rücken;
so lange diese Lage
eingehalten bleibt, läutet
der Wecker in der Nach-
barstation. Zur Corre-

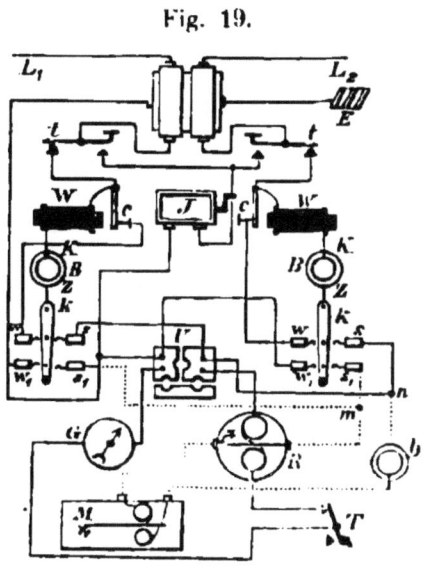

Fig. 19.

spondenz selbst wird k rechts auf s, s_1 gelegt und hierdurch
das Relais R, der Morse- (Unterbrechungs-) Taster T und
das Galvanoskop G eingeschaltet, sowie die Schliessung
der Localbatterie b für den Morse M über n, s, k,
s_1, m, R und M ermöglicht. Es kann nunmehr, wenn
in beiden Stationen die Kurbel k rechts liegt, wie auf
einer gewöhnlichen Ruhestromlinie depeschirt werden.
Nach Schluss der Correspondenz kommt k wieder auf
w, w_1. Zum Glockensignalgeben erfolgt die Einschaltung

4*

des Inductors *J* durch Niederdrücken des betreffenden
Tasters *t*.

Aehnliche Schaltungen wurden von Siemens und
Halske z. B. für die baierischen Staatsbahnen benutzt,
mit der Modification, dass die Umschalter nach Art eines
Clavierpedals angeordnet sind. Eine starke Feder hält
den Umschalter in der Weckerstellung fest und erst ein

Fig. 20.

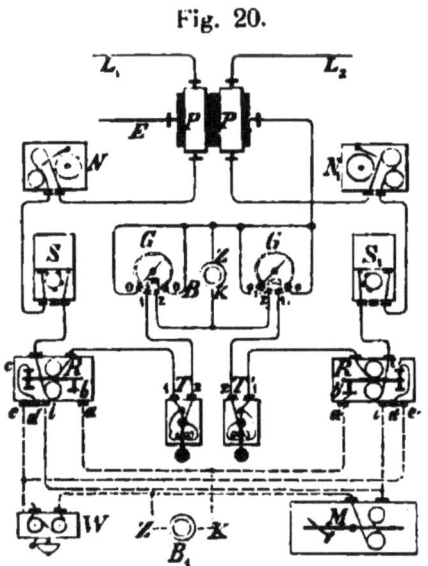

Druck des Fusses auf
das Pedal bewirkt die
Umschaltung auf den
Schreib-Apparat. Dieser
Druck muss so lange
dauern als die Corre-
spondenz, denn sobald
er aufhört, zieht die
besagte Feder den Um-
schalter wieder in die
Weckerstellung zurück
und die Anordnung
bietet sonach den Vor-
theil, dass diese Rück-
stellung nicht vergessen
werden kann.

In Oesterreich-Ungarn sind die Läutewerkslinien zumeist auf constanten Batteriestrom geschaltet und gleichfalls
in jeder Bahnstation zur Erde geführt. Die in den Stationen
direct und bleibend in die Linie geschalteten Morse-Relais
R (Fig. 20; Schaltungsmuster der Oesterreichischen Nordwestbahn) werden so empfindlich eingestellt, dass ihr
Anker bei der Stromschwächung abfällt, während die
Abreissfedern in den Elektromagneten der Glocken-
Apparate *N*, *N*₁ in der Station und jener auf den Strecken

so schwach gespannt werden, dass ihr Anker erst bei vollständiger Unterbrechung des Stromes abreisst. Die Correspondenz geschieht also mittelst Stromschwächung unter Zuhilfenahme des Widerstandtasters *T*, der nach Fig. 10 angeordnet ist; die Signalisirung durch Stromunterbrechung. Im Localschlusse des Relais *R* liegt ein Umschalter *i*, *d*, *e* (in der Regel ein am Fussbrett des Relais angebrachter Klemmenwechsel), der beliebig einen Wecker *W* (Selbstunterbrecher) oder den Schreib-Apparat *M* einschalten lässt, für gewöhnlich aber auf den Wecker und nur während der Morse-Correspondenz auf den Schreib-Apparat gestellt sein soll.

II. Die Strecken-Telegraphen.

Wo die Entfernung von einer Bahnstation zu einer anderen beträchtlich ist, wird es für die schleunige und sichere Durchführung des Dienstes bei aussergewöhnlichen Ereignissen, also insbesondere zum Zwecke der Herbeirufung rascher Hilfe, von grösstem Vortheile sein, wenn auch von einer entsprechenden Anzahl von Punkten der laufenden Bahnstrecke aus eine telegraphische Verbindung mit den nächsten Stationen besteht.

In der Regel sind solche Strecken-Telegraphen in den Wärterbuden untergebracht und werden daselbst bei Bedarf in die Hilfslinie eingeschaltet, nach der Gebrauchsnahme aber wieder ausgeschaltet. Mitunter sind für die Einschaltung des Strecken-Apparates die Leitungszuführungen und Einschaltvorrichtungen in den Läutewerksbuden (vergl. Abschnitt V) angebracht, und der Apparat, der für gewöhnlich im nächsten Wächterhause deponirt ist, wird im Bedarfsfalle in die Läutebude gebracht, dort eingeschaltet und benutzt, dann wieder in seinen Aufbewahrungsort zurückgebracht.

Mehrere deutsche Bahnen haben ihre stationären Hilfstelegraphen in der Weise gewonnen, dass sie, wie z. B. die Oberschlesische Bahn, die ursprünglich für die Betriebs- und Hauptlinie in Verwendung gewesenen Zeiger-Apparate auf einzelne Strecken für den Hilfsdienst verwiesen, während auf den Hauptlinien Morse-Apparate eingeführt wurden.

Wo Morse-Apparate für Hilfstelegraphen angewendet werden, ist jetzt wieder allgemein die Glockensignal-Leitung hierfür benutzt.

Ein Wärterstations-Apparatsatz, wie er in jüngerer Zeit durch Siemens und Halske geliefert wird, besteht aus einem Holzkästchen, in welchem die Ausschaltklemmen, ein Unterbrechungstaster, ein Galvanoskop und der Schreib-Apparat (Farbschreiber) untergebracht sind. Die beiden aufrechtstehenden Elektromagnetschenkel des Farbschreibers endigen in hakenförmigen Schuhen, welche einander gegenüberstehen. Der Anker des Schreibhebels ist an letzteren mittelst einer Schraube so befestigt, dass er unterhalb der Schuhe zu liegen kommt und also, wenn der Apparat in die Ruhestromlinie eingeschaltet ist, normal nach aufwärts angezogen bleibt; jedesmal aber, wenn eine Unterbrechung des Stromes erfolgt, wird der Anker abgerissen, der das Farbrädchen tragende zweite Arm des Schreibhebels geht nach aufwärts und bringt am Papierstreifen das Zeichen hervor.

Der Kasten ist so eingerichtet, dass durch Oeffnen der Thür der Apparat selbstthätig eingeschaltet und der bestandene kurze Schluss der Hilfslinie aufgehoben wird. Beim Schliessen erfolgt wieder dasselbe, nur in umgekehrter Reihenfolge.

Hie und da sind für Hilfstelegraphen auch Morse-Schreiber im Gebrauch, bei welchen kein Triebwerk vorhanden ist, das den Streifen zieht, sondern dieser muss durch den aufnehmenden Beamten mit der Hand gezogen werden.

Bei der Berlin-Anhalter Bahn, welche für ihre Strecken-Telegraphen Siemens-Halske'sche polarisirte Blauschreiber benutzt, sind diese Apparate in den Wärterhäusern (in der Regel nicht mehr als höchstens 3750 Meter voneinander oder der nächsten Station entfernt) aufgestellt. Die Nummern dieser Wärterhäuser werden in einem besonderen Verzeichniss zur Kenntniss des Fahrpersonals gebracht und sind ausserdem durch die Aufschrift „T" in weisser Schrift auf rothem Felde gekennzeichnet.

Auf vielen Bahnen, welche stationäre Hilfstelegraphen eingeführt haben, ist auch noch die treffliche Einrichtung getroffen, dass an den längs der Bahn stehenden Telegraphensäulen Pfeile angezeichnet sind, deren Spitzen nach jener Richtung zeigen, in welcher das nächste mit einem Strecken-Apparat versehene Wächterhaus liegt.

Ist einem Zuge auf der freien Bahnstrecke ein Unfall begegnet und eine Hilfsmaschine oder sonstige Unterstützung erforderlich, so wird der nächste stationäre Strecken-Apparat entweder vom Zugsführer selbst oder auf Weisung desselben vom Bahnwärter benutzt; wo letzteres eingeführt ist und also auch die Bahnbewachungs-Organe im Telegraphiren abgerichtet sind, werden zur Uebung des Personals und zugleich zur Prüfung der Apparate täglich regelmässig gewisse Prüfungsdepeschen zwischen den Streckenposten und den Stationen gewechselt.

Manche Bahnen begnügen sich damit, statt der kostspieligen Einrichtung stationärer Strecken-Apparate bei den Wächterhäusern blos einen, dem Schaltungssystem der Hilfslinie entsprechenden Taster anzubringen, so dass zwar von der Strecke aus jede beliebige Nachricht in die Station abtelegraphirt, von da aber keine Antwort an die Streckenposten zurücktelegraphirt werden kann.

In diesem Sinne haben z. B. die Kaiser Ferdinands-Nordbahn und die Buschtěhrader Eisenbahn bei jedem Wächterposten einen Widerstandstaster (Fig. 10) eingeschaltet, der für gewöhnlich unter Verschluss steht. Nur im Bedarfsfalle darf der Verschluss beseitigt und der Taster gebraucht werden. Wenn die von der Strecke mit einem solchen Taster angerufene Station den Anruf bemerkt hat, giebt sie durch Stromunterbrechung auf dem Läutewerk einen Glockenschlag; dieser gilt als Meldung; nun kann mit dem Widerstandstaster des Streckenpostens die Depesche gegeben werden, und wenn diese vollkommen leserlich empfangen und begriffen wurde, giebt die Station einen neuerlichen Glockenschlag als „Verstandenzeichen".

Seit die Telephonie (siehe Band VI der Elektrotechnischen Bibliothek) so bedeutenden Aufschwung genommen hat, wurde auch vielfach dieses Verständigungsmittel an Stelle von Strecken-Telegraphen in Anwendung gebracht. Diese Einrichtung ist einfach, billig und bequem. Die Verständigung geschieht bei guten Apparaten leicht, jedoch ohne späteren Beleg und keineswegs so sicher, als es für den Bahndienst und speciell für Hilfs-Telegraphen geboten erscheint. Insofern sind Telephon-Einrichtungen insbesondere für Strecken, wo das Personal aus verschiedenen Nationen stammt oder stark abweichende

Dialekte spricht, kaum zweckdienlicher, als die vorstehend
erwähnten Correspondenz-Einrichtungen, bei welchen nur
gegeben und nicht auch empfangen werden kann.

III. Telegraphen bei und auf den Bahnzügen.

Bei vielen und insbesondere bei den französischen,
deutschen und russischen Bahnen führen entweder alle
oder mindestens jene Züge, welche Personen befördern,
einen Telegraphen-Apparat mit sich, welcher bestimmt
ist, in einer eigens bezeichneten Leitung — der Hilfslinie — eingeschaltet zu werden, sobald dem Zuge ein
Vorkommniss widerfährt, welches die Verständigung der
nächsten Station erheischt. Natürlich muss den Zugsbeamten die Bedienung und Anwendung des Apparates
vollständig geläufig sein.

Bei einigen Bahnen ist zur leichteren Durchführung
der Einschaltung die Hilfslinie in sämmtliche oder eine
gewisse Anzahl von Wächterhäusern eingeführt und zu
einem Klemmenumschalter geleitet, der das Trennen der
Linie, die Einschaltung des portativen Apparates und die
sichere Wiedervereinigung der Leitung, nachdem die im-
provisirte Station nicht mehr nöthig ist, bequem und
leicht durchführen lässt.

Anderwärts besteht hingegen die Gepflogenheit, dass
die Hilfslinie gleich zunächst des stehengebliebenen Zuges
durchschnitten und mit dem portativen Apparat durch
Hilfsdrähte verbunden wird.

Eventuell lässt es das Apparatsystem auch zu, dass
nur ein Anschlussdraht des portativen Apparates mit der
Hilfslinie in Verbindung gebracht zu werden braucht,

während der zweite zur Erde, beziehungsweise zur Schiene verbunden wird.

In beiden letzten Fällen kann der Apparat gleich im Zuge belassen und von da aus die Correspondenz eingeleitet werden, während im ersteren Falle der Apparat erst bis zur nächsten Einschaltestelle übertragen werden muss, was unter Umständen mit einem nennenswerthen Zeitverluste verbunden sein kann.

Dieser Anordnung dürfte jedoch nichtsdestoweniger, und obwohl sie auch noch den Uebelstand mit sich bringt, dass durch die vielen Einführungen der Linie Fehlerquellen zuwachsen, der Vorzug gegen das an beliebiger Stelle vorzunehmende Durchschneiden der Hilfslinie einzuräumen sein, weil es dem Zugspersonale nicht immer leicht ist, dort, wo viele Leitungen zusammenkommen, den Draht der Hilfslinie herauszufinden, und weil die Wiederherstellung der durchschnittenen Leitung unter Umständen sehr schwierig werden kann. Ueberdies ist das Durchschneiden der Leitung an und für sich mit misslichen Umständen verbunden.

Auf einigen französischen Bahnen benutzt man portative Bréguet'sche Zeigertelegraphen, die in einem hölzernen, prismatischen, für gewöhnlich mittelst eines Schlüssels gesperrten Kasten verschlossen sind. Im Sockel des Kastens ist der Sender und die aus 12 Leclanché-Elementen bestehende Batterie untergebracht. Im stehenden Theile des Kastens befindet sich der Empfänger, ein Zeigerblatt, hinter welchem der Elektromagnet sammt Uhrwerk eingeschlossen ist. Ein liegendes Galvanoskop ist an der einen Fläche des aufzuklappenden Kastendeckels angebracht. Die zwei auf Spulen gewickelten Anschlussdrähte werden so weit abgewickelt, als es nöthig erscheint, den einen mittelst einer Klemme an die Hilfslinie, den anderen mit der Erde zu verbinden. Für letzteren Zweck ist das Ende des zur Erdleitung bestimmten Anschlussdrahtes an einen Messingkeil gelöthet, der zwischen dem nächsten Wagenrad und der Eisenbahn-schiene eingeklemmt wird.

In ähnlicher Weise hat die Cöln - Mindener Bahn Kramer'sche Zeiger-Telegraphen benutzt, welche aber nur in den Glockenhäuschen der Bahnwärter, wo bereits die Hilfslinie an einem Umschalter zugeführt war, auf-gestellt werden durften.

Die häufiger benutzten ambulanten Morse-Apparate sind in möglichst compendiöse Form gebracht, immer in einem versperrten, häufig selbst versiegelten Kasten untergebracht und in der Regel nur an vorbereiteten Einschaltestellen in den Wächterhäusern oder in den Läutebuden (Glockenbuden) in Verwendung zu bringen.

Wenn man die stationären mit den ambulanten Strecken-Telegraphen hinsichtlich ihres Werthes für den Bahndienst vergleicht, so stellen sich die letzteren als entschieden minderwerthig dar. Es ist an sich schwer, dass sich das Zugbegleitungspersonal, weil demselben nicht Gelegenheit zur regelmässigen Uebung geboten ist, die entsprechende Fertigkeit im Telegraphiren, Ein-schalten u. s. w. bewahre, und wird diese Ungeübtheit sich bei Ereignissen, welche die Zugsbeamten in Auf-regung bringen, um so nachtheiliger und störender äussern. Von der Schwierigkeit des Erlernens der Morse-Apparat - Bedienung kann nimmer gesprochen werden, wohl aber von dem Bedürfnisse steter Uebung.

Bei den portativen Hilfstelegraphen ist stets voraus-gesetzt, dass der Apparat durch einen Zug oder in sonstiger

Weise an Ort und Stelle gebracht werde; ihre Anwendung ist sonach auf jene Hilfeforderungen, welche zufolge der Verkehrsstörung eines Zuges nothwendig werden, beschränkt.

Widerfährt jedoch dem Zuge ein Unfall, bei welchem auch der mitgeführte Telegraphen-Apparat eine Beschädigung erleidet oder gar der telegraphenkundige Zugsführer dienstunfähig wird, so ist gerade in diesen Fällen, wo die telegraphische Herbeirufung von Hilfe am nöthigsten sein kann, der Werth des portativen Apparates illusorisch geworden.

Stabile Strecken-Telegraphen schliessen alle diese Uebelstände aus und können bei fleissiger Uebung des Bedienungspersonals zu jeder Zeit und nicht nur bei Bahnunfällen, sondern auch zu deren Vorbeugung und für den Bahndienst im Allgemeinen werthvolle Verwendung finden, sie sind jedoch kostspielig. Leider ist es ein ziemlich allgemeiner Grundzug der Bahnadministration, den ökonomischen Standpunkt bezüglich der Telegraphen-Einrichtungen weit schärfer im Auge zu behalten, als bei den sonstigen Bauherstellungen, obwohl jene ebenso sehr aus der Nothwendigkeit entspringen, als diese, und so kommt es, dass stabile Strecken-Telegraphen weitaus die Verbreitung noch nicht haben, welche sie verdienen.

Die Wichtigkeit einer telegraphischen Verbindung zwischen Strecke und Station wurde zwar von jeher anerkannt, man liess aber dabei im Wesentlichen die Vorgänge auf der Strecke, welche nicht direct mit dem laufenden Zuge in Verbindung standen, ausser Betracht und kam dadurch auf die portativen Telegraphen und endlich zu der directen telegraphischen Verbindung zwischen Zug und Station.

Die letztgedachten Zugstelegraphen sollen das Telegraphiren zwischen dem fahrenden Zuge und den Stationen oder auch zwischen zwei fahrenden Zügen ermöglichen. Die grösste hierbei zu bekämpfende Schwierigkeit liegt in der Anlage einer Leitung, welche mit dem laufenden Zuge die Verbindung herstellt — eine Schwierigkeit, die bislang zu überwinden nicht gelungen ist, wenigstens nicht in einer Art, welche die Einführung in der Praxis gestattet hätte.

Der Erste, welcher einen elektrischen Zugstelegraphen (im Januar 1854) construirte, war Th. Du Moncel. Er brachte das Modell seiner projectirten Vorrichtung, für welche er nebst einigen besonderen Signal-Apparaten einen Bréguet'schen Zeichen-Telegraphen acceptirt hatte, 1855 auf der Pariser Weltausstellung zur Anschauung. Ein Jahr später machte Bonelli mit einer verwandten Einrichtung auf der Bahn von Paris nach St.-Cloud mit Wheatstone'schen Nadel-Telegraphen einen Versuch. Nach mancherlei ganz verfehlten Experimenten schlug 1875 F. v. Ronneburg[1]) in Dingler's Journal (Band 217, Seite 208) wieder etwas Aehnliches für die Morse-Correspondenz vor, unter der Voraussetzung einer Gegenstromschaltung und des Vorhandenseins von polarisirten Relais. Im Jahre 1880 wurden derlei Versuche in Schweden vorgenommen und neuestens berichtet der „Engineering” (Bd. 34, S. 141), dass Ende 1882 auf der Atlanta and Charlotte-Eisenbahn mit dem Zugstelegraphen des Capitäns C. W. Williams recht gelungene Proben vorgenommen worden seien.

Es ist nicht zu leugnen, dass derlei Anlagen, wenn sie eine sichere telegraphische Verbindung zwischen den

---

[1]) Dieser Name ist nur Pseudonym.

Zügen untereinander und der Station erzielen liessen,
äusserst werthvoll und zweckmässig wären, ebenso richtig aber ist es, dass die Bestrebungen auf diesem Gebiete
bislang zu keinen praktischen Erfolgen geführt haben
und auch für die Zukunft wenig Günstiges erhoffen
lassen.

IV. Die Eisenbahnsignale überhaupt.

Ein einigermassen entwickelter Eisenbahnbetrieb ist
weder möglich noch denkbar ohne besondere fernwirkende
Hilfsmittel zum Austausche von Nachrichten, durch welche
die mit der Bewachung und Instandhaltung der Bahn,
sowie mit der Leitung und Führung der Züge betrauten
Bediensteten und die an der Fahrt theilnehmenden oder
an ihr sonst betheiligten Personen in Stand gesetzt werden,
bezüglich gewisser Zustände oder regelmässiger oder
aussergewöhnlicher Vorkommnisse Auskünfte, War-
nungen oder Befehle empfangen und ertheilen zu
können.

Durch diesen Nachrichtenaustausch wird nicht nur
die Regelmässigkeit der Geschäftsabwicklung und die
Leistungsfähigkeit des Bahnbetriebes gefördert, sondern
auch in erster Linie die Sicherheit des Zugsverkehres ge-
wahrt. Die gedachten Mittheilungen können sich übrigens
nur auf stets wiederkehrende Betriebsvorgänge oder eine
geringe Anzahl vorausgesehener Ausnahmsfälle beziehen
und daher in verhältnissmässig wenigen, stricten Begriffen
zusammengefasst und durch einfache Zeichen — Signale — dargestellt werden. Es liegt in der Natur der
Sache, dass diese Signale nicht nur in der Ferne sinnlich
wahrgenommen werden müssen, sondern dass es auch

Signale giebt, die aus der Ferne hervorgerufen werden
sollen und bei welchen also sowohl der Empfangs- als
der Aufstellungs- und der Absendungsort des Signals
voneinander getrennt liegen. Die Entfernung zwischen
Empfangs- und Aufstellungsort ist, da es sich nur um
das Sehen oder Hören des Signalzeichens handeln kann,
immer eine beschränkte; beschränkt sowohl durch das
Wahrnehmungsvermögen des gesunden menschlichen
Auges und Ohres, als eventuell durch die äussere Um-
gebung des Signals und die meteorologischen Verhältnisse.
Diese Beschränkung muss durch die Entfernung zwischen
Aufstellungspunkt und Absendungsort des Signals wieder
ausgeglichen werden können, denn bei den derzeitigen
Zugsgeschwindigkeiten und Bahnhofsausdehnungen würde
sonst ein Auslangen mit den gewöhnlichen akustischen
und optischen Signalmitteln nicht gefunden, oder es
müsste wenigstens zur Fortpflanzung des Signals häufig
eine grosse Anzahl Vermittlungsposten geschaffen werden,
die kostspielig sein, sowie die Fortpflanzungs-Geschwindig-
keit des Signals beeinträchtigen würden und unter Umständen selbst störend und verwirrend werden können.
Man muss also Mittel suchen, welche die am Stellorte
zur Zeichengebung aufzuwendende Kraft gleich direct bis
zum Aufstellungspunkte des Signals übertragen, und
können hierzu mechanische (Drahtzüge oder Gestänge),
hydraulische und pneumatische Vorrichtungen dienen.
Dort aber, wo diese Hilfsmittel zufolge der Ortsverhältnisse
oder weil die Entfernung zu bedeutend ist, oder endlich
weil die Punkte, wo das Signal gleichzeitig gegeben oder
empfangen werden soll, zu zahlreich sind, nicht mehr
mit erwünschtem Erfolge Anwendung finden könnten,
kann die Elektricität als fernwirkende Kraft mit Vor-

theil ausgenutzt werden. Das durch Elektricität hervor-
gerufene Signal ist von keiner der in Betracht kommenden
Entfernungen irgendwie abhängig; es kann ohne alle
Kraftanstrengung seitens des Signalisirenden augen-
blicklich gegeben werden; die Verbindung des Signal-
standortes mit dem Absendungsorte ist leichter herzustellen
wie bei jeder anderen Anlage, und selbst die gefürchteten
störenden Beeinflussungen durch atmosphärische und
tellurische Elektricität lassen sich in gewissem Masse (siehe
S. 29 und 31) unschädlich machen. Demzufolge hat auch
der Betrieb mittelst Elektricität für eine Reihe bestimmter
Eisenbahnsignale allgemein und grundsätzlich, für andere
Signale wieder häufig, wenn auch nicht grundsätzlich
platzgegriffen, und zählen darunter die durchgehenden
Liniensignale, die Hilfssignale von der Strecke
und auf den Zügen, die Distanzsignale und die
Zugdeckungssignale.

V. Durchlaufende Liniensignale.

Durchlaufende Liniensignale sind diejenigen Bahnsignale, welche von einer Station bis zur Nachbarstation
so gegeben und fortgepflanzt werden, dass sie von allen
zwischen den beiden Stationen vorhandenen Bahnbe-
wachungsposten (Bahnwärtern) mitempfangen, beziehungsweise wahrgenommen werden können.

Die durchgehenden Liniensignale wurden ursprünglich mittelst optischer Telegraphen (Signalmasten mit
Armen oder aufziehbaren Scheiben) ausgeführt, indem
das in der Station erzeugte Signalzeichen von allen
Zwischenposten der Strecke wiederholt und derart bis

zur nächsten Station fortgepflanzt wurde. Die Bahnwärter mussten also stets zur rechten Zeit sich am Posten
befinden, wenn keine Verzögerungen im Laufe des
Signals eintreten sollten. Bei Nebel, Regen und Schneefall war die Fernsicht erschwert und ein Uebersehen
des Signals leicht möglich; die Signalposten mussten, insbesondere auf Strecken im eingeschnittenen Terrain und
mit starken Krümmungen, sehr dicht aufeinanderfolgen.

Dieser Uebelstände wegen ist man von den optischen
durchlaufenden Liniensignalen durchweg abgekommen
und dafür zur Benutzung elektrischer übergegangen. Ober-
Ingenieur August Mons der Thüringischen Eisenbahn-
Gesellschaft war der intellectuelle Urheber der Einführung
elektrischer durchlaufender Liniensignale, und nach
seinem 1846 aufgestellten Programm sind von Ferdinand
Leonhardt die ersten Läutewerke auf der Bahnstrecke
Halle-Weissenfels eingerichtet worden. Erst weit später
fand diese Einrichtung bei den deutschen und österreichischen Bahnen allgemeine Anwendung, in den
letzten Jahren haben auch viele Schweizer, französische,
italienische, niederländische, russische und rumänische
Bahnen etc. das elektrische Läutewerk für die durchlaufenden Liniensignale acceptirt. Für die Hauptbahnen
sind in Deutschland wie in Oesterreich-Ungarn die
elektrischen Liniensignale gesetzlich vorgeschrieben.

In der deutschen Signalordnung sind folgende Zeichen
festgesetzt:

1. „Der Zug geht in der Richtung von A nach B"
(Abmeldesignal): einmal eine bestimmte Anzahl von
Glockenschlägen 2. „Der Zug geht in der Richtung von
B nach A" (Abmeldesignal): zweimal dieselbe Anzahl
von Glockenschlägen. 3. „Die Bahn wird bis zum nächsten

fahrplanmässigen Zuge nicht mehr befahren": dreimal dieselbe Anzahl von Glockenschlägen. 4. „Es ist etwas Aussergewöhnliches zu erwarten": sechsmal dieselbe Anzahl von Glockenschlägen.

Nach der einheitlichen Signalordnung für Oesterreich-Ungarn gelten nachstehende Glockensignale: 1. „Der Zug fährt gegen den Endpunkt_der Linie": dreimal zwei Glockenschläge. 2. „Der Zug fährt gegen den Anfangspunkt der Linie": dreimal drei Glockenschläge. 3. „Der Zug fährt nicht ab gegen den Endpunkt der Linie": die Gruppe von zwei Glockenschlägen und einem Glockenschlage dreimal. 4. „Der Zug fährt nicht ab gegen den Anfangspunkt der Linie": die Gruppe von drei Glockenschlägen und einem Glockenschlage dreimal. 5. „Die Locomotive soll kommen": dreimal fünf Glockenschläge. 6. „Locomotive mit Arbeitern soll kommen":[1]) dreimal die Gruppe von fünf Glockenschlägen und einem Glockenschlag. 7. „Alle Züge aufhalten": die Gruppe von drei und zwei Glockenschlägen mindestens viermal hintereinander. 8. „Entlaufene Wagen": mindestens viermal vier Glockenschläge. 9. „Uhren richten": zwölf gleichmässige Glockenschläge. 10. „Der Zug fährt auf dem unrichtigen Geleise gegen den Endpunkt der Linie": dreimal die Gruppe von zwei und fünf Glockenschlägen. 11. „Der Zug fährt auf dem unrichtigen Geleise gegen den Anfangspunkt der Linie": dreimal die Gruppe von drei und fünf Glockenschlägen.

Ausserdem sind nicht obligat, jedoch gestattet die Signale: „Der Zug fährt von der Strecke gegen den End-

---

[1]) Die Signale 5 und 6 sind zum Zeichen, dass sie verstanden wurden, jedoch unter nur einmaliger Abgabe der Gruppe, von der Station zurückzugeben.

punkt der Linie": neun und zweimal zwei Glockenschläge in gleichen Pausen; „der Zug fährt von der
Strecke gegen den Anfangspunkt der Linie": neun und
zweimal drei Glockenschläge; „der Zug fährt von der
Strecke auf dem unrichtigen Geleise gegen den Endpunkt
der Linie": neun, zweimal je zwei, dann fünf Glockenschläge; „der Zug fährt von der Strecke auf dem unrichtigen Geleise gegen den Anfangspunkt der Linie",
neun: zweimal je drei, dann fünf Glockenschläge; „die
Strecke ist verweht": die Gruppe von vier Glockenschlägen
und einem Glockenschlage in gleichen Pausen dreimal
wiederholt.

In ähnlicher Weise wie in Oesterreich, nämlich
durch Combination von Einzelschlägen, sind auch die
Zeichen bei den oberitalienischen und französischen
Bahnen, einem Theil der rumänischen und Schweizer
Bahnen gebildet, ebenso häufig auch dort, wo Glocken-
Apparate für besondere Zwecke, z. B. als Stations-Ein-
fahrtssignale, Tunnel- oder Drehbrückensignale u. s. w.,
in Verwendung stehen.

Wie man sieht, sind die zwei angeführten Signal-
formen charakteristisch voneinander dadurch unterschieden,
dass die deutsche die Signalzeichen immer aus derselben
Glockenschlaggruppe blos durch Wiederholung bildet,
während die österreichische aus einzelnen Schlägen erst
Gruppen bildet und diese mit oder ohne Wiederholung
zum Signalzeichen verbindet.

In der Regel ist die Glockensignal-Leitung (Läutewerkslinie) stationsweise abgeschlossen, nämlich in jeder
Station (Bahnhof) zur Erde geführt. Ausnahmen hievon
finden sich nur dort, wo für die durchlaufende Correspondenz und die Glockensignalisirung eine Leitung ge-

meinschaftlich ausgenutzt wird. Ebenso selten sind die
Fälle, dass die Glockensignal-Leitung ausschliesslich nur
für die Signalisirung und nicht auch für die Correspondenz von Station zu Station (Stationssprechen) oder für
Hilfssignalzwecke ausgenutzt würde.

In Deutschland, wo nach der eben angeführten Signalordnung nur wenige und nur aus unter sich gleichen Gruppen
gebildete Signale angewendet, daher im Maximum sechs
Ankerauslösungen nöthig und überdies von der Strecke aus
keine Glockensignale gegeben werden, sind die Glockenlinien für den Signalbetrieb fast ausnahmslos auf Arbeitsstrom geschaltet unter Anwendung von Magnet-Inductoren
(siehe S. 16) oder auch von elektrodynamischen Maschinen.

Nach der in Oesterreich geltenden Signalvorschrift
wird mit Rücksicht auf die vorgeschriebenen, oben angeführten Signalbegriffe verlangt, dass auf der Strecke
von jedem Wärterposten aus Glockensignale gegeben
werden können; es würde hierbei — Arbeitsstrom vorausgesetzt — nothwendig werden, jeden der Streckenposten
mit einer entsprechenden Elektricitätsquelle auszurüsten.
Wäre im letztgedachten Falle Batteriestrom angewendet,
so würde durch die vielen auf der Strecke nöthigen
Batterien nicht nur eine schwerwiegende Reihe von Fehlerquellen in die Linie gebracht, sondern die Erhaltung und
Pflege dieser Batterien würde nebst bedeutenden Kosten
auch einen nennenswerthen Arbeitsaufwand erheischen.

Die Aufstellung eines Inductors bei jedem Wärterposten würde aber nicht nur grosse Anschaffungskosten
verursachen, sondern auch das manuelle Abgeben der
Signale schwieriger gestalten und zum mindesten die
Benutzung von Automattastern (zur Abgabe von Glocken-
signalen) ausschliessen.

Aus diesen Gründen und da der Ruhestrom gleichzeitig auch auf leichte Weise die Mitbenutzung der Glockenlinie für die Correspondenz gestattet, ist fast überall, wo die Signalzeichen aus Einzelschlägen gebildet und auch von den Streckenposten durchlaufende Liniensignale abgegeben werden sollen, die Ruhestromschaltung für die Läutewerkslinie angenommen worden.

Ausnahmen hiervon aus älterer Zeit sind nur wenige bekannt, und wäre etwa anzuführen die Linie Stuhlweissenburg-Szöny, wo die Glockenlinie nach Anordnung von Inspector Moriz Kohn auf Arbeitsstrom unter Anwendung von Chromsäure - Batterien geschaltet war, dann die Linie der Graz-Köflacher Eisenbahn, bei welcher die Glockenlinie für Inductoren- (Siemens'sche Magnet-Inductoren) Betrieb eingerichtet ist und sich bei jedem Streckensignalposten ein Inductor befindet.

Die der Ruhestromschaltung anhaftenden, später des Näheren zu besprechenden Uebelstände haben jedoch in den letzteren Jahren vielfache Emancipationsversuche in dieser Richtung veranlasst, und man hat insbesondere Gegenstromschaltungen, sowie Combinationen von Arbeits- und Ruhestromschaltungen zu benutzen angefangen.

Der Glockensignal-Apparat auf der Strecke besteht aus zwei Haupttheilen; aus dem sogenannten Schlagwerk, d. i. einem Räderlaufwerk, das durch ein Gewicht betrieben wird, sammt der elektrischen Auslösung, dann aus der Glocke sammt Zubehör.

In Deutschland sind diese Apparate fast immer in eigenen blechernen oder hölzernen Buden (Läutewerks- oder Läutebuden genannt) untergebracht, während in Oesterreich das Schlagwerk in der Regel im Wächter-

hause, und zwar im Flur oder auch im Wohnraume
aufgestellt und die Glocke am First des Hauses, bei
Perronläutewerken mittelst Consolen an einer Gebäudewand angebracht ist.

Fig. 21.

Die hölzernen Läutebuden
von 2 bis 2·5 Meter Höhe sind
nach Art der gewöhnlichen kleinen
Signalhütten oder Schilderhäuschen
hergestellt, dicht mit Brettern verschalt und mit einer verschliessbaren
Zugangsthür versehen. Die durch
Siemens und Halske eingeführten
blechernen Läutebuden (Fig. 21)
haben eine cylindrische Form. Das
aus Stab- oder Gusseisen hergestellte Gerüst ist mit Blech gedeckt
und verschalt. Eine verschliessbare
Thür gestattet den Zutritt zu dem
im Innern der Bude auf Consolen
befestigten Apparate. Der Glockenstuhl ist mit dem Dache mittelst
Schrauben verbunden und die vom
Schlagwerk zu den Hämmern
K_1, K_2 führenden Zugdrähte finden
ihren Weg durch den hohlen
Schaft des Glockenständers. Die
für die Einführung der Leitung nöthigen zwei Isolatorenträger J sind gleichfalls an den Blechwänden mittelst
Schrauben befestigt. Die ganze Anordnung der auf
einem steinernen Sockel oder auf gusseisernen Füssen
(siehe Fig. 21) aufgestellten Bude ist also höchst einfach
und compendiös.

Den letztangeführten Vorzug besitzt in noch erhöhterem Masse die gleichfalls von Siemens und Halske eingeführte, von F. v. Hefner-Altenek construirte Läutesäule. Der hohe eiserne Schaft S (Fig. 22) der Säule ist zur Aufnahme des Treibgewichtes bestimmt und endigt unten in einem Ansatzrohre R, welches in die Erde eingegraben wird und das Fundament der Säule bildet.

Fig. 22.

An der verbreiterten Console des Säulenschaftes ist durch Rippenstücke das Dach B, die Glocke G und die Einführungsvorrichtung befestigt, sowie in der Blechtrommel T und unter D der Apparat (siehe Fig. 25) aufgestellt.

Die Trommel T lässt sich, nachdem das dazu gehörige Schloss aufgesperrt wurde, mittelst der beiden Handhaben H seitlich drehen und dann hinabschieben, so dass der Apparatraum zugängig wird.

Die Anordnung der Leitungseinführung kann aus der Figur deutlich entnommen werden. Bei der Läutesäule bleibt jede besondere Fundirung durch Mauerwerk erspart, alle subtilen Bestandtheile sind wohl verborgen und demzufolge vor Schnee und Eis geschützt.

Aus dem letzterwähnten Vortheil erwächst aber auch wieder ein wesentlicher Uebelstand der Läutesäulen, nämlich dass einzelne Bestandtheile schwer zugängig sind und vorzunehmende Justirungen oder Reparaturen unter Umständen schwierig und zeitraubend werden.

Soll der Glocken-Apparat im Wächterhause oder in einem Bahnhofsgebäude untergebracht werden, so kommt der Glockenstuhl entweder auf den Dachfirst, wo er mittelst eiserner Schraubenständer am Balken befestigt oder an einem Hausrand auf eingemauerten guss- oder schmiedeisernen Consolen angebracht wird.

Häufig haben die Läutewerke statt einer einfachen Glocke von beiläufig 40 bis 45 Cm. Durchmesser eine Doppelglocke (vergl. Fig. 21), nämlich eine grössere und kleinere Glocke mit je einem separaten Hammer, so dass jedes Signal durch rasch aufeinanderfolgende Doppelschläge markirt wird.

Solche Apparate (Doppelschläger) bieten den Vortheil, dass die damit gegebenen Signale sich von anderen ähnlichen Schallerregungen, z. B. den Schlägen einer Thurmuhr, auffällig unterscheiden.

In Oesterreich-Ungarn sind auf offenen Bahnstrecken ausschliesslich die billigeren Einzelschläger angewendet; nur an Bahnzweigungen oder überhaupt an Stellen, wo Glocken-Apparate zweier verschiedener Strecken zusammenkommen, werden die Läutewerke der einen Linie als Einzelschläger, jene der zweiten als Doppelschläger eingerichtet. Kommen bei einem Posten Glocken-Apparate von mehr als zwei Bahnen, beziehungsweise Strecken zusammen, so sind die Glocken überdies ungleich gestimmt oder aus verschiedenen Metallen hergestellt oder als Dreischläger eingerichtet u. s. w., damit durch die ungleiche Höhe,

Klangfarbe und Anzahl der Glockentöne weitere prägnante Unterscheidungsmittel geschaffen werden.

Fig. 23 zeigt einen Glockenstuhl für Doppelschläger, wie sie in Oesterreich-Ungarn angewendet werden. Der um die Axe X drehbare Hammer H hat in einem am Dache angenieteten Lager seine Drehaxe und wird durch die Feder f gegen die Glocke gepresst, während es die stärkere Feder F verwehrt, dass der Hammer bei der Ruhelage die Glocke G völlig berührt. Wenn also der Zugdraht Z angezogen und dann plötzlich losgelassen wird, so schnellt der gehoben gewesene Hammer gegen die Glocke, worauf ihn die Feder F, welche durch das Fallmoment des Hammers vorübergehend überwunden wurde, wieder in die Ruhelage zurückführt. Die Feder F muss gerade die richtige Spannung haben, damit der Schlag auf die Glocke kräftig

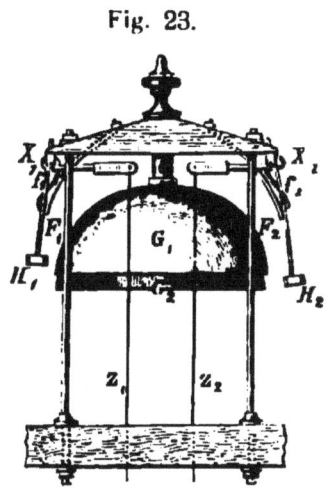

Fig. 23.

genug erfolgt und der Hammer nur aufschlägt, aber nicht liegen bleibt, denn nur unter dieser Bedingung wird der Ton der Glocke hell, rein und laut sein. Es sei dieser an sich geringfügige Umstand hier nur deshalb erwähnt, weil es erfahrungsmässig nicht allzu selten vorkommt, das die Telegraphen-Aufsichtsbeamten (Glockenaufseher), wenn ein Apparat schlecht schlägt, weil die fragliche Feder nicht die entsprechende Spannung besitzt, die Ursache des Fehlers ganz wo anders suchen, als auf der richtigen Stelle.

Bei den Einfachschlägern fehlt selbstverständlich die zweite Glocke G_2 sammt der Hammergarnitur Z_2, X_2, H_2, f_2 und F_2.

Das Heben des Hammers wird durch einen zweiarmigen Hebel, zu welchem der Zugdraht Z straff gespannt ist, bewerkstelligt, indem das Triebrad des Laufwerkes durch eingesetzte Daumen den einen Arm des gedachten Hebels hebt, wodurch also der andere, mit Z verbundene niedergeht und Z mitzieht. Der Hub ist natürlich dem zur Bewegung des Hammers nöthigen Wege angemessen.

Das erste vom Hofuhrmacher Leonhardt in Berlin für die Thüringische Eisenbahn 1846 ausgeführte Glockenschlagwerk (Läutewerk) war im Wesentlichen den damals üblichen Thurmuhrschlagwerken ähnlich und wurde durch einen gesondert aufgestellten Elektromagnet unter Anwendung von Arbeitsstrom ausgelöst. Bei den ersten Apparaten musste der Wächter die Einlösung mit der Hand bewerkstelligen, bei den späteren Apparaten wurde durch die Umdrehung des mit sechs Hebestiften versehenen Bodenrades der Anker und ebenso das Laufwerk nach Ausführung von 13 Doppelglockenschlägen wieder eingelöst.

Aehnlich angeordnet war das Läutewerk, welches Kramer 1847 für die Strecke Magdeburg-Buckau gebaut hatte, und nach dergleichen Principien sind überhaupt alle Läutewerke construirt. In Deutschland und wo die durchlaufenden Liniensignale nach deutschem Muster Anwendung finden, werden fast durchwegs Siemens-Halske'sche Läutewerke benutzt, von welchen die mit Fallhammer, dann die mit der Stechereinlösung die älteren, schon spärlicher angewendeten, jene mit der sogenannten Universalauslösung und dann das sogenannte Spindelläutewerk die jüngeren, verbreiteteren Typen sind.

Das in Fig. 24 dem Principe nach dargestellte Läutewerk mit Universalauslösung hat einen Elektromagnet *M*,
dessen Anker *A* mit der Naše *q* (Palette) den seitlich vorstehenden Stift *p* (Prisma) des um *a* drehbaren Auslöse-
hebels so lange festhält, als der Anker abgerissen bleibt.
An einer Radaxe des Laufwerkes sitzt der Arretirungsarm *d*. In der senkrechten Ebene dieses Armes ist die
Drehaxe *a* des Prismahebels zur Hälfte durchgefeilt.

Steht der Hebel *H G* in der Ruhelage, wie es die
Figur darstellt, so wird der Arm *d* vom Fleischtheile

Fig. 24.

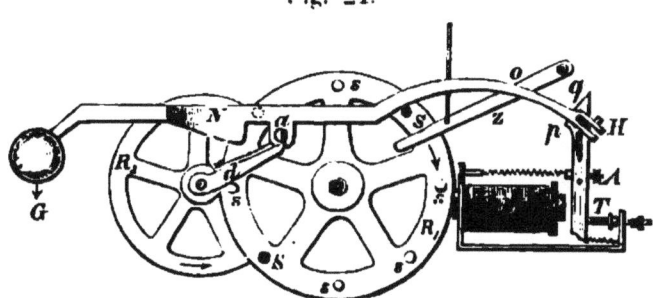

der Axe *a* festgehalten, lässt aber zufolge einer Ankeranziehung die Palette *q* den Prismahebel los, so fällt
dieser vermöge des Uebergewichtes bei *G* nach abwärts;
der Arm *d* kann nun durch die ausgefeilte Nuth der
mitgedrehten Axe *a* durchschlüpfen. Die Arretirung des
Laufwerkes hat damit aufgehört und das in Gang ge-
rathende Triebrad *R* bringt, indem es mittelst der
seitlich angebrachten Rollenstifte *S, s* den Drahtzugs-
hebel *Z* niederdrückt, Glockenschläge so lange hervor,
bis die Einlösung und Arretirung des Laufwerkes wieder
erfolgt. Letzteres besorgen abwechslungsweise die Rollenstifte *S, S* (in der Zeichnung schwarz angedeutet), welche

länger sind als die übrigen Stifte *s*. Während diese an
der Nase *N* des niedergefallenen Prismahebels unbehindert weitergehen, erfasst der zunächst an die Reihe
kommende lange Stift *S*, da er bis unter *N* reicht, diese
Nase und hebt bei der weiteren Drehung des Triebrades
den abgefallenen Arm des Prismahebels wieder in die
Höhe, beziehungsweise in seine frühere Lage zurück, so
dass das Prisma *p* von der Nase *q* erfasst und festgehalten wird, demzufolge *d* bei *a* den Weg wieder versperrt findet und die Arretirung des Laufwerkes vollzogen ist.

Das ist die Anordnung für einfache Arbeitsströme.
Vielfach wird aber das Läutewerk mit Universalauslösung
auch für Inductions-Wechselströme eingerichtet und ist
in diesem Falle das Fangprisma, ähnlich wie es Fig. 14
zeigt, ein Bogenstück mit zwei Reihen sägeförmiger Einschnitte, in welche die zwei an der Axe des polarisirten
Ankers sitzenden Sperrkegel eingreifen.

Das Spindel- oder Einrad-Läutewerk, für
dessen Unterbringung eigens die eisernen Läutesäulen
(Fig. 22) bestimmt sind, weicht von allen übrigen
Constructionen durch die Eigenthümlichkeit ab, dass der
Glockenhammer gleich direct vom Bodenrad des Lauf-
werkes bewegt wird. Das Triebwerk (Fig. 25), besteht
nur aus dem mit neun Knaggen (Hebedaumen) *r* und
den radical vorstehenden Armen c_1, c_2 und c_3 versehenen
Rade *R* und der mit demselben durch ein Gesperre ver-
bundenen Schnurtrommel, an welcher das Treibgewicht
hängt. *R* hat das Bestreben, sich in der Richtung des
Pfeiles zu bewegen, wird aber bei der Ruhelage des
Einlösehebels *H* festgehalten, weil der Arm c_1 an der
Axe *X* nicht vorüber kann. Die Magnet-Armatur ist

wie beim Läutewerk mit Universalauslösung. Wird durch die Ankeranziehung das Prisma p frei und der Hebel H durch die Feder F nach aufwärts gezogen, so dreht sich die halb durchgefeilte Axe x soweit, dass der Arm C vorüber kann. R beginnt seinen Weg, dabei erfasst einer der drei seitlich aus R hervorragenden Stifte d den Hebel H an einer Verbreiterung und drückt ihn wieder soweit nieder, dass p vom Schnepper q erfasst wird; der Arm c_2 findet nun wieder seinen Weg durch den Fleischtheil der Axe x versperrt und die Arretirung ist bewerkstelligt. Das Rad R macht sonach bei jeder Auslösung im dargestellten Falle eine Drittelumdrehung. Es kommen je drei Knaggen r an der Hammer-Spindel SS vorüber und werfen letztere, in-

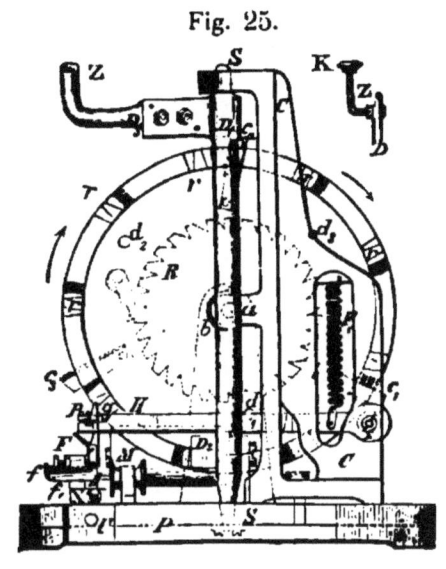

Fig. 25.

dem sie abwechselnd auf die beiden Daumen D_1 und D_2 der Spindel wirken, dreimal hin und her, ähnlich wie es bei den Weckern der Schwarzwälder Uhren geschieht. Der an der Spindel mittelst des Armes Z befestigte Hammer K schlägt sechsmal bei jeder Apparatauslösung auf die Glocke G (Fig. 22). Die zwei auf dem Dache ange-gossenen Erker E bieten dem hin und her schwingenden Hammerstiel genügend Raum und haben überdem an geeigneter Stelle je eine Oeffnung, durch welche das conische Ende des Hammers soweit heraustreten kann als nothwendig ist, um an die Innenseite der Glocke zu schlagen.

Auch die Spindelläutewerke erhalten, wenn sie mit Wechselströmen betrieben werden sollen, die früher erwähnten Auslösehebel mit doppelt gezahnter Palette.

Auf den deutschen Bahnen wird häufig das Läutewerk auch noch mit einer Blechscheibe verbunden, welche ausserhalb der Läutebude sichtbar ist, deren gewöhnlich horizontale Axe aber in's Schlagwerk reicht und mit demselben so verbunden ist, dass die Auslösung des Läutewerkes auch das Umstellen dieser Scheibe (PP in Fig. 22) von der horizontalen Lage in die verticale zur Folge hat, was sowohl dem Bahnwärter, falls er zur Zeit des Eintreffens des Signals nicht am Posten gewesen wäre, als Aufforderung zur Vorsicht gelten kann, andererseits auch dem Personal des vorüberfahrenden Zuges als Zeichen gilt, dass das Signal zwar erfolgt, vom Wächter aber nicht empfangen worden sei, weil er sonst die richtige Aufnahme des Signals, wie dies vielfach vorgeschrieben ist, durch Zurückstellen der Scheibe quittirt hätte.

Unter den Läutewerken, welche für durch Einzelschläge zu bildende Liniensignale angewendet werden, ist jenes von Leopolder das verbreitetste. Es wird in Oesterreich-Ungarn in hervorragendem Masse und auch in Frankreich von der Lyon-Mittelmeerbahn angewendet. Bei diesem Läutewerke (Fig. 26) wird der Glockenhammer angezogen, indem das Rad R mittelst der Daumen r den mit dem Hammer durch einen aufwärtsführenden Draht verbundenen Hebel ZZ_1 am Ende Z_1 hebt und wieder loslässt. Wenn der auf der Windflügelaxe u aufgesteckte und mit derselben durch die Spiralfeder f_1 gekuppelte

Arm c durch die Nase n des um o drehbaren Stückes
N gehalten wird, ist das Laufwerk arretirt. Kann aber
nach erfolgter Stromunterbrechung und darauffolgendem
Stromschluss das Prisma e von den Paletten p und q
(siehe auch Fig. 13) abfallen, so zieht der um ζ dreh-

Fig. 26.

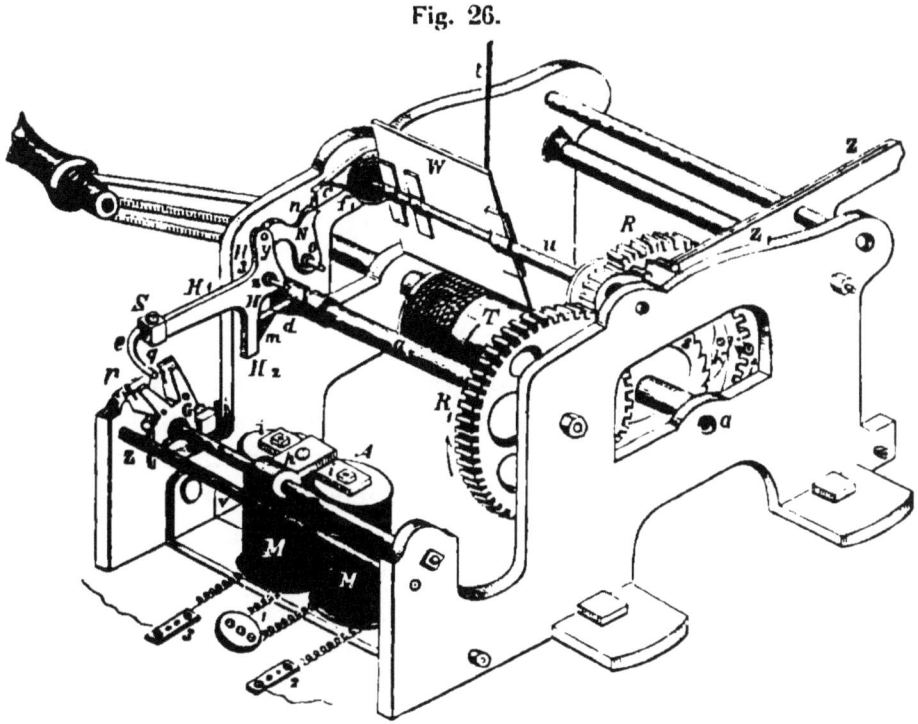

bare Hebel H das Stück N mittelst eines in einen Schlitz
desselben eingreifenden Stiftes y mit sich vorwärts, der
Arretirungsarm c verliert das Auflager bei n und das
Laufwerk geräth in Thätigkeit. Letzteres ist so angeordnet, dass das Rad R_1 sich in der durch einen Pfeil
angedeuteten Richtung völlig herumdreht, während R mit
einem Hebestift r den Zughebel ZZ_1 gehoben und wieder

losgelassen hat. Die auf der Axe a_1 des Rades R vor-
stehende Nase d erfasst bei der Drehung die Nase m des
Prismahebels H und hebt diesen, sowie durch Vermittlung des Mitnehmerstiftes y das Stück N in die Ruhelage zurück, so dass c wieder gefangen und das Laufwerk arretirt wird.

Neben den Leopolder-Läutewerken stehen auch
mehrere ähnliche, mit Uhrwerkstrieb versehene Anordnungen, und zwar von Aug. Weyrich, O. Schäffler,
Jos. Schönbach u. s. w., im Gebrauche, ebenso Läutewerke mit einfachen Laufwerken und Echappement-
Auslösungen von Aug. Weyrich, Holub, Wensch etc.

In der Regel befinden sich in der Station gleichfalls
Läutewerke, und zwar nicht nur bei den Weichenwärtern,
sondern auch im Stationsbureau. Diese Läutewerke sind
zumeist mit den grossen der Bahnwärter constructiv übereinstimmend, nur in kleineren Dimensionen ausgeführt,
mit Gewichts- oder Federbetrieb. Das sogenannte Zimmerläutewerk ist an der Wand aufgehängt oder auf dem
Telegraphentische (N und N_1 in Fig. 20) aufgestellt. Es
kommt übrigens auch vor, dass ein Bureau- oder Zimmerläutewerk ganz fehlt und dafür am Aeussern des Stations-
gebäudes grosse Läutewerke (Perron-Läutewerke) angebracht sind. Mitunter fehlen Perron- wie Zimmerläute-
werke und an ihrer Stelle ist nur ein Wecker vorhanden,
der im Localschluss mit einem Relais steht, das in die
Glockenlinie geschaltet ist.

Bei den mit Inductionsstrom betriebenen Läutewerks-
Anlagen ist der Sender ein einfacher Arbeitsstromtaster
(t in Fig. 19), welcher durch's Niedergedrücktwerden die
etwa vorhandenen Hilfstelegraphen-Apparate aus- und
dafür den Inductor in die Linie einschaltet und häufig

gleich am Fussbrette des Inductors (T_1 und T_2 in Fig. 2)
angebracht ist. Für Ruhestrom-Läutewerkslinien werden
einfache Unterbrechungstaster benutzt, die zumeist mit
einer Bussole zusammen auf ein gemeinschaftliches
Fussbrett montirt sind, damit der Beamte gelegentlich der
Signalabgabe gleich das Verhalten des Glockenlinien-
stromes beobachten kann. In der Regel hat dieser Taster-
bussole genannte Apparat auch eine aus drei Lamellen
bestehende Stöpselklemme, welche es ermöglicht, durch
entsprechendes Einstecken des Klemmenstifts den eigenen
sowie den fremden Strom für sich durch die Bussole
zu leiten und dadurch festzustellen, ob die Batterien in
Ordnung sind. Die tägliche regelmässige Vornahme der
besagten Strommessung ist, weil die Erhaltung einer bestimmten Stromstärke für die gute Functionsfähigkeit der
Läutewerke das Haupterforderniss bildet, bei allen jenen
österreichisch-ungarischen Bahnen, welche ihre durchlaufenden Liniensignale mit Ruhestrom betreiben, strenge
vorgeschrieben.

Da hier durchlaufende Liniensignale auch von den
Bahnwärtern gegeben werden müssen, sind natürlich auch
diese mit einem Signaltaster versehen.

Sehr häufig benutzt man automatische Taster (S
und S_1 in Fig. 20) nach Art der sogenannten Feuermelder
einerseits um die zur Signalabgabe nöthige Arbeit zu
kürzen, andererseits um die richtige rhythmische Abgabe
des Glockensignals von der manuellen Geschicklichkeit
des abgebenden Beamten unabhängig zu machen. Sehr
verbreitet ist in Oesterreich der Leopolder'sche Automattaster, welcher der Hauptsache nach einem Musikspiel-
werke ähnelt. Der Haupttheil dieses Apparates ist eine
mit Stiften besetzte Walze. Diese Stifte stehen dem

Rhythmus des Signals entsprechend voneinander entfernt. Eine an der Axe der Walze aufgesteckte Kurbel
dient dazu, sie links bis zu einem Anschlag zu drehen,
wobei zugleich ein mit dem am anderen Walzenende
durch ein Gesperre verbundenes Uhrwerk aufgezogen
wird. Ueber der Walze liegt ein verstellbarer Arm mit
einer federnden Nase. Beim Aufziehen weicht diese Nase
den Walzenstiften aus, bei dem durch das Uhrwerk bewirkten Zurückgehen der Walze kann die Nase aber
nicht ausweichen, sondern wird von jedem Stifte gehoben
und wieder fallen gelassen. Beim Heben unterbricht der
besagte Arm die Linie und bewirkt also jeder Stift einen
Glockenschlag. Der Unterbrechungsarm lässt sich längs
des Walzengehäuses verschieben und auf das betreffende
Signal, beziehungsweise die betreffende Stiftenreihe beliebig
einstellen. Verwandte Constructionen, welche gleichfalls
Verwendung finden, rühren von Prasch, Pozdera,
Egger, Wensch etc. her.

Aus mehrfachen Gründen erscheint es wünschenswerth, die Glockensignale hinsichtlich ihres Kommens
überhaupt, als ihrer Richtigkeit insbesondere controliren
zu können durch eine Vorrichtung, welche von der sub-
jectiven Auffassung der empfangenden Bahnorgane ganz
unabhängig ist. Man benutzt für diesen Zweck die sogenannten Registrir-Apparate. So hat man bei den
baierischen Staatsbahnen je ein Zimmerläutewerk jeder
Glockenlinie noch mit einem unter demselben Schutzkasten untergebrachten Räderwerke ausgerüstet, welches
einen Papierstreifen von einer Rolle abwickelt und an
einem Hämmerchen vorbeiführt, das bei jeder Auslösung
durch den Inductionsstrom von einem Daumen des Laufwerkes gegen den Streifen gestossen wird, also bei jedem

Pulse einen Punkt in den Streifen sticht. Die zu jedem Pulse desselben Signals gehörigen Löcher sind näher aneinander als die Löcher der aufeinanderfolgenden Signale. Der Stationsvorstand hat den Apparat unter Verschluss, trennt einmal täglich zu gleicher Stunde den abgelaufenen Streifen ab und vergleicht die darauf verzeichneten Stiche mit dem wirklich stattgehabten Zugsverkehr und berichtet über die hierbei constatirten allfälligen Signal-Unregelmässigkeiten. Aehnliche Registrir-Apparate von Leopolder und auch von Egger sind bei vielen österreichisch-ungarischen Bahnen im Gebrauche. Die Kaiser Ferdinands-Nordbahn hat beispielsweise Leopolder'sche Registrir-Apparate bei jedem Wächterposten, und zwar im Kasten des Läutewerkes so angeordnet, dass der Papierstreifen hinter einem Glasfensterchen sichtbar ist. Bei jeder Auslösung des Schlagwerkes wird das den Registrirstreifen ziehende Uhrwerk ausgelöst und eine Stanze durch das Papier gestossen; für jedes Signal entstehen somit am Streifen so viel Löcher als es Glockenschläge hatte, überdem in Intervallen, welche jenen der Glockenschläge entsprechen. Wenn ein Wächter beim Einlangen eines Signals nicht am Posten gewesen wäre oder das Signal nicht deutlich aufgefasst hätte, braucht er nur einen Blick auf das besagte Fensterchen zu thun und sieht dort am Streifen das letztgekommene Signal aufgezeichnet.

Ganz eigenthümlich haben sich die durchlaufenden Liniensignale auf den Strecken der Altona-Kieler Eisenbahn-Gesellschaft entwickelt.

Der Leiter dieser Bahn, Director Dietz, ging von der keineswegs ungerechtfertigten Anschauung aus, dass die hörbaren, rasch vorübergehenden Signale schwerer aufzufassen und zu behalten seien, als optische, überdies

sogar leicht ganz überhört werden können. Demzufolge
brachte Telegraphen-Inspector Walter an den Siemens-
Halske'schen Läutewerken eine Aenderung an, welche
darin besteht, dass sich die Bewegungen des Laufwerkes
auf einen grossen Blechzeiger übertragen, der draussen
an der Läutebude vor einer mit weisser Farbe bemalten
Glastafel läuft. Bei den ersten solchen elektrisch-
optischen Liniensignalen waren Glocken ganz weg-
gelassen; seitdem jedoch die deutsche Signalordnung das
· elektrische Läutezeichen vorschreibt, sind die besagten
Apparate auch zum Läuten eingerichtet. Bei jeder Auslösung des Schlagwerkes bringt dieses also nicht nur
eine Reihe von Glockenschlägen hervor, sondern rückt
auch den Zeiger, der bei der Ruhelage senkrecht nach
abwärts zeigt, um 90 Grad weiter. Der Zeiger ist auch
bei Nacht sichtbar, weil eine im Innern der Bude angebrachte Petroleumlampe die Glasplatte transparent beleuchtet. Je nachdem das Fahrsignal Nr. 1 oder 2 (siehe
S. 65) erfolgt, wird sich der Zeiger (der sich von links
nach rechts dreht) links horizontal oder senkrecht nach
aufwärts stellen. Der Bahnwärter ist nun gehalten, den
Empfang des Signals, wenn seine Strecke in Ordnung
ist, durch Weiterschieben des Zeigers um 45 Grad zu
quittiren und diese Zeigerlage gilt dem Zuge als Erlaubniss
zur Weiterfahrt. Umgekehrt hat der Zug anzuhalten, wenn
er eine andere Zeigerstellung vorfindet, als die, welche
dem Quittirungszeichen für seine Fahrtrichtung entspricht.

Nach der Vorbeifahrt des Zuges stellt der Bahnwärter
den Zeiger wieder in die normale Ruhelage (senkrecht
nach abwärts) zurück. Selbstverständlich ist die mechanische Kuppelung zwischen der Zeigeraxe und dem Lauf-
werke so angeordnet, dass die erstere wohl durch letzteres

gedreht wird, nicht aber die Zeigerdrehungen, welche
der Wächter vornimmt, auf das Laufwerk zurückwirken.

Wenn man die zwei Hauptformen der elektrischen
durchlaufenden Liniensignale vom Standpunkte des
Elektrikers vergleicht, so wird der Vortheil auf Seite der
deutschen Einrichtungsweise liegen. Der Betrieb mittelst
Inductoren hat lebhafte Lichtseiten; die Apparate bedürfen,
wenn die Leitungen und absonderlich auch die Erdleitungen gut hergestellt sind, äusserst selten der Nach-
hilfe, da die Betriebsströme ihre Stärke nicht ändern.
Der Betrieb ist äusserst ökonomisch.

Die Leichtfasslichkeit der wenigen, prägnant unter-
schiedenen Glockensignale hat aber auch vom Standpunkte
des Bahnbetriebes einen grossen Werth, der noch erhöht
wird durch die Verlässlichkeit der Einrichtung.

Das Dietz-Walter'sche optisch-akustische System ist
in bahnbetriebstechnischer Richtung eine weitere nennenswerthe Verbesserung, da die Combination des durchlaufenden Liniensignals mit dem Bahnzustandsignale auf
dem gleichen Signalmittel eine Gegencontrole schafft,
welche die Bahnwärter zu erhöhter Aufmerksamkeit und
Umsicht zwingt.

Zum Schutze der Geleisübergänge und Ueberfahrten
leistet die deutsche Form des durchlaufenden Liniensignals
in der That Alles, was sich diesfalls wünschen lässt, in-
solange derlei gefährdete Punkte der Bahn durch Wärter
überwacht gedacht werden.

Es giebt jedoch Bahnen, für welche die Wichtigkeit
der Zugsignalisirung für die Bahnwärter gegen andere
Nachrichten in den Hintergrund treten kann. Bei Gebirgs-
bahnen — um ein grelles Gegenbeispiel anzuführen —
kommen nicht allzu selten ganze Strecken vor, in welchen

sich nicht eine einzige Bahnübersetzung im Niveau befindet oder wo sich nur vereinzelte Uebersetzungen vorfinden, die gelegentlich der Eröffnung eines Holzschlages
oder der Heuernte u. s. w. zeitweilig benutzt werden. Für
solche und ähnliche Bahnen ist eine rasche Verständigung
der Wächter und Stationen, wenn beispielsweise Züge
reissen oder Fahrzeuge entlaufen oder Felsen niedergehen
oder dergleichen, weitaus wichtiger und dringender. Unter
solchen Umständen das deutsche System anwenden zu
wollen, müsste also als verfehlt bezeichnet werden und
die Leistungen des Signalmittels stünden nicht im Ein-
klange mit den Kosten und noch weniger mit den Local-
bedürfnissen. Vielmehr wird man, sobald die Verhältnisse
der Bahn es wünschenswerth erscheinen lassen, dass auch
von den Streckenposten aus durchlaufende Signale gegeben werden — und das dürfte auf den europäischen
continentalen Bahnen wohl öfter der Fall sein als nicht
— dem österreichischen Systeme den Vorzug gewähren
müssen.

Wie schon früher an einigen Stellen angedeutet
wurde, hat die letztgenannte Signalform aber auch ihre
Schattenseiten. Die grössere Anzahl von Signalbegriffen
fordert von Seite des Empfängers eine schärfere Auffassung, Irrungen lägen sonst nahe; eine angemessene
Reduction der Zahl der Signale und fleissige Schulung
des Personals kann diese Misslichkeit immerhin überwinden. Schwieriger und kostspieliger ist die Bekämpfung
der geringeren Verlässlichkeit der Einrichtung. Inductoren
als Elektricitätsquellen lassen sich, wie schon früher einmal gesagt wurde, nicht leicht anwenden, also ist man
auf den Batteriestrom verwiesen. Die von einer Batterie
gelieferten Ströme bleiben nie so constant, wie die eines

Inductors; häufigere Nachregulirungen der Elektromagnet-Ankerfedern sind also schon dadurch bedingt. Auch erfordert die Batterie-Instandhaltung viel Aufmerksamkeit und grosse Kosten.

Alle diese Bedenken können aber nicht mehr gelten gelassen werden, wenn es gilt, hinsichtlich der Wahl des Systems durchlaufender Liniensignale für eine Bahn von der vorgedachten Qualification schlüssig zu werden. Es wird sich vielmehr nur noch darum handeln können, die Einrichtung so anzuordnen, dass sie bei einer möglichst leichten und billigen Instandhaltung thunlichste Verlässlichkeit gewährt. In dieser Richtung ist man in jüngster Zeit eifrig bestrebt, neue Wege zu finden.

Fig. 27.

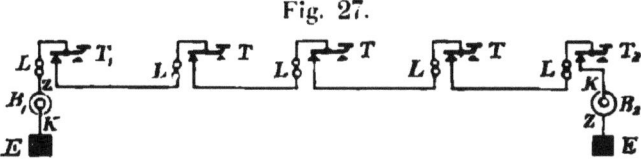

Die früher und immer noch weitaus häufigste Schaltungsform für durchlaufende Liniensignale mit Signalgebung von der Strecke ist die in Fig. 27 dargestellte. In den beiden Stationen befinden sich Batterien, die mit den ungleichnamigen Polen zu der Linie geführt und also im gleichen Sinne thätig sind. Der Strom läuft constant vom Kupfer der Batterie B_2 durch die Leitung und die Multiplicationen der Läutewerke L zum Zinkpol der Batterie B_1 und vom Kupfer durch die Erde E wieder zum Zinkpol der Batterie B_2 zurück. Die in den Stationen und bei den Wächtern befindlichen Taster T sind einfache Stromunterbrecher (vergl. Fig. 5). Wie die Stationen weiter mit allen Nebenapparaten und den etwa noch zur Ausnutzung der Glockenlinie für die

Morse-Correspondenz nöthigen Apparaten ausgerüstet sein können, wurde schon in Fig. 20 dargestellt.

Gattinger hat schon seit einigen Jahren auf der Kronprinz-Rudolf-Bahn mit der Ruhestromschaltung gebrochen und dafür eine Gegenstromschaltung (Fig. 28) eingeführt. Die Batterien B_1 und B_2 sind gleich stark und mit den gleichnamigen Polen an die Linie gelegt. Es kann sonach kein Strom entstehen und die Läutewerke L bleiben in Ruhe. Drückt jedoch die Station den Taster T_1 nieder, so wird die Batterie B_1 aus der Linie gebracht und die Batterie B_2 wirksam und die auf Arbeitsstrom eingerichteten Auslösungen der Läutewerke

Fig. 28.

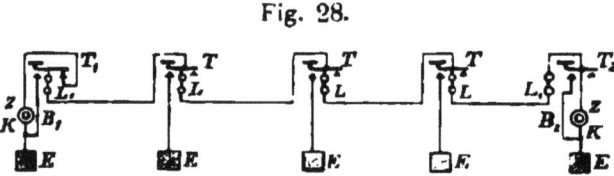

werden bethätigt. Diese Bethätigung geschieht hingegen durch den Strom der Batterie B_1, wenn in der anderen Station der Taster T_2 gedrückt und dadurch die Batterie B_2 ausgeschaltet, zugleich dagegen der Weg zur Erde hergestellt wird.

Die Taster T der Streckenposten verbinden, wenn sie niedergedrückt werden, einfach die Linie mit der Erde E und die nach links liegenden Läutewerke werden in einem solchen Falle vom Strome der Batterie B_1, die nach rechts liegenden von jenem der Batterie B_2 bethätigt. Wie ersichtlich, ist diese Schaltung weit ökonomischer als die Ruhestromschaltung, denn Batteriematerial wird im Wesentlichen nur während der Stromgebungen verbraucht, hingegen aber erweist sich die Verlässlichkeit der Signalisirung hinsichtlich der Stationssignale nicht viel besser als bei Ruhestromschaltung, und für die Streckensignale noch weitaus fraglicher, da hierbei die Lage des Signalpostens, beziehungsweise die Vertheilung der Widerstände in den beiden getrennten Stromkreisen in's Gewicht fällt (vergl. Centralblatt für Elektro-Technik, Heft 13 und 14, 1883).

Oekonomisch noch vortheilhafter, hinsichtlich der Verlässlichkeit und insbesondere in Betreff der erreichbaren Präcision des Einstellens der Glocken-Apparate noch bedenklicher ist eine Gegenstromschaltung, welche auf der Kaschau-Oderberger Eisenbahn versucht wird.

Fig. 29.

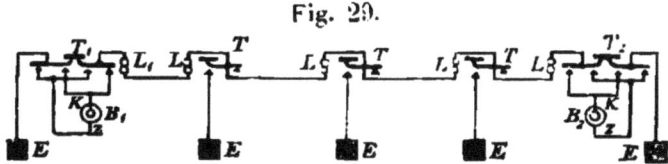

Die beiden gleich starken Stationsbatterien B_1 und B_2 (Fig. 29) sind wieder mit den ungleichnamigen Polen an die Linie gelegt und heben sich also gegenseitig auf. In den Stationen sind Doppeltaster T_1 und T_2 vorhanden; durch das gleichzeitige Niederdrücken der beiden Hebel eines dieser Taster (vergl. Fig. 11) wird der Polanschluss der eigenen Batterie geändert, so dass sie jetzt im gleichen Sinne und gemeinsam mit der Nachbarbatterie wirksam werden kann. Demzufolge schlagen die auf Arbeitsstrom gerichteten Läutewerke ab. Da sich die beiden Gegenbatterien bei der Arbeitsleistung addiren, sind also nur halb so viele galvanische Elemente in jeder Batterie nöthig, als bei der Schaltung nach Fig. 28. Die Signalgebung von den Streckenposten aus geschieht wieder

durch einfache Taster, die einen Erdschluss herstellen; die
Ungleichheit der Widerstände in den hierbei entstehenden zwei Stromkreisen wird noch nachtheiliger wirken,
als im früheren Falle.

Křižik hat den Vorschlag und auf der Eisenbahn
Pilsen-Priesen-Komotau den Versuch gemacht, in einer
der beiden Stationen ein Glockenschlagwerk aufzustellen,
dessen Triebwerk mit einer Inductorkurbel so gekuppelt
ist, dass bei jeder Ingangsetzung des Triebwerkes von
diesem der Inductor-Anker gedreht wird. Der auf diese
Weise erzeugte Inductionsstrom tritt vermittelst zweckmässig gewählter Anschlüsse in die Linie und bethätigt

Fig. 30.

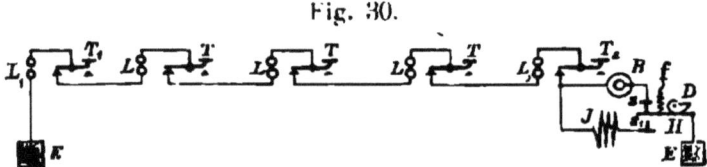

die auf starken Arbeitsstrom gerichteten Läutewerke L
(Fig. 30), welche aber nicht ansprechen, so lange
nur der durch die aus wenigen Elementen bestehenden
Batterien B_1 und B_2 erzeugte schwache Ruhestrom vorhanden ist. Der Elektromagnet des Stationsläutewerkes L_2
besitzt hingegen eine Multiplicationsspule mit viel mehr
Windungen und aus dünnerem Drahte, als die übrigen
Läutewerke L und das zweite Stationsläutewerk L_1. Der
Anker des Läutewerkes L_2 wird also durch den normal
in der Linie vorhandenen schwachen Ruhestrom angezogen
erhalten. Wird mit einem der Unterbrechungstaster T
die Linie vorübergehend unterbrochen, so löst das Läutewerk L_2 aus, das Triebwerk desselben bewegt die Inductorkurbel und der auf einer Axe des Triebwerkes

angebrachte Daumen *D* hebt die durch *f* nach aufwärts
gehaltene Contactstange *H* von *s* ab auf s_1; der erzeugte
Inductionsstrom tritt in die Linie und bethätigt erst die
übrigen Läutewerke *L*. Bei dieser Anordnung ist in
ökonomischer Beziehung viel erzielt, die Einstellung der
Streckenläutewerke ist einfach, ihr Functioniren sicher —
wenn das Stationsläutewerk gut arbeitet.

Ganz verwandt mit der soeben geschilderten Schaltung ist die, welche von Siemens und Halske bei der
Glockensignal-Einrichtung der Gotthard-Bahn benutzt
wurde. Der Unterschied liegt in dem, dass das Stationsläutewerk L_1 (Fig. 31) bei der durch Unterbrechung des

Fig. 31.

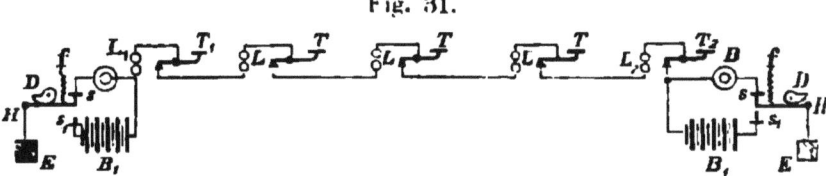

schwachen, von den Batterien *B* erzeugten Ruhestromes
mittelst eines der Taster *T* veranlassten Auslösung die
Entsendung eines starken Batteriestromes statt eines
Inductionsstromes bewirkt. Meist sind in den beiden
Stationen jeder Strecke solche als automatische Sender
dienende Läutewerke, wie dies in der Fig. 31 angedeutet
ist, in welchem Falle selbstverständlich die Anschlüsse
der beiden Arbeitsbatterien B_1 so angeordnet sein müssen,
dass sich die Ströme addiren. Für die Arbeitsbatterien
werden grossplattige Leclanché-Elemente, für den
Ruhestrom Meidinger-Elemente benutzt.

Das Einfachste, was sich thun liesse, um eine möglichst billige Batterie-Instandhaltung und zugleich für die
Stations- wie für die Streckensignale gleich grosse, und

zwar nennenswerthe Verlässlichkeit zu erzielen, wäre
die Anwendung einer isolirten Rückleitung an Stelle der
Erdleitung bei der in Fig. 29 dargestellten Gegenstromschaltung. Es müssten dann natürlich auch alle Streckenposten mit ähnlichen Doppeltastern ausgerüstet sein, wie
ihn die Stationen haben. Durch das gleichzeitige Niederdrücken beider Tasterhebel würden die beiden parallel
laufenden Linien über's Kreuz verbunden werden müssen,
wodurch ganz die gleiche Wirkung erzielt würde, als
wie wenn man einen der Stationsdoppeltaster T_1 oder T_2
(Fig. 29) bethätigt hätte (vergl. Elektro-technische Zeitschrift, Aprilheft 1883).

VI. Hilfssignale.

Unter dem Namen Hilfssignale lassen sich jene Eisenbahnsignale zusammenfassen, welche auf den anormalen
Lauf oder das Liegenbleiben des Zuges, die hieraus resul-
tirende Nothwendigkeit einer Hilfeleistung, oder endlich
auf ein Ereigniss Bezug haben, welches das Anhalten
eines oder aller Züge erheischt. Die letztgedachten Ver-
anlassungen können zweierlei sein, je nachdem das ge-
fährdende Ereigniss am Zuge oder auf der Bahn beob-
achtet wird und signalisirt werden soll. Wenn die Mit-
theilung an die Station gelangen soll, so bieten das beste
und ausgedehnteste Mittel hierzu die bereits besprochenen
stabilen und portativen Strecken- und Zugstelegraphen.
Allein der Umstand, dass auch das Bahnpersonal, welches
des Telegraphirens nicht kundig ist, in die Lage kommen
kann, von der Strecke aus der Station Nachricht zu geben,
liess es angezeigt erscheinen, für diesen Zweck statt der

Sprechtelegraphen, oder auch neben denselben, eine Signalisirung einzuführen.

Viele Bahnen beschränken sich diesbezüglich auf die Herbeirufung von Hilfe, andere geben ein Alarmzeichen zu, wieder andere, so z. B. sämmtliche österreichisch-ungarischen Eisenbahnen ertheilen eine Reihe verschiedener Hilfssignale (siehe S. 66) als durchlaufende Liniensignale mittelst der Läutewerke. Aber auch die meisten anderen Bahnen verwenden, wenn sie eigene Läutewerkslinien besitzen, dieselben zur Abgabe von Hilfssignalen.

Wie schon an einer früheren Stelle erwähnt wurde, beruhen die letztgedachten Anordnungen in der Regel darauf, dass die Glocken-Apparate mit Inductionsstrom, nämlich mit Magnet-Inductoren oder elektrodynamischen Maschinen betrieben werden, während in der stationsweise zur Erde geführten Glockenleitung auch noch ein Batteriestrom cursirt, der aber zu schwach ist, um die Läutewerke auszulösen, und nur in den Hilfssignal-Apparaten eine Wirkung hervorbringt.

Es bedarf in diesem Falle nur der Festsetzung kurzer (Morse-)Zeichen für bestimmte Nachrichten und der Einschaltung von Automattastern, welche diese Zeichen selbstthätig abspielen, nachdem sie von irgend einem berufenen Bahnorgan durch eine leicht vorzunehmende und keine besondere Fertigkeit oder Uebung erfordernde Manipulation in Gang gesetzt wurden.

Die von C. Frischen nach diesem Principe angegebene Hilfssignalvorrichtung (Type der Hannover'schen Staatsbahn) ist in folgender Weise angeordnet:

In jeder Station sind für jede Glockenlinie die nöthigen Morse-Apparate vorhanden. Der Morse-Schreiber

der Mittelstationen, wo also zwei Glockenlinien zusammen-
treffen, hat zwar zwei getrennte Elektromagnete und
ebenso viele Anker und Schreibhebel, aber nur einen
Papierstreifen und ein Laufwerk mit Selbstauslösung.
Die zwei Schreibstifte fixiren also ihre Zeichen nebeneinander in getrennten Zeilen. Automattaster befinden
sich bei jedem Läutewerksposten der Strecke. Es ist
nämlich auf der Axe des zweiten Rades des Läutewerk-
Laufwerkes eine isolirte Messingscheibe aufgesteckt, welche
am Rande in verschiedenen Absätzen Einkerbungen hat.
Auf dem Rande dieser Scheibe schleift eine an der Ge-
stellwand des Schlagwerkes isolirt befestigte Contactfeder.
Soll ein Hilfssignal gegeben werden, so wird vorerst
zur Feder und Scheibe der Linienschluss durch die entsprechende Einstellung eines zu diesem Zwecke vorhandenen besonderen Umschalters hergestellt, so dass der
in der Glockenlinie cursirende Batteriestrom gezwungen
ist, seinen Weg über den genannten Apparattheil zu
nehmen.

Löst man nun das Laufwerk des Läutewerkes aus,
indem man z. B. den Elektromagnet-Anker mit dem Finger
so niederdrückt, als würde er durch den Strom bewegt,
so geräth das Triebrad in Lauf und spielt eine Glockenschlaggruppe (Puls) ab. Die Bewegung des Triebrades
überträgt sich auf die zweite Laufwerksaxe in der Weise,
dass letztere bei jedem Glockenschlage eine, folglich bei
vier vollen Pulsen (von fünf Glockenschlägen), d. i. von
der Auslösung bis zur Einlösung des Laufwerkes fünf
Umdrehungen macht.

Mit der zweiten Axe des Laufwerkes dreht sich auch
die vorbesagte gekerbte Scheibe und es wird dabei der
Ruhestrom wiederholt unterbrochen und hergestellt, je

nachdem die Contactfeder durch einen Einschnitt der
Scheibe ausser Berührung mit derselben kommt oder
an der Scheibenkante contactirt. Jede auf diesem Wege
herbeigeführte Unterbrechung wird, je nach ihrer Dauer,
am Morse-Streifen der Stations-Apparate einen Punkt
oder Strich hervorbringen. Jeder Signalposten ist mit
einer Nummer bezeichnet, und hat man behufs einfacher Darstellung dieser Nummern festgesetzt, dass der
Punkt die Einheit, der Strich fünf Einheiten bedeute.
Nachdem sich die Scheibe bei einer Auslösung des Laufwerkes fünfmal umdreht, wird auch das bezügliche, die
Nummer des Signalpostens darstellende Morse-Zeichen in
den beiden anliegenden Stationen fünfmal erscheinen,
wodurch diese erfahren, dass und von wo Hilfe verlangt wird.

Jener Beamte, welcher ein Hilfssignal geben will,
hat für's erste das Gewicht des Glockenschlagwerkes auf-
zuziehen, dann den Umschalter in die richtige Lage
zu bringen und mittelst Schrauben festzuklemmen, sodann durch einen leichten Stoss auf einen Knopf, der
am Elektromagnet-Anker angebracht ist, das Laufwerk
auszulösen. Das Auslösen des Laufwerkes, beziehungsweise die Abgabe des Hilfssignals wird in Intervallen
von mindestens einer Minute so lange wiederholt, bis
von einer der Stationen das Glocken-Fahrsignal für die
Hilfsmaschine (eventuell auch ein bestimmtes „Quit-
tirungs"- oder „Verstanden"-Signal, bei einigen Bahnen
z. B. vier Pulse) gegeben wird. Sodann ist der Ausschalter wieder in seine normale Lage zu bringen und
zu verschliessen. Um auch Gelegenheit zu geben, dass,
im Falle ein des Telegraphirens kundiger Beamter an-
wesend wäre, ausser dem Hilfssignale auch weitere Mit-

theilungen an die Station gegeben werden können, wird
die oben beschriebene Einrichtung durch einen zwischen
dem Automattaster und dem Ausschalter eingeschalteten
gewöhnlichen Unterbrechungstaster ergänzt.

Aehnlich ist eine Hilfssignal-Einrichtung, welche von
Siemens und Halske nach den Angaben des Ingenieurs von
Hefner-Altenek an den Einradläutewerken (wohl auch,
wie auf den baierischen Staatsbahnen, an Läutewerken
mit Laufwerken) angebracht wird und die Wiedergabe
einer grösseren Anzahl von Signalbegriffen — in der
Regel fünf bis höchstens acht — zulässt.

Auf der Axe des Triebrades oder eines Nebenrades
ist die entsprechende Anzahl Gleitscheiben aufgekeilt,
welche in ähnlicher Weise wie die vorbeschriebenen am
Rande mit Einschnitten versehen sind.

Für das Abgeben der Signale sind ebenso viele eigens
construirte Schlüssel vorhanden, als Gleitscheiben. Jeder
dieser Schlüssel ist auf dem Griffbleche mit den Nummern
des Signals, für welches er gilt, bezeichnet. Die Schlüssel
unterscheiden sich durch die verschiedene Länge des
hinter dem Barte vorhandenen Schaftansatzes. Beim
Signalgeben wird der betreffende Schlüssel in ein in die
Apparatwand eingeschnittenes Schlüsselloch soweit eingeführt, als es eine am Schlüsselschafte angebrachte
Wulst gestattet, sodann herumgedreht. Hierbei drückt
erstlich der Schaftansatz des Schlüssels einen Contactarm
auf jene Gleitscheibe, welche dem abzuspielenden Signal
entspricht. Beim Herumdrehen des Schlüssels erfasst der
Bart desselben weiters einen Hebel, welcher hierdurch
den Magnetanker niederdrückt und auf mechanischem
Wege die Auslösung des Glockenschlagwerkes besorgt.
Die Scheibenaxe wird vom ausgelösten Triebwerke in

Umdrehung versetzt und jene Gleitscheibe, über welche
der Contacthebel gelegt wurde, bewerkstelligt die Unterbrechungen des Ruhestromes, die in den beiden anliegenden Stationen zuerst Weckertöne (vergl. Fig. 19) und
dann, wenn der Stationsbeamte, durch das Läuten auf-
merksam gemacht, den Morse-Apparat einschaltet, Morse-
Zeichen hervorbringen.

Auf der Baierischen Staatsbahn werden mit dem
obbeschriebenen Automattaster Signale gegeben, die aus
folgenden Morse-Zeichen zusammengesetzt sind:

SN Hilfsmaschine soll kommen; X Hilfsmaschine
mit Arbeitern soll kommen; SA Hilfsmaschine mit Arzt
soll kommen; C Hilfsmaschine mit Arzt und Arbeitern
soll kommen; P die Bahn ist unfahrbar.

Die Gleitscheiben enthalten immer vor dem Signalzeichen das Nummerzeichen des betreffenden Postens.

Die Bestimmungen der Baierischen Staatsbahn verlangen, dass jedes mit dem Automattaster abzuspielende
Nothsignal in kurzen Absätzen viermal hintereinander
gegeben (der Schlüssel ist also in angemessenen Intervallen viermal umzudrehen) und von jener Station, aus
welcher die Hilfe zu gewärtigen ist, durch ein „Verständniss"-Signal (viermal fünf Doppelschläge) quittirt
werde.

In jüngerer Zeit benutzen die deutschen Bahnen
häufig noch einfachere Hilfssignal-Einrichtungen, die
gleichfalls von Siemens und Halske stammen. Man versieht nämlich jeden Läutewerksposten mit so viel losen
Gleitscheiben, als Signale vorgeschrieben sind. Diese
Scheiben befinden sich unter controlirbarem Verschlusse.
Im Schlagwerkstaster ruht eine mit einem nach abwärts
gekehrten Daumen versehene Feder mit ihrem vorderen

Ende auf einem Contact-Ambos. Diese Feder liegt im
Stromwege. Unter derselben liegt eine Axe des Laufwerkes des Glocken-Apparates. Auf diese Axe wird im
Bedarfsfalle die betreffende Gleitscheibe gesteckt, sodann
die Auslösung des Laufwerkes durch Niederdrücken eines
Knopfes (wie bei Frischen's Hilfssignal-Vorrichtung) bewerkstelligt.

Wenn das von der Strecke aus an die Station gerichtete Hilfssignal auch allen übrigen Wächtern dieser
Strecke wahrnehmbar sein soll, so wird zu diesem Be-
hufe gleichfalls, wie schon gesagt wurde, die Glockenlinie, beziehungsweise die Läutewerksanlage das geeignetste
Mittel bieten. Ohne Frage verdient diese Form der Hilfssignale gegen die in Deutschland angewendete vorbeschriebene entschieden den Vorzug. Die diesfälligen Einrichtungen sind schon am Schlusse des Abschnittes III
des Näheren beleuchtet worden. Es bleibt jedoch nach-
zutragen, dass das Abspielen der Hilfssignale mittelst der
durch die Hand zu bewegenden Taster, wie solche für
die Ertheilung von durchlaufenden Liniensignalen bei
den Wächter-Läutewerksposten der österreichisch-ungarischen Eisenbahnen vorhanden sind, mit mancherlei
Schwierigkeiten verbunden ist.

Obwohl nämlich die Signalzeichen gegenüber der
Morse-Schrift wesentlich einfacher sind, so bedarf es doch
einer gewissen Uebung, um bei der Abgabe die Intervalle
gehörig einzuhalten. Ein zweifelhaftes Spiel erfüllt nicht
nur seinen Zweck mangelhaft, sondern ist geeignet, Irrthümer herbeizuführen.

Um also das Abgeben dieser Signale, welche nicht
blos durch eine bestimmte Zahl der Glockenschläge,
sondern auch durch die rhythmische Folge der Gruppen

strenge charakterisirt sein müssen, zu erleichtern, hat
man bei vielen österreichisch-ungarischen Bahnen
auch die Streckensignalposten mit Automattastern versehen.

Diese Gattung von automatischen Hilfssignalgebern
unterscheidet sich von den eben behandelten im Wesentlichen nur dadurch, dass für ihre Thätigmachung das
Laufwerk des Glocken-Apparates nicht ausgenutzt werden
kann, sondern ein eigener Motor vorhanden sein muss.
Die betreffenden Constructionen haben schon bei der
Behandlung der Sender für durchlaufende Liniensignale
(siehe S. 81) Erwähnung gefunden.

Die Hilfssignale auf dem Zuge (Intercommunications-Signale) haben die Aufgabe, einen Nachrichten-
Austausch zwischen dem Zugbegleitungs- und Maschinenpersonal oder auch zwischen den Reisenden und dem
Zugbegleitungs- oder Maschinenpersonal eines Zuges zu
ermöglichen, mit dem Endzweck, das Anhalten des Zuges
zu veranlassen. Wenn einem Zuge ein Unfall droht oder
ein solcher bereits zugestossen ist, so kann durch die
möglichst rasche Mässigung der Fahrgeschwindigkeit,
beziehungsweise das Anhalten des Zuges möglicherweise
das Unheil noch ganz abgewendet oder wenigstens auf
ein geringeres Mass beschränkt werden.

Man hatte anfänglich eigens einen Mann am Zuge
aufgestellt, die sogenannte Tenderwache, dessen Aufgabe
in der ausschliesslichen Beaufsichtigung des Zuges und
eventueller Benachrichtigung des Locomotivpersonals bestand. Später, als man genöthigt war, längere Züge zu
befördern und die ohnehin zweifelhafte Leistungsfähigkeit der kostspieligen Tenderwache noch fraglicher
wurde, führte man die längs des Zuges gespannte Loco-

7*

motivleine ein, die dem Zugführer oder auch allen
Zugbegleitern gestattet, dem Locomotivführer das Gefahr-
signal zu geben durch einfaches Anziehen der Leine,
wodurch die Locomotiv-Dampfpfeife zum Ertönen gebracht wird. Eine grosse Menge anderweitiger praktischer
und unpraktischer Mittel zur Abgabe des Hilfssignals
am Zuge sind erfunden, versucht und angeordnet worden;
am zweckdienlichsten hat sich noch immer die Locomo-
tivleine bewährt.

Nur hinsichtlich der Hilfssignal - Einrichtungen für
Personenzüge, bei welchen auch den Passagieren die Signal-

Fig. 32.

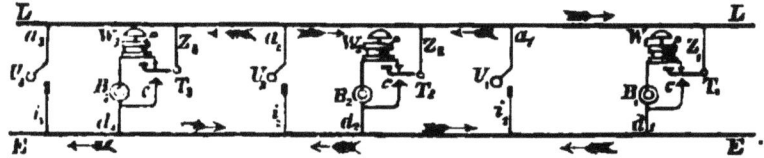

abgabe ermöglicht sein soll, sind auch elektrische Anordnungen in Benutzung.

Am häufigsten finden sich elektrische Intercommunications-Signale in England, Frankreich und neuerer Zeit
in Oesterreich. In England dominiren die Anordnungen
von Preece und Walker.

Das Stromlaufschema des Preece'schen älteren
Systems zeigt Fig. 32. Die zwei Telegraphenleitungen
L und E laufen als wohl isolirte Kabel den ganzen
Zug entlang. In jedem Zugbegleiter - Coupé befindet
sich ein Wecker (Selbstunterbrecher) W, eine Batterie B
und ein Taster T; in jedem Passagier-Coupé ist ein
Taster U vorhanden. Die von der Linie L ausgehenden
Anschlüsse sind sämmtlich zu den positiven, die An-

schlüsse der Rückleitung *E* zu den negativen Polen der Batterie geführt.

So lange allerwärts die Ruhelage vorhanden ist, kann keiner der Wecker läuten, da die vermöge der Stromtheilung in ungleichen Richtungen die Weckerspulen passirenden Ströme wirkungslos sind und die Weckeranker sonach abgerissen bleiben.

Wird jedoch mittelst eines der Taster *U* ein kurzer Schluss zwischen den Linien *L* und *E* hergestellt, so kann jede der nächstliegenden Batterien wirksam werden und ihren Wecker in Thätigkeit bringen. Dasselbe geschieht, wenn einer der Zugbegleiter durch Umstellung seines Tasterhebels seine Batterie und seinen Wecker aus der Linie bringt.

Es können sonach die Zugbegleiter unter sich Zeichen geben und auch aus den Passagier-Coupés das Nothsignal empfangen. Die gewöhnlich benutzte Tastervorrichtung der Passagiere ist ein Kurbelumschalter. Die Kurbel befindet sich in einem verglasten Holzgehäuse an der Seitenwand oder an der Decke des Waggons. Eine daneben angebrachte Affiche erklärt dem reisenden Publicum die Gebrauchnahme.

Hat ein Reisender Ursache, das Hilfssignal zu geben, so schlägt er die Glastafel ein und dreht die Kurbel zur Seite. Zurückgestellt kann die Kurbel nur durch den Zugführer werden, mittelst eines eigenen Schlüssels.

Die Verbindung der Leitung von Waggon zu Waggon wurde ursprünglich in der Weise vermittelt, dass das Ende des einen Leitungsdrahtes beim Austritte aus der Waggonwand durch Hanfumspinnung die Gestalt eines soliden Kabels erhielt, das mit einer blanken Oese aus starkem Kupferdraht endigte, während der zweite Leitungsdraht zu einem Haken geführt wurde, der an der Stirnwand durch ein Hartgummi-Zwischenstück wohl isolirt war.

Es kommt sonach im Zuge zwischen zwei Waggons immer ein Kabel gegenüber einem Haken zu liegen, und werden beim Einkuppeln der Wagen auch die Leitungsverbindungen für das Intercommunications-Signal bewerkstelligt, indem man die zwei Kabelenden in die vis-à-vis befindlichen Contacthaken einhängt.

Auf der South-Western-Bahn wurde die Preece'sche Hilfssignal-Einrichtung in der Weise angewendet, dass der Taster für die Passagiere an die Thürschnalle gelegt war.

Eine jüngere Anordnung von Preece besteht in einem zweidrähtigen Kabel, das durch alle Wagen des Zuges ungefähr in der Mitte der inneren Waggondecke nach Art der amerikanischen Zugleine seilförmig über Rollen geführt wird. Von Waggon zu Waggon wird das Kabel durch eine Federkluppe verbunden. Letztere ist so angeordnet (vergl. Fig. 33 und 34), dass die Kabelenden an Federn geführt sind, welche contactiren, so lange die Kluppe nicht mit einer zweiten zusammengeschoben wurde. Sobald jedoch Letzteres geschieht, werden die bestandenen Contacte aufgehoben und dafür tritt jede Feder der einen Kluppe mit je einer der zweiten Kluppe in Contact. Im ersten und letzten Wagen des Zuges befinden sich ein Wecker (Selbstunterbrecher) und eine Batterie. Die zwei Batterien sind einander entgegengeschaltet. So lange der Zug in Ordnung ist, können somit die Wecker nicht in Thätigkeit kommen; würde aber der Zug zerreissen oder von einem Passagier das an der Decke des Wagens laufende Kabel angezogen werden, so geht die nächste Ver-

bindungskluppe auseinander. Der elektrische Schliessungskreis wird dadurch in zwei getheilt, in welchen die Batterien
nun wirksam werden und den Wecker bethätigen können.
Elektrische Intercommunications-Signale mit solchen Con-
tactkluppen, aber mit Coupétastern an Stelle des direct
ziehbaren Kabels und mit nur einer auf Arbeitsstrom
geschalteten Batterie sind nach der Anordnung des
Oberingenieurs Bechtold bei der Oesterreichischen Nordwestbahn in Verwendung. Das zweidrähtige Kabel K
(Fig. 33) tritt behufs Ueberspannung von Waggon zu
Waggon durch die Stirnwand W des Wagens und wird

Fig. 33.

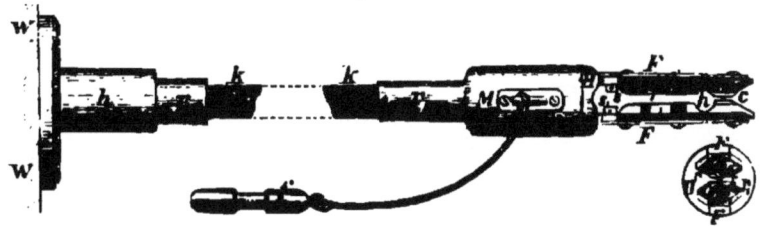

am austretenden Theile durch ein Hartgummirohr r
und die darüber gesteckte, an der Wagenwand befestigte
gusseiserne Hülse h gehalten. Das Kabelende wird von
der Metallhülse M umfasst, in welche das cylindrische
Hartgummistück H eingesetzt ist. An diesem sind die
zwei Stahlfedern F befestigt, welche jede ein prismati-
sches Messingstück m, beziehungsweise m_1 (vergl. den
der Figur beigesetzten Querschnitt) trägt, das seitlich
mit einer Hartgummiplatte p, beziehungsweise p_1 und
oben bei c mit einem Platincontact versehen ist. An
diese Messingstücke schliessen sich durch Vermittlung der
Schrauben s und s_1 die beiden Kabeldrähte an, der eine
an m, der andere an m_1. Da die beiden Federn F gegen-

einanderdrücken, so berühren sich die beiden Messingstücke bei *c*, d. h. die beiden Kabeldrähte sind an
dieser Stelle in metallischer Verbindung. Der Kabel-
abschluss des Nachbarwagens ist natürlich ganz gleich
angeordnet. Werden die beiden Kluppen kreuzweise
übereinandergeschoben, so wird in beiden der Contact
c gelöst, weil sich die Federn durch die Pressung der
Prismen *m* voneinander ein wenig abheben, dagegen
treten je zwei *m* der beiden Kluppen gegenseitig in
Contact, wie dies Fig. 34 schematisch ersichtlich macht.
Demzufolge sind nach geschehener Kuppelung die zwei
Leitungsdrähte $L\ L$ und $L_1\ L_1$ fortlaufend in leitende

Fig. 34.

Verbindung gebracht, gegenseitig jedoch isolirt.

Die aus sechs Leclanché-
Elementen bestehende Batterie
befindet sich im Coupé des Zugführers und schliesst mit einem
Pole an den Wecker, mit dem
zweiten an eine Kabelader an; die zweite Kabelader
steht mit dem zweiten Anschluss des Weckers in Verbindung.

Wenn nun an irgend einer Stelle die beiden Kabel-
adern untereinander in metallischen Contact kommen, so
ist der Stromkreis geschlossen und der Wecker läutet.
Ersichtlichermassen darf also auch am letzten Wagen das
nicht gekuppelte Kabelende keinen Contact *c* geben, zu
welchem Zwecke ein an *M* mit einer Schnur befestigter
Hartgummistift *f* zwischen die beiden Messingstücke *m*
in die Oeffnung *h* eingesteckt wird, der die Federn *F*
genügend weit auseinanderdrückt, dass bei *c* die Verbindung aufhört.

In jedem Coupé sind Drucktaster, welche durch die
Gebrauchnahme einen andauernden Linienschluss herstellen, der erst mittelst eines besonderen Schlüssels
wieder aufgehoben werden kann; die Zugbegleiter haben
in ihren Bremshütteln hingegen ähnliche Taster, wie
solche bei Haustelegraphen benutzt werden, und sind
dadurch in die Lage gebracht, dem Zugführer nach
Bedarf Weckersignale zu geben.

Walker's System elektrischer Intercommunications-
Signale unterscheidet sich von der früher geschilderten
Preece'schen älteren Construction äusserst wenig. Walker
benutzt gleichfalls Gegenbatterien, wovon eine im ersten,
die zweite im letzten Wagen des Zuges aufgestellt ist.
Die Verbindung der Leitung zwischen je zwei Wagen
geschieht, indem das eine Leitungsende, welches in eine
Messingspirale ausläuft, die mit einer Hartgummihülse
umgeben ist, in einen Haken, in welchem am nächsten
Wagen das gegenüberliegende Leitungsende anschliesst,
beim Zusammenstellen des Zuges eingehängt wird. Der
Haken und die Oese der Messingdrahtspirale geben
guten Anschluss, da die Stellen, wo sie sich berühren,
durch das stete Gerüttel beim Fahren immer blank
gescheuert werden.

Neuerer Zeit wendet Walker statt der geschilderten
Leitungskuppelung auch Federkluppen aus verzinktem
Stahldraht an. Die Leitungsverbindung wird durch das
Ineinanderschieben der beiden keilförmigen, gut leitenden
Klemmen höchst einfach und doch sicher bewerkstelligt.
Die im Waggon angebrachten Taster werden durch An-
ziehen eines Knopfes gehandhabt. Ein an dem Knopf
befestigter Stiel ist mit Einschnitten versehen, mittelst
welchen er eine Contactfeder hebt und fallen lässt, wo-

durch die Linie mit der Rückleitung in Berührung gebracht wird. Die Glocke, eine einfache Schlagglocke,
schlägt ebenso oft an und alarmirt damit die Zugbeamten. Beim Anziehen des Knopfes wird auch eine
Feder frei, welche ein gewöhnlich roth und weiss be-
maltes Scheibchen um 90 Grad nach rückwärts dreht.
Weder der Tasterknopf noch das Täfelchen kann vom
Publicum in die ursprüngliche Lage zurückgebracht
werden, sondern dies kann nur mittelst eines eigenen
Schlüssels, den ein Schaffner mit sich führt, geschehen.
Auf diese Weise kennzeichnet sich die erfolgte Benutzung des Hilfssignals. Das Nothsignal der Passagiere
wird zunächst nur vom Zugführer, in dessen Coupé der
Lärmwecker steht, empfangen. Der Zugführer giebt erst
nach seinem Ermessen das Signal auf einer zweiten Vorrichtung dem Locomotivführer. Das letztgedachte Signal
wird wieder vermittelst eines Tasters ertheilt und
der Zeichen-Apparat auf der Maschine besteht aus einer
Glocke und einem kleinen Semaphor, der sich selbstthätig aufrecht stellt.

Soll auch das Zerreissen des Zuges signalisirt werden,
so bringt Walker an der Stirnwand der Wagen auch
eine eigene pendelförmige Contactvorrichtung an.

Von den französischen Systemen hat das erste
Briquet für die Orléans-Bahn construirt. In einer Doppel-
leitung cursirte ein Ruhestrom; im vordersten Wagen
war ein Relais in den Stromkreis gebracht, das im Localschluss auf einen Wecker wirkte.

Später construirte Achard ein Intercommunications-
Signal nach Art seiner Bremse (vergl. Abschnitt XI), indem
er auf einzelne Radaxen Daumenräder aufsetzte, welche auf
den Hammerhebel einer Glocke bewegend wirken konnten,

sobald ein Zwischenstück durch Hilfe eines Elektromagnets eingerückt wurde.

Grössere Verbreitung und praktische Anwendung fand in Frankreich und jüngster Zeit auch in Oesterreich das Prudhomme'sche System. Dasselbe gleicht, was die schematische Anordnung betrifft, wieder jenem von Preece. Doch ist es nur eine Leitung, welche isolirt über den Zug läuft, während für die Rückleitung die Eisenbestandtheile der Wagen, insbesondere die Kuppelketten und die Schienen benutzt werden.

Die Kuppelung der isolirten Leitung geschieht von Wagen zu Wagen zweimal, einerseits um den Vortheil einer sicheren Verbindung, dann den einer gleichförmigen Anordnung der Verbindung zu erreichen. Ein Wagen kann an den nächsten immer verbunden werden, ohne erst umgedreht werden zu müssen, da bei jeder Wagenstellung dem Kabel ein Haken gegenüber zu liegen kommt.

Der Haken federt und ist so angeordnet, dass er, so lange kein Kabelöhr eingehängt ist, einen metallischen Schluss mit den Eisentheilen des Wagens, also mit der Rückleitung herstellt. Dadurch entfällt die Nothwendigkeit, am letzten Wagen für die Verbindung zwischen Hin- und Rückleitung anderweitige Vorsorge zu treffen.

Durch das Einhängen der Kabelöse in den Haken wird die fortlaufende Verbindung der Linie hergestellt, dafür der besondere Contact mit der Rückleitung im Haken aufgehoben.

In jedem zweiten oder dritten Waggon des Zuges befindet sich im Coupé des Zugbeamten ein Kästchen mit der Batterie (je sechs Leclanché'sche Elemente), dem

Wecker[1]) und einem Kurbelumschalter zum eventuellen
Gebrauche für den Zugbeamten.

Alle negativen Pole sind mit der isolirt durch den
Zug laufenden Leitung verbunden, während sämmtliche
Kupferpole zu der Rückleitung anschliessen. Die Signal-
gebung geschieht also, indem die Hinleitung mit der
Rückleitung an einer Stelle zwischen zwei Batterien in
Contact gebracht wird. Die Tastervorrichtungen für das
Publicum befinden sich nächst der Wagendecke, und
ist die betreffende Handhabe an einer Kette oder Schnur
in einem Ausschnitte der Scheidewand zwischen je zwei
Coupés unter einer Verglasung oder einem mit Papier
überspannten Rahmen angebracht. Die Kette hängt an
einem Arme, welcher an einer horizontalen, wie eine
Welle eingelagerten Eisenstange festgemacht ist. An den
aus dem Waggon herausreichenden Enden dieser Stange
sitzt je eine weiss oder roth bemalte Blechtafel. Ausserdem ist auf einem Ende der Stange in einer in die
Wagenwand eingelassenen Blechbüchse eine kräftige Feder
festgemacht, welche sich an eine Seite eines auf die
Stange aufgeschobenen Viereckes presst und auf diese
Art die Stange in der bestimmten Lage festhält. Am
anderen Ende der Stange, gleichfalls in einem Gehäuse
verschlossen, befindet sich die ganz einfache Contactvorrichtung; zum Gebrauche derselben wird die Verglasung oder das überspannte Papier durchbrochen, der
Ring mit der Kette kräftig niedergezogen. Die ausgeübte
Kraft überträgt sich durch den Arm, an dem die Kette

---

[1]) Es wird wohl auch mitunter nur ein Wecker im Coupé
des Zugführers aufgestellt und in diesem Falle werden nur zwei
Gegenbatterien benutzt, die sich an gleicher Stelle neben dem
Wecker befinden.

befestigt ist, auf die Stange; diese dreht sich. Dabei sind auch die beiden Blechtafeln aus der horizontalen Lage in die verticale gebracht worden. Die Zugbegleiter haben in ihren Bremshütteln wieder einfache Haustelegraphentaster.

Die Reihe der sonstigen elektrischen Intercommunications-Signale laufen der Hauptsache nach alle wieder auf dieselben Anordnungen hinaus.

Als Ausnahme davon darf das von Inspector Zwez auf der Berlin-Stettiner Bahn eingeführte Signalsystem angesehen werden, da es den dem Betriebe ambulanter elektrischer Anlagen mittelst feuchter Batterien anhaftenden Misslichkeiten dadurch aus dem Wege geht, dass als Electricitätsquelle in jedem Waggon ein Siemens'scher Magnet-Inductor vorhanden ist, der durch das Aufziehen eines Handgriffes vom Publicum oder vom Zugbeamten in Wirksamkeit gesetzt werden kann, worauf im Coupé des Zugführers ein Wecker ertönt. Bei diesem Systeme würde sich eine Zugtrennung nicht selbstthätig signalisiren.

VII. Distanzsignale.

In der Bahn giebt es vielfach Stellen, welche besonders gefährdet und deshalb auch in erhöhtem Masse zu schützen sind, sei es, weil, wie auf Stationen, bei Einmündungen von Bahnflügeln, bei Bahnkreuzungen, in Tunneln etc., die Eventualität des gleichzeitigen Eintreffens zweier Züge vorliegt, oder, wie bei den Rampen und Wegübersetzungen, ein Bahnstück von Menschen und Fuhrwerken mitbenutzt, beziehungsweise überschritten werden muss, sei es, weil die Fahrbahn, wie bei Drehbrücken, zeitweilig aufgehoben wird u. s. w.

Mit Signalmitteln, die an der gefährdeten Stelle selbst
aufgestellt sind, wird in den gedachten Fällen selten oder
nie das Auslangen zu finden sein. Das Signal, welches
zur Sicherung (Deckung) der besagten Stellen dienen,
d. i. einen Zug abhalten soll, sich der fraglichen Bahnstelle zu nähern, so lange diese sich unter Verhältnissen
befindet, welche dem Zuge Gefahr bringen können, wird
vielmehr dem Zuge entgegengerückt, und zwar so weit
von dem zu deckenden Punkte aufgestellt werden müssen,
als dies nach dem Gefälle, nach der vorkommenden
maximalen Fahrgeschwindigkeit und maximalen Belastung
der Züge nöthig ist.[1])

Solche Signale, welche zur Sicherung eines ent-
fernten bestimmten Punktes der Bahn dienen, mögen
sie von diesem Punkte oder von einer anderweitigen
Dispositionsstelle aus gehandhabt oder dirigirt werden,
heissen Distanzsignale.

In der Regel wird es sich bei diesen Signalen nur
um zwei Signalbegriffe handeln, nämlich um das Verbot der Fahrt (Halt) und die Erlaubniss zur Fahrt
(Frei). Es können sowohl hörbare als sichtbare Signalzeichen zur Verwendung kommen, ersterenfalls z. B. das
Ertönen und Schweigen eines Weckers oder Läutewerkes;
doch sind die sichtbaren in der Regel vorzuziehen und
deshalb auch häufiger. Sie werden bei Tage vorwiegend
mittelst Klappscheiben, Wendescheiben oder Semaphoren
gegeben, deren Stellungen sich bei Nacht durch ver-
schiedenfarbige Lichter kennzeichnen. Uebrigens giebt es
auch derlei Signalvorrichtungen, bei welchen die Scheibe,

---

[1]) Ueber die Entfernung der aufzustellenden Distanzsignale
vergl. Schmitt, Signalwesen, S. 296 ff., und Fr. Schima, Studien
und Erfahrungen im Eisenbahnwesen, Prag 1878.

beziehungsweise der Arm so beleuchtet werden, dass ihre Lage auch bei Nacht deutlich sichtbar bleibt und also das Nachtsignalzeichen dem Tagsignalzeichen gleicht. Bei den Scheiben gilt die dem Zuge zugekehrte volle Fläche (bei Nacht rothes Licht) für „Halt", die schmale Kante (bei Nacht in Oesterreich-Ungarn und Frankreich grünes, in Deutschland und der Schweiz weisses Licht) für „Frei". Bei den Semaphoren ist die wagrechte Lage des Armes (bei Nacht das rothe Licht) das Haltsignal, der 45 Grad nach aufwärts gekehrte Arm (in Oesterreich-Ungarn, Deutschland, Frankreich) oder der senkrecht herabhängende Arm (in England), bei Nacht grünes oder weisses Licht, das Signalzeichen für „Frei".

Schon im Jahre 1861 construirte Rier, Telegraphen-Inspector der Thüringischen Eisenbahn-Gesellschaft, für die Station Erfurt ein optisches Deckungssignal, das vom Stationsbureau aus elektro-magnetisch gestellt werden konnte und das seine Stellung — bei Tage Signalscheiben mit Jalousien, bei Dunkelheit Signallaternen mit rothem, respective grünem Lichte — selbstthätig auf elektrischem Wege im Stationsbureau reproducirte. Auf der Weltausstellung zu Paris 1867 hatte Leopolder aus Wien ein elektrisches Distanzsignal exponirt, welches im Wesentlichen einem Leopolder'schen Läutewerke glich (siehe S. 78), das statt einen Glockenhammer zu bewegen, eine mit Laternenblenden versehene Scheibe um ihre Axe drehte.

Nach ähnlichen Principien wie diese elektrischen Läutewerke sind alle elektrischen Distanzsignale construirt, sobald sie grössere Signalkörper besitzen. Zur Bewegung des Signalmittels dient dann immer wieder ein Gewicht oder eine Feder und die Elektricität besorgt

nur die Thätigmachung. Um die Bewegung gleichförmig und ruhig zu machen, ist ein Laufwerk mit
grösserem oder geringerem Räderwerk vorhanden, das ganz
wie beim Läutewerke sich selbstthätig einlöst und auf
elektrischem Wege ausgelöst wird.

Die häufigste Anwendung haben elektrische Distanzsignale in Oesterreich-Ungarn, der Schweiz und in
Frankreich gefunden; erst auf der Pariser Elektricitäts-
Ausstellung hat auch die Schwedische Staatsbahn ein
solches von ihr benutztes Signal, welches überdem die
interessante Eigenschaft besass, nach Belieben mechanisch
oder auch elektrisch gestellt werden zu können, zur
Anschauung gebracht.

Das in Oesterreich verbreitetste und zugleich älteste in
die Praxis gekommene System ist jenes vom Oberingenieur
Schönbach. Es hat als Signalkörper eine strahlenförmig
durchbrochene Wendescheibe von 0·83 Meter Durchmesser,
deren senkrechte Axe in einer 3 Meter hohen vier-
kantigen Holzpyramide steht; im Untertheil der Pyramide
befindet sich das Triebwerk, von welchem aus die Bewegung auf die Scheibenspindel durch ein Kegelräderpaar
übertragen wird. Die Signalscheibe steht für gewöhnlich
parallel zur Bahn auf „Frei", durch eine Drehung von
90 Grad kommt sie auf „Halt", durch eine weitere
Drehung von 270 Grad wieder auf „Frei" zurück. Bei
Nacht werden diese Stellungen von der vierscheinigen, an
der Scheibe befestigten Laterne durch das entsprechend
gefärbte Licht gekennzeichnet. Der dazugehörige, im
Stationsbureau aufgestellte Zeichengeber (Taster) enthält eine Kurbel, welche — immer rechts herum — in
drei verschiedene Stellungen gebracht werden kann, die
die Aufschrift „Ruhe", „Signal" und „Rückstellung" tragen,

In der Stellung „Ruhe" hält die Kurbel den Strom in
der zum Signal geführten Linie unterbrochen. Die elektrische Einlösung hat in diesem Falle die in Fig. 35
dargestellte Lage. Der Hebel H ruht mit seiner Nase e
auf der tieferen Palette p. Durch die Drehung der Taster-
kurbel auf „Signal" wird der Strom geschlossen, es erfolgt der Abfall des Hebels H in die Gabel G, wobei
der Stift b den mittleren Arm des Hebels N hebt, so dass
n den Arm c der Windflügelaxe u freilässt und zugleich
die Klinke k aus
der in die auf der
Axe a_2 des letzten
Laufwerkrades auf-
gesteckte Scheibe V
eingeschnittenen
Falle F_1 heraustritt
Das 30 Kg. schwere
Treibgewicht wird
nun das Laufwerk in
Gang setzen und die
Signalscheibe um 90
Grad drehen; ehe

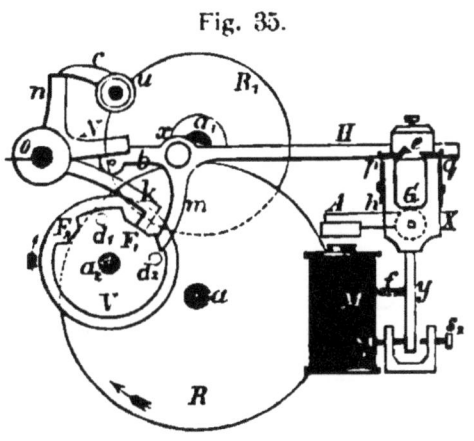

Fig. 35.

dieser Weg ganz zurückgelegt ist, erfasst der aus V vor-
stehende Stift d_1 den Arm m und hebt H auf die Palette q,
wobei b den Arm k wieder in eine nächste Falle F_2 der
Scheibe V einlegt und n vor c stellt, also das Laufwerk
arretirt. Die Signalscheibe ist somit in die Stellung
„Halt" gebracht und bleibt darin, bis man die Taster-
kurbel im Stationsbureau auf „Rückstellung" dreht.
Hierbei wird der Strom erst unterbrochen und dann
wieder hergestellt. Demzufolge erfolgt wie früher die
Auslösung, die Einlösung geschieht jedoch jetzt durch

den Stift d_2, d. i. erst nachdem die Signalscheibenaxe, beziehungsweise die Axe a_2 dreiviertel Umdrehungen gemacht hat.

Teirich und Leopolder haben das Schönbach'sche Signal mehrfach verbessert. In ihren Typen ist z. B. die Dreivierteldrehung für die Signalrückstellung vermieden, indem das Triebrad R (Fig. 36) in ein halb so grosses Kegelrad R_3 eingreift, auf dessen Axe a_3 ein Daumenzapfen Z festsitzt, der bei jeder Umdrehung von a_3 mittelst der Zugstange Y den Arm r und die Scheibenaxe D um 90 Grad vor- und wieder zurückdreht. Die elektrische Auslösung ist die in Fig. 13 dargestellte. Statt der zwei Einlösungsstifte (d_1 und d_2, Fig 35) ist nur eine Schnecke d und in Uebereinstimmung auch nur eine Falle in der Scheibe V für den Arm K vorhanden. Für Signale mit Inductionsstrombetrieb benutzen Teirich und Leopolder die in Fig. 14 dargestellte Auslösung mit gezahnten Paletten.

Fig. 36.

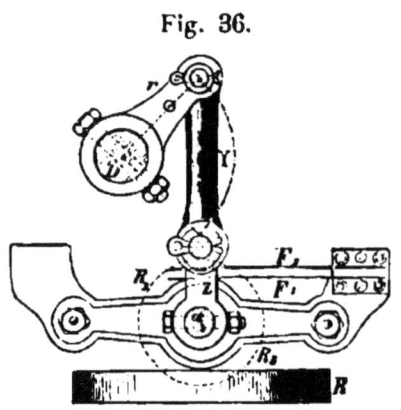

Beim Křižik'schen Distanzsignal wird die Wendescheibe durch ein gewöhnliches Uhrwerk mit stehender Windflügelaxe gestellt. Die Auslösung und Arretirung erfolgt wieder nach den bisher besprochenen Principien mittelst Palettengabel, Prismahebel, Arretirungsarm und Einlösedaumen. Die Uebertragung der Bewegung auf die Signalscheibenspindel D (Fig. 37) geschieht von der Welle W des Hauptrades aus durch die Kurbel k,

deren Bolzen *a* in den Schlitz der um ihre Axe *m n*
drehbaren und durch die Trägerringe *t, t₁* an die Signalscheibenspindel *D* befestigte Coulisse *b* eingreift. Der Radius der Kurbel *k* und die Entfernung der Coulisse *b*
von der Scheibenspindel sind
so gewählt, dass *D* durch die
halbe Umdrehung der Kurbel
k (mit Beziehung auf die
Horizontalebene um 180
Grad) 90 Grad nach rechts
und durch die nächste halbe
Umdrehung von *k* wieder
90 Grad zurückgedreht wird.
Jede Umstellung des Signals
bedarf sonach einer halben
Umdrehung der Hauptwelle
des Laufwerkes, beziehungsweise der Schnurtrommel
des Treibgewichtes, dem-
gemäss für die Einlösung
auch nur zwei auf der Laufaxe
sitzende Daumen, wie die-
selben in Fig. 12 schematisch
angedeutet sind, benöthigt
werden. Diese Daumen sind
jedoch ungleich hoch, nach

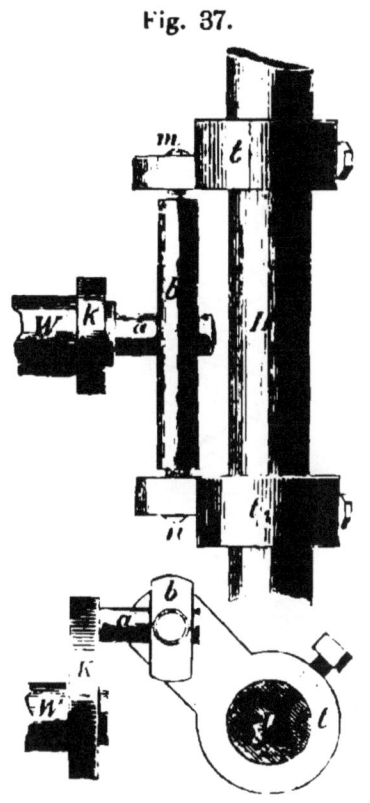

Fig. 37.

der auf S. 30 besprochenen Weise, damit sich das
Signal selbstthätig auf „Halt" stellt, falls in der
Stelllinie durch Reissen des Drahtes oder Untauglich-
werden der Batterien eine Stromunterbrechung eintreten
sollte. Die im Stationsbureau oder überhaupt am Stellorte angebrachte Tastervorrichtung unterbricht einfach

8*

den Strom, wenn das Signal von „Frei" auf „Halt" gebracht wird, dauernd. Zur Umstellung von „Halt" auf
„Frei" bewirkt der Taster erst eine kurze Stromgebung,
dann eine kurze Unterbrechung und schliesslich wieder
dauernden Stromschluss.

Das Langié'sche Distanzsignal hat ein Laufwerk,
welches nur aus der Schnurtrommel, dem Bodenrade

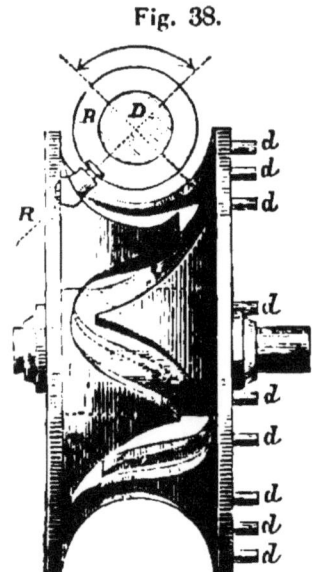

Fig. 38.

und einer Bremse besteht. Die
Uebertragung der Bewegung auf
die Signalscheibenspindel D
(Fig. 38) geschieht direct durch
das eigenthümlich geformte, mit
Zickzack-Einschnitten versehene
Hauptrad R. In diese Einschnitte
reicht nämlich ein auf D fest-
sitzender Rollenzapfen r, den
die Nuth beim Ablaufen des
Rades abwechselnd nach rechts
und links schiebt. Dieser Weg
entspricht immer einer Drehung
der Spindel D, d. i. der Signalscheibe, um 90 Grad hin oder
zurück. Die elektrische Aus-
lösung ist mit den bisher behandelten ganz verwandt.
Die die Einlösung besorgenden Daumen d sitzen am
Hauptrade und sind auch wieder abwechselnd ungleich
weit von der Drehaxe des Rades entfernt, so dass jeder
zweite den Prismahebel nur bis zur tieferliegenden Palette
(siehe S. 30) hebt; diese Anordnung hat wieder den
Zweck, dass sich die Signalscheibe selbstthätig auf
„Halt" stellt, wenn dauernde Stromunterbrechungen
eintreten.

Eine ähnliche Palettenauslösung hat auch das auf den Linien der Oesterreichischen Nordwestbahn in Anwendung stehende Hohenegger'sche Distanzsignal; das Triebwerk überträgt seine Bewegungen mittelst eines Daumenzapfens auf den Arm eines Semaphors.

Weiter werden in Oesterreich-Ungarn noch elektrische Distanzsignale von Weyrich, Banovits, Rommel et Klatky, Schäffler etc. benutzt (siehe Kohlfürst: Ueber elektrische Distanzsignale, Prag 1878, und Zetzsche's Handbuch der Telegraphie, IV. Bd., Berlin 1881).

Beim Schäffler'schen Distanzsignal (Fig. 39) erhält die Welle I den Antrieb zur Drehung durch das an der Schnurtrommel R hängende (in der Zeichnung weggelassene) Gewicht vermittelst des Zahnrades Q, das in ein auf I sitzendes Getriebe u eingreift. Auf der Welle I sitzt auch ein zweites grösseres Zahnrad P, das in ein Getriebe der Welle II eingreift, von wo sich die Bewegung mittelst des Zahnrades Y schliesslich auf die Axe des Windflügels W überträgt. Die Arretirung des Laufwerkes geschieht, indem abwechselnd einer der bei m drehbaren, durch Federn t, beziehungsweise t_1 gegen die Scheibe V gedrückten Hebel h oder h_1 mit seiner Nase in die Einkerbung der Scheibe V einschnappt, wobei sich gleichzeitig sein unteres, hakenförmiges Ende l, beziehungsweise l_1 vor den auf der Windflügelaxe sitzenden Arretirungsarm c stellt. Die Auslösung, beziehungsweise Einlösung geschieht durch zwei um a, a_1 drehbare Hebel H, H_1. Wie die Zeichnung es darstellt, wäre die Linie stromlos, der Anker A abgerissen, H würde auf der Palette p liegen, das Signal stünde auf „Halt". Wird nun der Strom durch die Tastervorrichtung im Stationsbureau geschlossen, so fällt H ab, hebt mit dem Ende v den Hebel h aus der Falle der Scheibe *V* heraus, wobei gleichzeitig *c* frei wird; das Laufwerk kommt in Thätigkeit. Das auf die Axe *I*

Fig. 39.

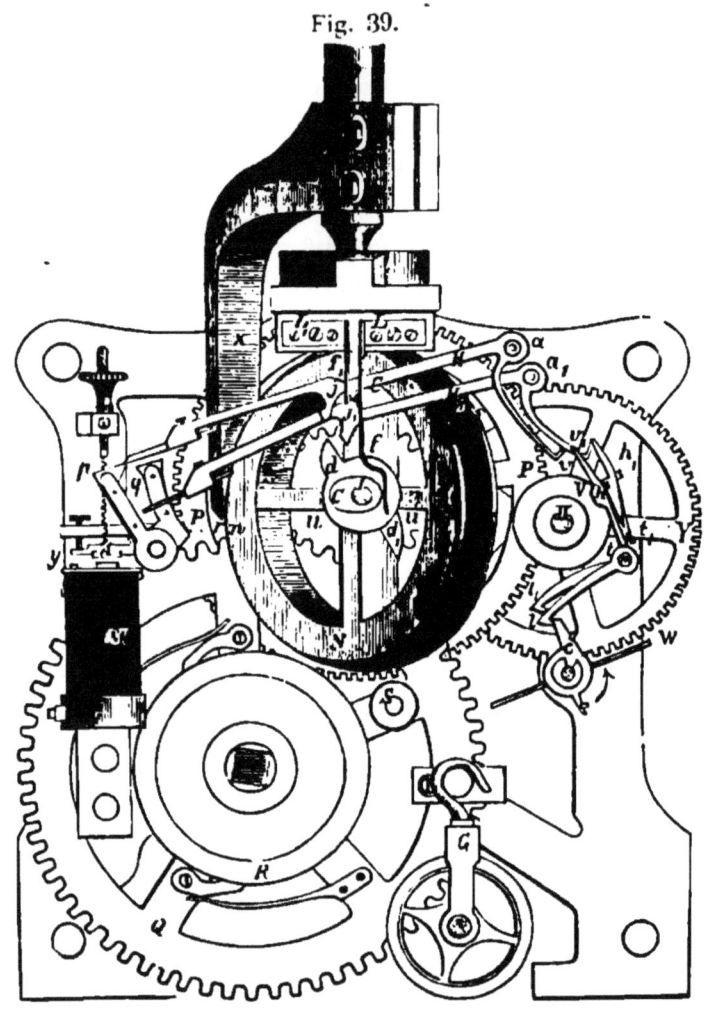

unter einem Winkel von 45 Grad aufgekeilte, mit einer Nuth versehene Rad *N* macht eine halbe Umdrehung und schiebt dabei den auf der Signalscheibenspindel *D*

befestigten Arm *X*, der mit einem Rollenzapfen bei *r*
in die Nuth eingreift, um 90 Grad herum, d. h. die
Signalscheibe wird von „Halt" auf „Frei" gebracht. Sobald
die halbe Umdrehung der Axe *I* abgethan ist, hat der
Daumen d_1 den Hebel H_1 bei der Verstärkung J_1 erfasst,
gehoben und auf die Palette *q* gelegt, h_1 schnappt in
die Falle der Scheibe *V* ein und l_1 stellt sich vor *c*;
das Laufwerk ist wieder arretirt. Es ist ersichtlich, dass
nur in dem Falle durch H_1 die Einlösung erfolgen kann,
wenn Strom in der Linie, nämlich der Anker *A* angezogen
und also das Auflager bei *q* in der richtigen Lage sich
befindet. Die nächste Auslösung erfolgt nun durch Stromunterbrechung; die Einlösung geschieht jetzt durch den
Hebel *H*, der sich, gehoben durch *d*, auf *p* legt und *h* in *V*
einschnappen, sowie *l* sich vor *c* stellen lässt. Wenn
die Unterbrechung oder Stromgebung von kürzerer Dauer
wäre, als die halbe Umdrehung der Axe *I* Zeit erfordert,
könnte die Einlösung nicht erfolgen, weil der Einlösehebel sein erforderliches Auflager bei *q*, beziehungsweise *p*
nicht vorfinden würde, es würde vielmehr eine noch-
malige Auslösung erfolgen müssen. Die geschlossene
Stromkette kann sonach stets nur die eine und die unterbrochene Stromkette stets nur die andere Lage der
Welle *I*, d. h. der Signalscheibe hervorbringen. Unbe-
absichtigte, momentane Ankerbewegungen, wie sie z. B.
durch atmosphärische Ströme, mechanische Erschütte-
rungen etc. hervorgerufen werden, können nur eine vorübergehende Umstellung, aber keine dauernde Signalfälschung bewirken; ebenso wird, wenn man die stromlose Linie als der Haltstellung des Signals entsprechend
wählt, beim zufälligen Versagen der Batterie oder dem
Reissen der Leitung das Signal in der Haltstellung ver-

bleiben, beziehungsweise sich selbstthätig in diese Lage
umstellen.

Bei den Schweizer Bahnen findet das Hipp'sche
Distanzsignal — ebenfalls eine Wende-

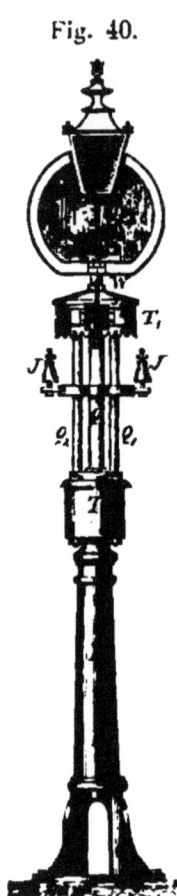

scheibe — häufig Anwendung. Der
röhrenförmige Gusseisenständer R (Fig.
40) trägt die zwei Trommeln T und T_1,
durch Vermittlung dreier schwächerer
Röhren Q, Q_1, Q_2, dann die zwei Isolatoren J, endlich die Signalscheibe S
und die Laterne L, in welcher parallel
zur Scheibe rothes, an den zwei anderen
Seiten gewöhnliches Glas eingesetzt ist.
Die Lampe zeigt sonach gegen die
Station immer das gleiche Licht, wie
gegen den von der Strecke herkommen-
den Zug. Um den Einfluss der die
Scheibenbewegungen hindernden äusseren Gegenkräfte (Sturm, Wind) abzu-
schwächen, trägt die sich mit der Scheibe
drehende Trommelhaube T_1 zwei senkrecht zu S stehende Windflügel W. In
der Trommel T ist die elektrische Auslösung und das Laufwerk untergebracht;
das Treibgewicht des letzteren läuft im
Säulenschafte R. In der Trommel T_1
befindet sich die eigentliche Arretirung.
Das Laufwerk (Fig. 41 und 42) überträgt
seine Bewegung vom conischen Triebrad K auf das Kegelrad R, das auf der Signalscheibenspindel S festsitzt.
Eine Achteldrehung des Triebrades entspricht einer Vierteldrehung des Kegelrades R, d. i. einer Signalumstellung.

Die Scheibenspindel dreht sich beim Hipp'schen Signal also wie beim Schönbach'schen alten Systems auch immer im gleichen Sinne, jedoch stets nur um je 90 Grad. Die Auslösung geschieht durch Stromgebung. Wird der um x drehbare Anker A angezogen, so drückt er den durch eine Spannfeder f nach aufwärts gezogenen Arm h_1 des um x_1 drehbaren

Fig. 41.

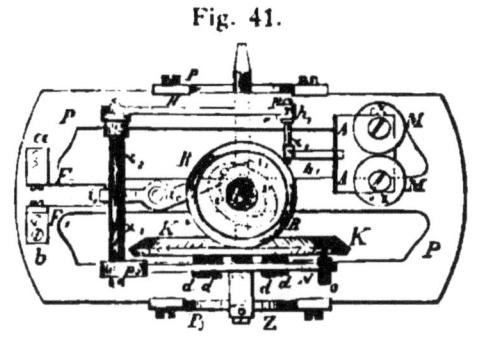

Winkelhebels $h_1 h_2$ nieder und die Palette p weicht seitlich aus, der Hebel H verliert sein Auflager, fällt ab und mit ihm dreht sich auch die auf der gleichen Dreh-axe x_2 sitzende Gabel $p_0 p_1$ nach abwärts. Demzufolge verliert auch der Hebel N seinen Halt bei p_1 und fällt vermöge seines Gewichtes nach abwärts, wobei er die Stange Z mit

Fig. 42

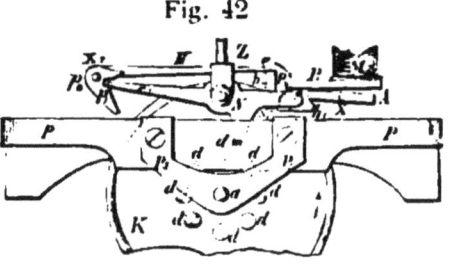

herunterzieht. Die bestandene Arretirung wird hierdurch, wie später gezeigt wird, aufgehoben, das Uhrwerk kann sich in Gang setzen und das Rad R, beziehungsweise die Scheibenspindel sich um 90 Grad drehen.

Dann aber erfolgt wieder die Arretirung, indem der zunächst an die Reihe kommende Daumen d (deren sind acht vorhanden) den Arm m erfasst und N in die Ruhe-lage zurückhebt, wobei auch H gehoben und wieder auf die Palette p gelegt wird. Der Rückgang der Stange Z sammt dem Hebel N nach unten ist verwehrt, weil p_1 wieder e_1 und p wieder e festhält.

Fig. 43.

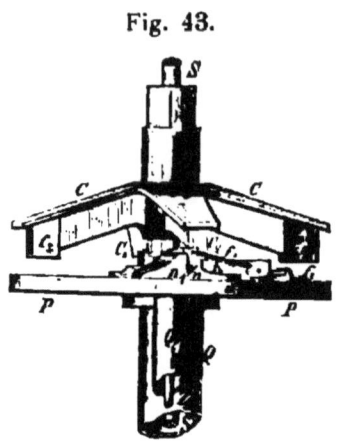

Fig. 44.

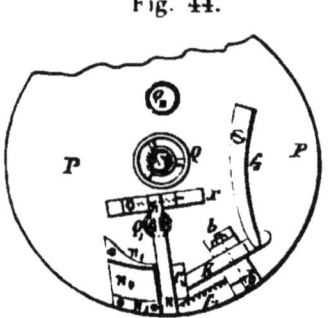

Zum Zwecke der Arretirung sind (in der Trommel T_1, Fig. 40) an der Scheibenspindel S (Fig. 43 und 44) vier kreuzweis gestellte Arme C angebracht; darunter liegt die Scheibe P, auf welcher ein Stück n_1 befestigt ist, das einen Ausschnitt n_4 hat, dessen Weite das ungehinderte Durchgehen der an den Armen C vorhandenen Vorsprünge C_1, C_2, C_3 und C_4 gestattet. Vor dieses Stück stellt sich bei der Arretirungslage der bei x drehbare Hebel n, wodurch dem Arm C der Durchgang gewehrt ist. Aber auch nach rückwärts kann die Scheibe nicht bewegt werden, da hier der bei b drehbare Hebel K das Ausweichen verhindert. Der Hebel n ist mittelst eines Charniers mit der vom Laufwerk durch die Röhre Q_1 kommenden Auslösestange Z (siehe auch Fig. 41 und 42) verbunden. Fällt zufolge einer elektrischen Auslösung die Stange Z nach abwärts, so zieht sie den Hebel n, der der leichteren Beweglichkeit wegen durch

eine Spiralfeder f_4 seitlich gezogen wird, soweit nieder,
dass der Arm C vorbei kann; die Scheibe macht ihre
Vierteldrehung, dabei drückt der nächstkommende Arm
C den von der Feder f_3 in die Höhe gehobenen Hebel
K nieder und findet, da indessen die Zugstange Z wieder
gehoben worden ist, durch n wie früher seinen Weg
versperrt. Da K nach dem Passiren des Armes Luft bekommt, hebt sich dieser Hebel gleichfalls wieder und
der Arm C, beziehungsweise die Scheibe kann sich weder
vorwärts noch rückwärts bewegen.

Während alle früher besprochenen elektrischen
Distanzsignale nur mit einer Stelllinie betrieben werden,
ausser in jenen Fällen, wo man zur Verminderung der
terrestrischen und atmosphärischen Einflüsse und um
den wechselnden Erdleitungswiderständen auszuweichen,
die Erdleitung durch eine isolirte Rückleitung ersetzt,
benutzt Hipp für sein Scheibensignal zwei getrennte
Stelllinien und ausserdem die Erdleitung als Rückleitung.
Die beiden Leitungen sind (vergl. Fig. 114) von den Isolatoren J (Fig. 40) in die Trommel T geführt, wo sie an
die voneinander isolirten Klemmen a und b (Fig. 41)
anschliessen. Von den Klemmen gehen die Contactfedern F und F_1 aus, zwischen welchen der Arm i_1 des
um i_0 drehbaren Hebels i_2 i_1 liegt. i_1 ist vom Hebel
isolirt, jedoch mit einem Ende der Windungen des
Elektromagnets M verbunden, dessen zweites Ende zur
Erdleitung anschliesst. Das Kegelrad R hat eine ellip-
tische Nuth $\nu\,\nu$, in welche ein aus dem Arm i_2 vor-
stehender Stift eingreift.

Bei den Bewegungen des Rades, beziehungsweise
der Scheibe wird also der Hebel i_2 i_1 so hin und her
bewegt, dass i_1 in der einen Stellung des Signals die

Contactfeder F, in der anderen aber F_1 berührt. Wenn daher am Stellorte sich ein Umschalter befindet, mit dem man die Batterie beliebig in beide Linien einschalten kann, so wird eine Signalumstellung immer nur für jene Lage des Kurbelumschalters möglich werden, bei welcher der Strom den Weg über i_1 findet.

Ein ganz ähnliches Arrangement hat das von Rousseau construirte, auf der New-York Central Railway angewendete, auch als Blocksignal benutzte Distanzsignal, bei welchem sich die Signalscheibe aber zum Schutze gegen äussere Gegenkräfte in einem verglasten Gehäuse befindet.

Von den amerikanischen Distanzsignalen, welche durchweg auch als Zugdeckungssignale benutzt zu werden pflegen, wären noch die von F. L. Pope und S. C. Hendrickson, Gassett, Hall etc. anzuführen.

Auf Bahnen, wo den Zügen vorauslaufende Signale (durchlaufende Liniensignale) nicht eingerichtet sind, stellt sich vielfach die Nothwendigkeit heraus, die an frequenten Bahnübersetzungen postirten Wärter von dem Herannahen des Zuges mittelst eines auf Distanz wirksamen Signals zu avisiren, damit sie rechtzeitig die Schranken abschliessen. In der Regel sind zu dem gedachten Zwecke in angemessener Entfernung vor der Bahnübersetzung Schienencontacte vorhanden, die durch den passirenden Zug geschlossen werden, demzufolge beim Schrankenwärter ein Wecker oder Läutewerk in Thätigkeit geräth.

Auf der Französischen Nordbahn besteht dieser Contact-Apparat (Fig. 45) aus einem eisernen Rahmen A, der sich auf einer Axe B bewegen kann und vorne in einer mit Platincontacten versehenen Feder C endigt. Diese

Feder steht durch Vermittlung der Axe *B* und des Lager-
gestelles *R* mit der Erde in leitender Verbindung und
berührt, sobald der Rahmen niedergedrückt wird, die
platinirte Wand eines Daumens *P* der an der Metall-
säule *D* befestigt ist und mit der Signalleitung in Verbindung steht. Zwischen den Eisenwänden *R* und an
dem Rahmen *A* ist ein lederner Blasebalg *F* befestigt.
Ein zweiter Theil der Vorrichtung besteht aus einer an
einem in den Bahnkörper festgebetteten Holzpfosten in
Lagern ruhenden horizontalen Axe, an deren durch die

Fig. 45.

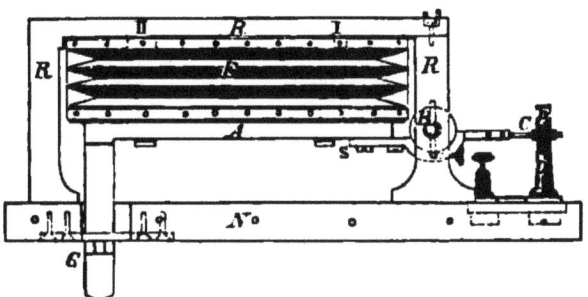

Bahnschiene reichendem Ende ein gebogener Eisenarm,
das Radpedal, angebracht ist; das andere Ende der
Pedalaxe hat zwei Arme, von welchen einer mit der
Zugstange *G* der Contactvorrichtung (Fig. 45) fest verbunden ist, während der zweite ein Gegengewicht trägt,
durch welches das Pedal in der Lage aufrecht erhalten
wird, so dass dieses vom ersten Rade des vorbeifahrenden Zuges getroffen und niedergedrückt werden
muss.

Das Contactstück *C* steht, wie bereits gesagt, durch
den Rahmen *A* mit der Erdleitung in Verbindung; vom

Contactstück *P*, beziehungsweise dem Ständer *D* führt
die Leitung zu dem beim Schrankenwärter aufgestellten
Klingel-Apparat (Fig. 46), dann durch die Batterie *B* und
zur Erde *E*. Der herannahende Zug drückt mit dem
Tyreswulst des ersten Rades das Pedal nieder, dadurch
wird die Zugstange *G* (Fig. 45) nach unten gezogen und
C nach aufwärts gedrückt, d. i. mit *P*, beziehungsweise
der Linie in Contact gebracht, also der Stromschluss
hergestellt. Der Stromschluss dauert längere Zeit an,
weil der Blasebalg *F* sich beim Aufziehen durch eine
grosse Einströmungsöffnung II sofort mit Luft gefüllt

Fig. 46.

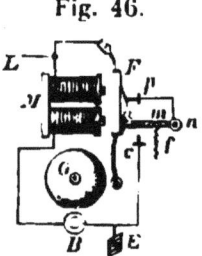

hat, diese aber nur durch eine kleine
Ausströmungsöffnung *I* entweichen lassen
kann, weshalb sich also die Stange *G*
nur in dem Masse wieder zu heben
vermag, beziehungsweise das Gegengewicht der Pedalaxe und das Pedal,
endlich auch der Rahmen *A* und die
Contactfeder *C* in die Ruhelage zurück-
gelangen können, als sich der Blasebalg entleert. Der
entstandene Schluss des Linienstromes hat die Anziehung
des Weckerankers *a* (Fig. 46) zur Folge, dabei fällt der
auf einem kleinen Näschen des Ankers ruhende, bei *n*
drehbare, durch die Spiralfeder *f* niedergezogene Metallarm *m* ab und kommt mit der zur Batterie verbundenen
Schraube *c* in Berührung; da nun die Feder *F* gleichfalls
mit dem Arme *m* in leitender Verbindung steht, arbeitet
der Wecker nunmehr im kurzen Schlusse als Selbstunterbrecher, bis der Wärter, ehe er die Rampen öffnet,
sobald der Zug den Bahnübergang ganz passirt hat, den
Arm *m* wieder mit der Hand in die Ruhelage zurückbringt.

Auf der Französischen Nordbahn sind ausser dieser Vorrichtung auch ganz ähnliche in Benutzung, bei welchen jedoch der Blasebalg-Commutator durch den Lartigue-schen Quecksilber-Commutator vertreten wird.

Dieser besteht aus einem röhrenförmigen oder prismatischen Gefässe aus Glas, Porzellan oder Guttapercha u. s. w., das luftdicht geschlossen und mit einer gewissen Menge Quecksilber gefüllt ist.

In den Seitenwänden sind Platindrähte eingeschmolzen, beziehungsweise mittelst luftdichten Verschlusses durch die Wände durchgesteckt; an diese Drähte schliessen ausserhalb des Gefässes die Leitungsdrähte an. So lange das Gefäss in einer bestimmten Lage — z. B. in der horizontalen — verbleibt, reicht das Quecksilber über beide Platinspitzen und stellt also zwischen diesen die metallische Verbindung her. Kommt das Gefäss in eine andere Lage, wird es z. B. um 45 Grad geneigt, so bleibt nur der eine Contact noch im Quecksilber und die bestandene Verbindung ist aufgehoben. Um zu verhüten, dass, wenn das Gefäss nach erfolgter Aenderung seiner Lage rasch wieder in die Ursprungsstellung zurückkehrt, der erzeugte Stromschluss nicht etwa sich zu kurzdauernd erweise, theilt Lartigue das Quecksilbergefäss noch durch eine oder mehrere Scheidewände. Jede Wand ist mit einer engen Oeffnung versehen, durch welche die einzelnen Gefässabtheilungen miteinander communiciren. Diese Scheidewände verhindern das rasche Zurückkehren des Quecksilbers in die Ruhelage.

Bei den Contactvorrichtungen für die Signalklingeln zu Wegübersetzungen benutzt Lartigue einen zweifächerigen Quecksilbernapf aus Ebonit, welcher an einem zweiarmigen Hebel befestigt wird. Die horizontale Dreh-

axe dieses Hebels ist ihrerseits wieder an der Bahnschiene, beziehungsweise an der Schienenlasche befestigt.
Der eine Arm trägt das mit Kautschuk unterlegte Pedal,
der andere ein Gegengewicht. Das erste Rad des passirenden Zuges drückt das Pedal nieder und bewerkstelligt
das Kippen des Quecksilbernapfes, so dass die früher
ausser Verbindung gestandenen Leitungsenden (Linie
und Erde) jetzt durch das Quecksilber metallisch verbunden werden.

Auf einigen Linien der französischen Staatsbahnen
sind Niveausignale von Leblanc und Loiseau in Anwendung. Der Signalständer ist eine gusseiserne Säule,
welche zu oberst einen prismatischen Blechkasten trägt.
In die beiden Hauptwände dieses Kastens sind Glastafeln
mit der Aufschrift: „Uebergang verboten" eingesetzt.
Die Aufschrift wird jedoch erst dann sichtbar, wenn
hinter den Glastafeln weisse Blenden aus Blech vorgeschoben werden. Letztere B, B, B_1, B_1 (Fig. 47) hängen
im Innern des Kastens an einem Hebelsystem, das nach
Art eines Watt'schen Parallelogramms angeordnet ist.
M, M_1, N und N_1 sind die Drehaxen des Systems. Die Arme
a_1 und d_1 sind in gleicher Art wie a und d bei p,q durch
eine in der Figur durch die Elektromagnete E, E_1 ver-
deckte Querstange verbunden. Diese zwei letztbezeichneten
Querstangen sind wieder durch ein Eisenstück A in
Verbindung gebracht, das den Anker zu den Elektromagneten E_1 und E bildet. Liegt der Anker an dem
Elektromagnet E, so haben die Blenden B, B, B_1, B_1
die in der Zeichnung dargestellte Lage; wird der Anker
an den Elektromagnet E_1 gebracht, so stellen sich dadurch die Blenden, die zufolge der Hebelübertragung
von links und rechts gegen die Mitte des Kastens ge-

schoben werden, vor die Aufschrift. Das Princip des Anker-Arrangements zeigt Fig. 48. Unter dem zwischen den beiden Querstangen p, q (Fig. 47) befestigten Anker A befindet sich ein auf der Axe x drehbares Messingstück, in welches zwei Näschen p und p_1 eingeschnitten sind und an welchem auf jeder Seite wieder ein Anker a und a_1

Fig. 47.

befestigt ist. Die Elektromagnetpole sind entsprechend geformt, so dass q auch auf a und q_1 auf a_1 wirken kann. Das Hebelsystem, auf welchem die Blenden $B B_1$ (Fig. 47) hängen, ist gleich einer Wage ausbalancirt, und zwar so, dass die Gleichgewichtslage derjenigen entspricht, welche das System einnimmt, wenn sich der Anker A genau in der Mitte zwischen E und E_1 befindet. Hätte der Anker die in Fig. 48 dargestellte Lage,

so wird er durch die Nase p_1 in derselben festgehalten;
die Blenden sind geschlossen. Kommt nun ein Strom
durch E, so zieht q den Anker a an, a_1 muss dadurch
nach abwärts gehen, der Anker A verliert den Halt bei p_1
und schwingt nach rechts, wo er von q angezogen wird,
wobei er sich hinter p stellt und auf diese Art festgehalten wird. Die Blenden sind jetzt auseinandergeschoben.
Kommt ein nächster Strom durch E_1, so wird a_1 von
q_1 angezogen, A schwingt gegen q_1, schnappt hinter p_1
ein und die Blenden sind wieder offen.

Das richtige Oeffnen und Schliessen der Blenden
hängt also davon ab, dass die aufeinanderfolgenden Ströme
genau abwechslungsweise in beide Elektromagnete

Fig. 48.

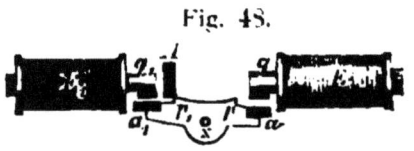

gelangen. Zu diesem
Zwecke ist in die Signal-
linie noch ein beson-
derer elektrisch-automa-
tischer Linienwechsel
(Fig. 49) eingeschaltet. Auf einem Fussbrette P steht ein
Elektromagnet E_2, dessen Anker A, der an Stelle einer
Abreissfeder das Gegengewicht g trägt und hinsichtlich
seiner Lage durch die Stellschraube S regulirt wird, mit
einem Arm D in das auf der Axe o festsitzende Zahnrad
Z eingreift. Auf der Axe o, die von einem Doppelständer
M getragen wird, sitzen auch noch zwei Zahnräder R
und R_1; dem ersten steht ein Ständer N gegenüber, mit
einer Contactfeder f, welche die Schraube c berühren
kann, wenn sie nicht etwa durch einen Zahn des Rades
R abgehoben ist; c steht mit dem Elektromagnet E des
Zeichen-Apparates (Fig. 47 und 48) durch einen Draht
in Verbindung und ist von N isolirt. Von N führt ein
Draht zur Multiplication des Elektromagnets E_2 (Fig. 49),

deren zweites Ende mit der zum Schienencontact führenden Leitung verbunden ist. Ein ganz gleicher Federn-
ständer wie N steht auch dem Zahnrade R' gegenüber
und ist, wie der erste, mit E_2 verbunden, während von
der dazu gehörigen, in der Zeichnung nicht sichtbaren
Schraube c_1 ein Draht zum zweiten Elektromagnet
E_1 (Fig. 47) des Signal-Apparates führt. Die freien Enden
der Elektromagnete E und E_1 des Signal-Apparates
(Fig. 47) sind miteinander verbunden und von da aus
geht dann die Leitung zur Batterie und endlich zur Erde.

Fig. 49

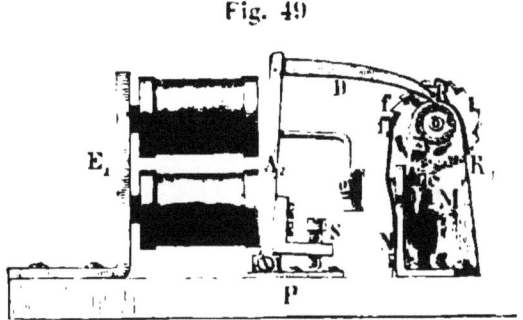

Da die beiden Räder R und R_1 (Fig. 49) hinsichtlich
der Lage ihrer Zähne wechselständig auf o aufgesteckt
sind, so kann in jeder Ruhelage des Apparates immer
nur eine der Federn $f f_1$ contactiren, d. h. nur einer
oder der andere Elektromagnet des Signal-Apparates mit
der Linie verbunden sein.

Wird mittelst des Schienencontactes die Signallinie
geschlossen, so geht der Strom über den Elektromagnet
E_2 (Fig. 49) und der Anker A_2 wird angezogen; über f
und c hat der Strom weiters seinen Weg zu dem betreffenden Elektromagnet des Signal-Apparates gefunden
und dort die Blendenumstellung bewirkt. Sobald der Strom

9*

wieder aufhört, fällt A_2 zurück und D schiebt Z und zugleich auch R und R_1 um einen Zahn weiter; f wird jetzt von c abgehoben, dagegen die bisher abgehoben gewesene Feder f_1 auf ihre Contactschraube gelegt und mithin der andere Elektromagnet des Signalgebers in die Linie gebracht. Der nächste Strom findet sonach denjenigen Weg, welcher nöthig ist, um die alternirende Signalstellung hervorzubringen.

Der Schienencontact (Fig. 50) besteht aus der mit der Erdleitung verbundenen Contactfeder F und dem zur

Fig. 50.

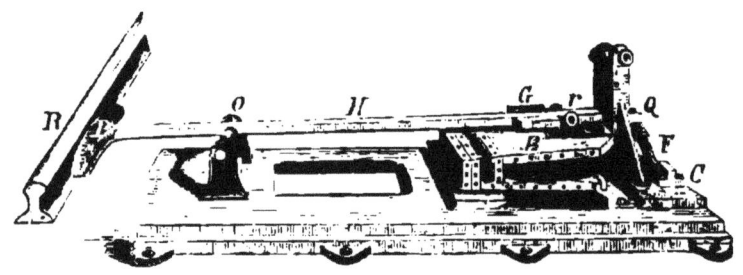

Signalleitung angeschlossenen Contactambos C, ferner aus dem Blasebalg B und dem Pedalhebel H. Eine starke, in der Zeichnung nicht sichtbare Feder hat das Bestreben, den Blasebalg zu öffnen, kann aber nicht wirksam werden, weil der lange Arm des Hebels H und das darin befestigte Gewicht G den Blasebalg niederschwert. Zugleich drückt das vorderste Ende Q des Pedalhebels die Feder F von C ab. Wird aber das Pedal P durch das Locomotivrad niedergedrückt und also G und Q gehoben, so kann die vorerwähnte Feder des Blasebalges diesen öffnen, während gleichzeitig F nun unbehindert mit C in Berührung gelangt. Der Blasebalg hat nur eine ganz kleine Oeffnung, aus welcher Luft entweichen kann, sein Einströmungsventil ist hingegen sehr gross; er füllt sich also momentan, kann sich aber nur successive entleeren und dadurch wird eine langandauernde kräftige Contactgebung erzielt.

Eine solche Contactvorrichtung befindet sich in angemessener Entfernung vor und eine zweite hinter der zu deckenden Bahnübersetzung, wo sich der Signalständer befindet. Der herannahende Zug giebt Contact und lässt dadurch am Signalständer die warnende Inschrift erscheinen; hat der Zug die Rampe passirt und kommt er zur zweiten Contactvorrichtung, so wird durch die neuerliche Stromgebung die Aufschrift am Signalständer wieder verschwinden gemacht.

Es kommt vor, dass der Signalständer einfach auf die Bahnübersetzung gestellt wird, wo dann das Publicum sich nach der Aufschrift zu richten hat; aber auch die Fälle sind häufig, dass am Aufstellungspunkt des Signal-Apparates auch ein Bahnwärter postirt ist, der die Schranken zu verschliessen hat. Dann erhält der Signal-Apparat gewöhnlich als Ergänzung auch eine elektrische Klingel, welche so lange läutet, als die Blenden geschlossen bleiben.

Von besonderer Wichtigkeit sind Distanzsignale auch bei Tunneln. In der Regel ist die Bestimmung getroffen — in vielen Staaten auch gesetzlich — dass sich in einem Tunnel nie zwei oder mehrere Züge hintereinander oder nebeneinander gleichzeitig bewegen. In Bezug auf die hintereinander fahrenden Züge kommt nämlich in Betracht, dass dieselben, wenn der Tunnel nicht von besonderer Länge ist, bei Tage keine Nachtsignale tragen und demnach ein im Tunnel etwa liegen-

gebliebener Zug nicht gedeckt wäre. Mehrere Züge gleichzeitig im Tunnel verderben durch die erzeugten Rauch-
massen die Luft und der entstehende Qualm behindert
die optische Signalisirung. Kreuzungen im Tunnel gefährden höchlichst die Sicherheit der dort beschäftigten
Arbeiter.

Soll durch Distanzsignale verhütet werden, dass ein
Zug in den Tunnel einfahre, so lange sich ein anderer
darin befindet, so werden also zwei solche Signale vorhanden sein müssen, von denen das eine vor der einen
Mündung, das zweite vor der anderen Mündung des
Tunnels angebracht ist; würde das eine davon mit 1,
das andere mit 2 bezeichnet werden, so muss sich die
Handhabungs- oder Dirigirungsstelle für 1 bei 2, jene für
2 bei 1 befinden.

Man kann sonach sagen, eine Tunnelsignal - Vorrichtung besteht aus zwei voneinander in wechselweise
Abhängigkeit gebrachten Distanzsignalen und hat sonach
auch den Charakter eines Blocksignals für eine Section
(siehe Abschnitt VIII).

Die Tunnel - Deckungssignale werden der äusseren
Form nach den sonst in Anwendung stehenden Distanzsignalen gleichen und können entweder automatisch wirken
oder durch eigene Tunnelwärter gehandhabt werden.

Bei den automatisch wirkenden Tunnelsignalen ist
es der fahrende Zug, welcher durch Niederdrücken eines
Pedals bei der Einfahrt in den Tunnel das auf „Frei"
gestandene Signal auf „Halt" stellt, und wenn er den
Tunnel verlässt, in ähnlicher Weise wieder auf „Frei"
zurückstellt.

Wenn die für die Züge bestimmten Signalzeichen
durch eigene Wächter ertheilt werden, wird ausser diesen

optischen Signalmitteln noch eine zweite Vorrichtung
behufs gegenseitiger Verständigung der beiden Wächter
vorhanden sein müssen. Die Verständigung wird sich auf
die Nachrichten: „Der Zug ist in den Tunnel eingefahren"
und „Der Zug hat den Tunnel verlassen", sowie die
Quittirung der betreffenden Signale beschränken können.
Nach Quittirung der erstangeführten Meldung werden
beide Tunnelwärter ihr optisches Signalmittel auf „Verbot der Einfahrt" zu stellen haben, nach der Quittirung
der zweiten Meldung dürfen wieder beide das Deckungssignal auf „Erlaubte Einfahrt" umstellen.

Ist das Blocksystem gewählt, so wird die Verständigung der Wärter in der Anfrage, ob ein Zug einfahren
darf oder nicht, und in der betreffenden Antwort zu
bestehen haben.

Mechanische Vorrichtungen zur Verständigung können
natürlich nur für nicht allzu lange Tunnels Anwendung
finden, und zwar in der Form von Klingelzügen. Eventuell können wohl auch die zwei deckenden Tunnelsignale mittelst einer Drahtzugsvorrichtung von beiden
Tunnelmündungen aus durch die daselbst postirten Wärter gestellt werden. Ist der Tunnel länger als 2000 Meter,
so hört die Verwendbarkeit mechanischer Anlagen auf
und werden in der Regel elektrische Verständigungs-Vor-
richtungen nothwendig. Letztere bestehen entweder aus
einer förmlichen Telegraphenverbindung unter Benutzung
irgend eines der vorne angeführten Apparatsysteme oder
aus elektrischen Klingeln, Glockenschlagwerken (Läutewerken) oder endlich aus förmlichen Blocksignal-Apparaten.

Ueber die Anordnung von Sprech- oder Schreibtelegraphen zur Regelung des Verkehrs der Züge durch

Tunnele ist wohl nichts weiter anzuführen, als dass bei
jedem Ende des Tunnels eine Station einzuschalten und
das locale Deckungssignal nach Massgabe der geführten
telegraphischen Verständigung zu stellen sein wird.

Auf der Französischen Nordbahn sind für die Tunneldeckung ähnliche selbstthätig wirkende Klingeln in Anwendung wie für die Deckung der Niveauübergänge.
Sowohl an der einen als an der anderen Tunnelmündung
ist je ein Blasebalgcontact, wie er S. 124 beschrieben und
in Fig. 45 dargestellt wurde, angebracht. Ausserdem ist

Fig. 51.

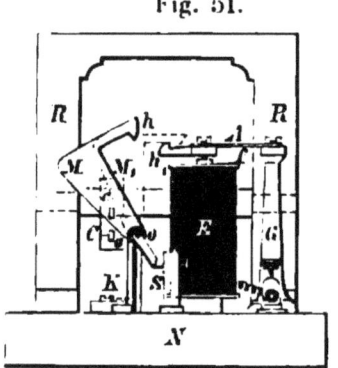

auf dem Fussbrette jeder der
beiden Blasebalg-Vorrichtun-
gen ein Elektromagnet E
(Fig. 51) mit einer Bréguet-
schen Fallscheibe M aufgestellt. Die letztere befindet
sich für gewöhnlich am
Tunnelanfang in der abge-
fallenen, am Tunnelende in
der gehobenen (in der Zeichnung gestrichelten) Lage. Zur
Einstellung dieser Abfalllage dient die Stellschraube S.
Drückt der in den Tunnel einfahrende Zug das Pedal
der Blasebalgvorrichtung nieder, so wird der Arm C
(Fig. 45) bekanntlich gehoben; ein Fortsatz dieses Armes
(Fig. 51) reicht unter die Abfallscheibe M, diese wird
also beim Oeffnen des Blasebalges mitgehoben, und zwar
so hoch, dass sich das Häkchen h in das Häkchen h_1
am Anker A einhakt. Die Klemme K ist mit einer
Localbatterie und einem Wecker (Selbstunterbrecher)
. verbunden, welche Locallinie andererseits beim Ständer G
anschliesst. Dieser Wecker läutet demnach so lange, als

über *h*, *h*₁ der Localstrom geschlossen bleibt. Der Linienstrom, welcher zugleich entsendet wird, hat am Tunnel-
ausgang an der Vorrichtung den Anker *A* angezogen und
demzufolge ist *M* abgefallen. Da bei diesem Posten die
Locallinie des Weckers bei *K* und *S* anschliesst, so läutet
auch hier der Wecker vom Moment der Zugeinfahrt
an, bis der Zug bei der Ausfahrt das andere Pedal
drückt und nun am Ausfahrts-Apparat die Abfallscheibe *M* wieder eingehakt wird, während der gleichzeitig abgehende Linienstrom beim Einfahrts-Apparat
den Anker *A* anzieht, wodurch *M* wieder abfällt. Beide
Wecker schweigen nun wieder. So lange die Wecker
läuten, darf kein Zug in den Tunnel eingelassen werden.
Selbstredend ist die vorstehend geschilderte Einrichtung
für doppelgeleisige Tunnele bestimmt und für jedes der
Geleise eine eigene Apparatgarnitur und eine eigene Linie
vorhanden. Die Batterien können für beide Linien gemeinschaftlich dienen, die Wecker aber nur dann,
wenn das Verbot der Befahrung des Tunnels sowohl
auf das Kreuzen als Nachfahren der Züge ausgedehnt ist.

Wenn zur Verständigung der an den Tunnelenden
aufgestellten Bahnwärter Läutewerke dienen sollen, empfehlen sich als Stromquelle Magnet-Inductoren, deren
beide Polschienen mit dem Ruhe- und Arbeitscontact
eines gewöhnlichen Morse-Tasters verbunden werden,
dessen Ruhecontact zugleich zur Erde gelegt ist, während
die Tasteraxe durch den Elektromagnet des eigenen
Läutewerkes (damit dieses zur Controle die eigenen
Signale mitspielt) mit der Linie verbunden wird.

Ein Beispiel der Tunneldeckung mittelst Semaphore,
welche von Bahnwärtern gestellt werden, unter Zuhilfenahme der Verständigung durch Läutewerke, findet sich

auf der Westphälischen Bahn am grossen Tunnel bei
Altenbeken (siehe Zetzsche's Handbuch der Telegraphie,
Bd. IV, S. 589).

Häufiger werden in Deutschland Siemens'sche Blocksignale (siehe Abschnitt VIII) für die Tunneldeckung verwendet.

Der grosse Tunnel der Kaiser Franz Josef-Bahn
nächst Prag wird an jeder Mündung durch einen Semaphor gedeckt, welcher durch Hattemer-Kohlfürst'sche
Blockir-Apparate (siehe Abschnitt VIII) gesperrt ist. Die
Blockirung, und zwar immer nur für die kommenden, nicht aber für die abgehenden Züge liegt
in der Hand der beiden in der Nähe des Tunnels befindlichen Stationen Prag und Nussle. Die beiden Semaphoren stehen normal auf „Halt" und sind gesperrt. Die
Bahn ist eingeleisig. Will die Station Prag einen von
Nussle kommenden Zug in den Tunnel, beziehungsweise nach Prag einlassen, so nimmt sie durch Entsendung einer Serie von Inductionsströmen die Deblockirung des am Tunnelende gegen Nussle befindlichen
Semaphors vor. Der dortige Wächter, welcher bereits
durch das Glockensignal vom Herannahen eines Zuges
avertirt ist, wird die erfolgte Erlaubniss zur Einfahrt
durch das Ertönen eines hellklingenden Weckers und
durch die Umwendung seiner Blockscheibe von Roth in
Weiss bekannt geben. Er hat nun den Semaphorarm
auf „Frei" zu stellen. In der Station Prag ist das kleine
Scheibensignal des Block-Apparates gleichfalls durch den
Druck des Deblockirtasters auf Weiss gebracht worden,
als Zeichen, dass die Tunneleinfahrt freigegeben wurde.

Ist der Zug in den Tunnel eingefahren, so stellt
der Wärter das Armsignal wieder auf „Halt", wobei

sich die Verriegelung des Semaphors in dieser Lage wieder automatisch vollzieht. Sodann giebt der Wächter mit seinem Inductor gegen Prag eine Reihe von Strömen ab, wodurch dort das Scheibensignal unter gleichzeitigem Ertönen eines Weckers auf Roth zurückgebracht wird, als Zeichen, dass der Tunnel wieder gedeckt ist.

In gleicher Weise wird von der Station Nussle für die von Prag gegen Nussle verkehrenden Züge rücksichtlich des an der gegen Prag liegenden Tunnelmündung stehenden Semaphors vorgegangen. Diese beiden Tunnelsignale dienen also, sich übergreifend, gleichzeitig auch als Distanzsignale für die Stationen Prag und Nussle.

Für einige Tunnele der Französischen Ostbahn, ferner für die Tunnele bei Blaizy und bei Sainte-Irenée auf der Paris-Lyon-Mittelmeerbahn etc. sind Tunnelsignale nach dem Tyer'schen Blocksystem (vergl. Abschnitt VIII) in Anwendung.

In der Schweiz sind auch mehrfach selbstthätige Tunnelsignale, die sogenannten Jalousiesignale von Hipp in Benutzung. Der Signalkörper besteht aus einem von einer gusseisernen Säule getragenen, vorn verglasten Rahmen, in welchem eine Anzahl Blechtafeln auf horizontalen Axen so angebracht sind, dass sie in der Bahnrichtung entweder nur ihre schmale Seite (Frei) oder ihre rothangestrichene volle Fläche (Halt) zeigen. In die eine der Blechtafeln ist ein rothes Glas eingesetzt, damit die dahinter angebrachte Lampe bei Nacht in ersterem Falle gewöhnliches, im anderen rothes Licht giebt.

Die das Signal bildenden Blechtafeln T (Fig. 52) sind nach Art der gewöhnlichen Fenster-Jalousien durch die Arme a an die gemeinschaftliche Schiebstange S gekuppelt, welche ihrerseits mit dem bei X drehbaren Hebel MN durch ein Charnier c verbunden ist. Das Stück P sitzt auf einer Axe o fest, von welcher gleichzeitig ein Arm RQ ausgeht (Fig. 53), der mit der Schneide q auf die halb durchgefeilte Axe des Ankers A eines Elektromagnets E sich aufstützt. Würde der Hebel MN nicht bei N durch die Nase n des Stückes P gehalten werden, so stünden die Tafeln T nicht senkrecht, sondern das ganze Hebelsystem läge vermöge seiner eigenen Schwere unten auf einem eigenen Anschlag, der so angebracht ist, dass die Tafeln T die horizontale Lage einnehmen. In dieser Stellung (auf Frei) findet der in den Tunnel einfahrende Zug das Signal. Der Druck, welcher von den Rädern des Zuges auf ein Pedal ausgeübt wird, überträgt sich durch Hebel auf einen unter MN liegenden Arm so, dass letzterer N in die Höhe hebt

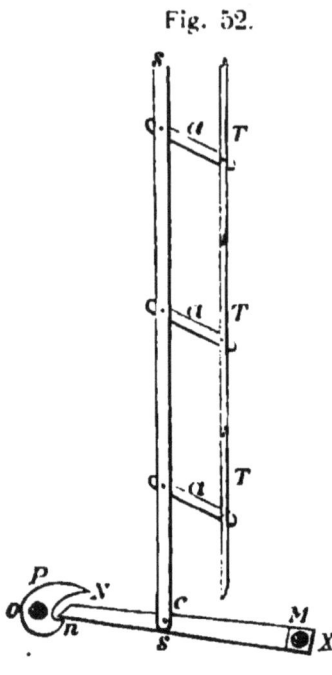

Fig. 52.

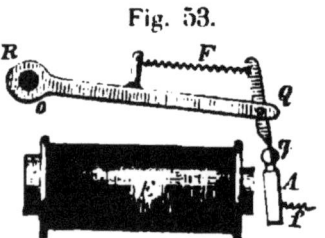

Fig. 53.

und auf n legt. Hierdurch wurden die Tafeln T in die gezeichnete senkrechte Lage gebracht und das Signal zeigt auf „Halt", bis der Zug bei der Tunnelausfahrt einen Contact schliesst. Die hierdurch erfolgende Stromgebung macht den Elektromagnet des Armes A (Fig. 53) wirksam, A wird angezogen und die Schneide q verliert ihr Auflager, der Arm QR fällt ab, und da auf der Axe o auch das Stück P (Fig. 52) festsitzt, so neigt sich auch dieses zur Seite, wodurch N das Auflager bei n entzogen wird und der Arm MN sammt SS abwärts fällt, wobei die Tafeln T wieder in die horizontale Lage gelangen, d. i. das Signal auf „Frei" zu stehen kommt.

Unter die Bahnobjecte, welche für den Zugsverkehr von besonderer Gefährlichkeit sind, zählen auch die Drehbrücken, welche, wenn sie geöffnet sind, unbedingt schon auf weite Distanz hin gedeckt werden müssen. Die hier anzuwendenden Signalmittel sind wieder Semaphore, Wende- oder Klappscheiben etc. und sollen, um ihren Zweck vollständig zu erfüllen, so eingerichtet sein, dass keiner der an jeder Seite vor der Brücke zur Handhabung des Distanzsignals aufgestellten Wärter im Stande ist, das Signalzeichen für „Freie Bahn" zu ertheilen, so lange die Brücke nicht in ihrer richtigen Lage feststeht. In der Regel sind es mechanische Vorrichtungen, durch welche diese automatische Signalsperre erzielt wird.

Uebrigens lassen sich solche Signaleinrichtungen auch auf elektrischem Wege von der Brückenstellung abhängig machen, indem beispielsweise der Stromweg durch die bei den Brückenenden zusammenstossenden Schienenköpfe geführt wird, so dass bei geöffneter Brücke die Betriebslinie der Distanzsignale unterbrochen und ein Umstellen der Signale unmöglich ist.

Durch solche Contacte kann wohl auch die Stellung des Distanzsignals ohne Zuthun des Wächters automatisch bewirkt werden, und für diesen Zweck würde sich so ziemlich jedes der früher angeführten Distanzsignale österreichischer Systeme einrichten und verwendbar machen lassen.

Drehbrücken werden mitunter wohl auch in anderer Weise gedeckt, nämlich derart, dass für den Nothfall optische, weit sichtbare, locale Signale nächst der Brücke aufgestellt sind, die Fahrt jedes Zuges gegen die Brücke aber bereits von der nächsten Station über vorausgegangene Verständigung zwischen dem Zugexpedienten und dem Brückenwächter geregelt wird.

Diese Verständigung lässt sich wieder in ganz analoger Weise wie bei den Tunnelsignal-Einrichtungen auf mechanischem Wege durch Glockenzüge, besser aber auf elektrischem mittelst Wecker oder Läutewerken oder endlich auch mittelst Sprech- oder Schreibtelegraphen oder Blocksignal-Apparaten bewerkstelligen.

Es werden etwa nachstehende Signale zu wechseln sein: „Kann Zug ab?" (beziehungsweise „Ist die Drehbrücke geschlossen?") und die Antworten „Halt!" (nein) oder „Frei!" (ja), wobei wieder nöthig erscheint, dass Frage und Antwort quittirt werden. Sind ausserdem Läutewerke für durchlaufende Liniensignale vorhanden, so wird der Zug mit diesen selbstverständlich erst abgeläutet werden dürfen, nachdem die vorbesprochene Anfrage abgewickelt und die Erlaubniss zur Fahrt vom Brückenwärter ertheilt worden ist. [1]

Abgesehen von einer zufälligen Zerstreutheit des Maschinenführers kann es geschehen, dass derselbe aus

---

[1] Eine Drehbrückensignal-Einrichtung, wie sie von Siemens und Halske 1876 bei Zütphen ausgeführt wurde, ist ein Zetzsche's Handbuch der Telegraphie, IV. Bd., S. 765, beschrieben und dargestellt.

Sicherheitsrücksichten genöthigt ist, gerade in dem Momente, wo er sich einem Distanzsignale nähert, nach einer anderen Richtung zu schauen, als jener, in welcher sich das Distanzsignal befindet, ebenso kann es vorkommen, dass er, besonders bei rascher Fahrt, ein Distanzsignal wegen Schneefall, Nebel, dichtem Regen u. s. w., am ehesten aber bei Nacht wegen Verlöschens der Laterne des Distanzsignals nicht bemerkt.

Um dieser gefährlichen Möglichkeit zu begegnen, machte man wiederholt Versuche, dem sichtbaren Signale ein hörbares hinzuzufügen, welches die Bestimmung hat, die Aufmerksamkeit des Maschinenführers in ganz besonders auffälliger Weise auf das optische Distanzsignal zu lenken oder auch dieses, für den Fall, als etwa das Laternenlicht erloschen wäre, zu ersetzen.

Man benutzt für diesen Zweck ziemlich allgemein die Knallkapsel, indem eine solche in allen Fällen, wo die Fernsicht durch irgend einen aussergewöhnlichen Umstand gehemmt ist, in entsprechender Entfernung vor dem Distanzsignale mit der Hand in herkömmlicher Weise an die Schienen befestigt wird. Mitunter ist auch eine Knallkapsel direct mit dem Distanzsignale vermittelst einer mechanischen Vorrichtung derart in Verbindung, dass die Kapsel jedesmal bei der Umstellung des Distanzsignals auf „Verbot der Einfahrt" selbstthätig auf die Schiene geschoben, bei der Umstellung auf „Frei" wieder weggezogen wird. Ein Zug, der das auf „Verbot der Einfahrt" zeigende Distanzsignal nicht bemerken sollte, erhält also ein zweites Signal durch die Detonation der Knallkapsel, und bei den französischen Bahnen, wo sich die besprochene Einrichtung eingebürgert hat, wird der Maschinenführer, der eine mit dem Distanzsignal in Verbindung stehende Knallkapsel überfährt, obwohl das Distanzsignal in Ordnung war, scharf bestraft.

Ein anderes von der Französischen Nordbahn und anderen französischen Bahnen angewendetes Mittel für akustische Avertirungssignale zu Distanzsignalen ist die elektrisch-automatische Dampfpfeife nach dem System Lartigue und Digney Frères.

Die an der Locomotive befestigte automatische Dampfpfeife (Fig. 54) besteht aus einer der gewöhnlichen Dampfpfeife nachgebildeten Vorrichtung, welche ertönt, sobald der Hebelarm *H* aus der dargestellten Lage kommt und nach abwärts fällt, wobei die das Ventil tragende Stange *d* gleichfalls nach unten geht und dem Dampf aus dem Einströmungsrohre *R* den Weg zur Pfeife *P* freimacht.

Den Arm *H* hält der Hebel H_1 bei normalen Verhältnissen durch Vermittlung der Verbindungsstange *v* immer nach aufwärts, indem der letztgenannte Hebel mit einem Anker *A* versehen ist, der von einem Hughes-schen Magnete *E* festgehalten wird. *M* sind nämlich starke Stahlmagnete, an deren Armen Fortsätze (Schuhe) von weichem Eisen sitzen, welche mit Multiplications-spulen *E* umgeben sind. Der den Eisenenden von dem Stahlmagnete mitgetheilte Magnetismus wirkt energisch auf den vorgelegten Anker *A* und hält diesen fest. Kommt jedoch ein Strom durch die Magnetspulen von einer Richtung, welche dem Sinne der vorhandenen Polarität entgegengesetzt ist, so hört die Anziehung des Ankers auf, eventuell wird er sogar abgestossen, die auf *v* gewickelte Wurmfeder tritt in Wirksamkeit, zieht die Arme *H* und H_1, also auch die Ventilstange *d* nach abwärts und der Dampf kann in die Pfeife einströmen.

Um die Pfeife wieder zum Schweigen zu bringen, wird der Tasterknopf *K* vom Maschinenführer mit der Hand nach aufwärts oder der Hebel *n G*, welcher mit dem seitlich vorstehenden Ende *n* unter *H* greift, bei *G* nach abwärts gedrückt und dadurch der Anker *A* soweit dem Magnete *E* wieder genähert, dass der erstere am letzteren wieder festhält, wobei natürlich vorausgesetzt

Fig. 54.

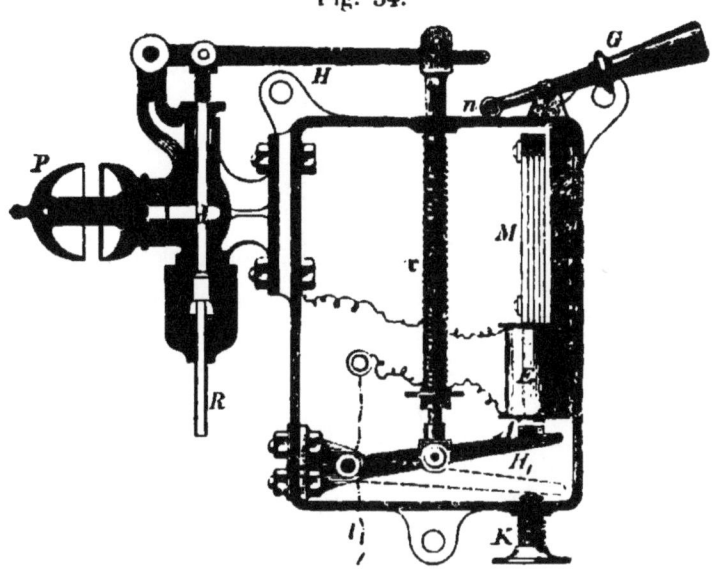

ist, dass der Strom indessen aufgehört habe und der normale magnetische Zustand in *E* wieder eingetreten sei. Von den beiden Enden des Multiplicationsdrahtes des Elektromagnets der Dampfpfeife *P* (Fig. 55) steht das eine durch die Leitung *e* mit einer Metallbürste *a*, welche unten an der Maschine isolirt befestigt ist, das andere durch *l* mit den Eisenbestandtheilen der Locomotive, also vermöge der weiteren Vermittlung durch die Räder und Schienen mit der Erde in Verbindung.

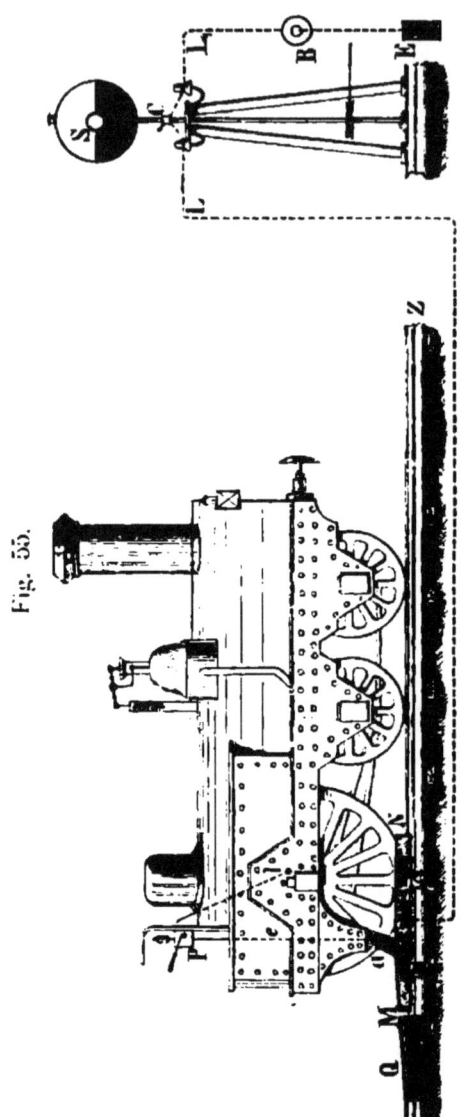

In entsprechender Entfernung von dem Distanz-signale befindet sich im Geleismittel eine ihrer Form wegen mit „Krokodil-Contact" be-zeichnete Vorrichtung, welche aus einem auf eisernen Trägern liegen-den hölzernen Längs-schweller MN besteht, dessen obere Fläche mit dickem Kupferblech überzogen ist. Die eisernen Träger sind in Steinsockeln eingelas-sen, überdies der Holz-schweller auch noch von den Trägern passend isolirt. Zu dem Kupfer-blech schliesst die zum Distanzsignale S gezo-gene Linie L an, welche dann bei L_1 weiter, und zwar zu einer Batterie B und endlich zur Erde E geht.

Am Distanzsignal, das mittelst Drahtzüge gestellt wird, passirt die besagte Linie eine Contactvorrichtung C, welche auf mechanisch-automatischem Wege während der Freilage des Signals die Linie zwischen L und L_1 unterbrochen, bei der Haltstellung des Distanzsignals jedoch geschlossen hält.

Sobald die Maschine des Zuges die Stelle Q, das ist ein hölzernes, keilförmiges, von MN isolirtes Auflaufstück passirt hat und die entsprechend tief angebrachte Metallbürste a mit dem Kupferbleche in Berührung tritt, wird die Pfeife in die Linie — vorausgesetzt, dass das Distanzsignal auf „Verbot der Einfahrt" steht — eingeschaltet und der Anker reisst, wie oben dargestellt, ab, die Pfeife ertönt.

Steht das Distanzsignal auf „Erlaubte Fahrt", so kann ein Abreissen des Ankers der Locomotivpfeife nicht erfolgen, da die Linie in der Contactvorrichtung des Distanzsignals unterbrochen ist.

Wenn es sich schliesslich darum handeln würde, die Frage zu beantworten, wo und ob elektrische Distanzsignale anzuwenden seien, so wird der objective Elektriker, vorausgesetzt, dass er gleichzeitig ein praktischer Eisenbahnmann ist, zugestehen, dass solche Einrichtungen trotz ihrer bestechenden Bequemlichkeit und sonstigen Vorzüge doch nur unter besonderen Umständen zugelassen werden sollen. Erst wenn die Entfernungen zwischen den Dirigirungs-, beziehungsweise den gedeckten Punkten und den gebotenen Aufstellungspunkten der Signale zu bedeutend und die Terrainverhältnisse zu schwierig sind, um mechanische Stellvorrichtungen, die man übrigens neuerer Zeit in ganz vorzüglicher Weise auszuführen versteht, noch verwenden zu können, soll man elektrische Distanzsignale hinnehmen. Wirklich Verlässliches leisten nur solche Anordnungen,

welche nach Art der Siemens'schen Bahnhofs-Abschluss-
signale, wie sie später noch bei den Zugdeckungs-
signalen des Näheren besprochen werden, der Handhabung des Signalwärters überantwortet sind und vom
Dirigirungsorte nur auf elektrischem Wege für die Freistellung aufgesperrt werden, denn in allen Störungsfällen
reduciren sich bei solchen Einrichtungen die eventuell
erwachsenden Fährlichkeiten auf das überflüssige Anhalten
des Zuges vor dem Signale. Aber auch dieser Uebelstand
kann gefährliche Consequenzen nach sich ziehen, da mit
dem elektrisch gesperrten (blockirten) fixen Signale wohl
die Strecke zwischen Signal und Deckungspunkt sozusagen
vollkommen geschützt ist, hingegen der vor dem Signale
anhaltende Zug doch wieder durch einen nachfahrenden
gefährdet werden kann, wenn nicht wieder ein dahinter-
liegendes Zugdeckungssignal (siehe Abschnitt VIII) Schutz
bietet.

VIII. Die Zugdeckungssignale.

Eine der wesentlichsten Gefahren des Bahnbetriebes
ist jene, welcher sich die Züge gegenseitig aussetzen.

Es ist dies die Gefahr:

a) Des „Durchschneidens" oder in geringerer Form des
„Streifens", b) der „Begegnung", c) des „Ueberholens", je
nachdem das Auffahren zweier Züge von der Seite, von
vorne oder rückwärts gedacht wird.

Die sub a angeführte Gefahr wird nur an bestimmten
Stellen der Bahn, nämlich bei Geleiskreuzungen und Ab-
zweigungen, also insbesondere auf den Bahnhöfen vorhanden sein. Für diesen Fall, sowie für die auf oder
zunächst den Bahnhöfen möglichen Begegnungen oder

Ueberholungen werden behufs Abwendung der Gefahr
die früher geschilderten Distanzsignale anzuwenden
sein, unterstützt von den Wechselsignalen oder auch
von besonderen mechanischen oder mechanisch-elektrischen
Wechselversicherungen (vergl. Abschnitt IX) und
Weichengrenzpfählen (Polizeistöcken).

Die unter *b* und *c* angeführten Gefahren auf der offenen
Bahnstrecke sind jedoch an keine bestimmten, unverrück-
baren Bahnstellen gebunden, sondern ändern ihren Ort
gleichzeitig mit dem Zuge. Die ideale Sicherung müsste
also in einem entsprechend weit vor und hinter dem
Zuge befindlichen und mit demselben während der Fahrt
auf der Strecke gleichsam steif verbundenen, gleich ge-
schwind vorwärts oder rückwärts gehenden, allenfalls auch
stehen bleibenden Distanzsignale gedacht werden. Theil-
weise lösen diese Aufgabe die Zugsignale, welche an
der Spitze und am Schlusse des Zuges angebracht sind;
allein sie sind zu wenig fernwirkend, als dass sie ge-
nügen könnten.

Dem letztgedachten Uebelstande wenigstens einigermassen bei Nacht zu begegnen, hat man vielfach versucht, Feuerwerkskörper, welche beim Zuge, und zwar
vom Maschinenführer oder dem Signalmann — dem
Bremser auf dem letzen (Signal-) Wagen des Zuges —
entweder stetig oder in kurzen Pausen während der Fahrt
entzündet wurden, als Warnungssignal für nachfahrende
Züge zu benutzen.

Schon vor dreissig und mehr Jahren hat man mehrfach vorgeschlagen, den elektrischen Strom zu benutzen
um vom Zuge aus fernwirkende Deckungssignale zu
ertheilen. Ingenieur de Castro stellte z. B. auf einigen
spanischen Bahnen Versuche mit nachfolgender Ein-

richtung an: Längs der Bahn legte er für jedes Geleise
zwei isolirte Metallstreifen, welche in bestimmten Entfernungen, etwa von 2 zu 2 Kilometer, durch isolirende Stücke unterbrochen waren. Die Unterbrechungs-
punkte des einen Blechstreifens lagen immer der Mitte
des zweiten Streifens gegenüber. Von diesen Blech-
streifen, welche von einem Gestelle getragen wurden,
führte durch Vermittlung eines an der Zugslocomotive
angebrachten Reibers eine metallische Verbindung zu
einem auf der Locomotive befindlichen Lärm-Apparat
(Wecker), dann weiter zu dem Pole einer gleichfalls
auf der Locomotive befindlichen Batterie und vom
zweiten Pole zu den Eisenbestandtheilen der Locomotive,
beziehungsweise zur Erde. Sobald sich nun ein Zug
einem zweiten auf die Länge eines Streifens näherte,
kamen die Allarm-Apparate und Batterien dieser beiden
Züge in einen gemeinschaftlichen Stromkreis und in
Thätigkeit. Damit die gleichstarken Batterien sich nicht
etwa gegenseitig aufheben konnten, war an eine der
Locomotivaxen auch noch ein Stromwender gekuppelt,
der die Leitung je nach der Richtung der Fahrt des
Zuges an den Kupfer- oder Zinkpol der Batterie legte.
Zwei Leitungsstreifen mussten vorhanden sein, weil,
wenn nur einer vorhanden wäre, die Allarm-Apparate
zu spät ertönen könnten, falls ein schneller fahrender
Zug einem langsam fahrenden folgte.

Aehnliche elektrische Anordnungen sind von Th. du
Moncel 1854, Guyard 1854, Erkmann 1855, David
Salomons, Carr und Barlow, Bergeys 1857, La-
follye 1857, E. Vincenzi 1861 etc. in Vorschlag
gebracht worden, ohne jedoch eine praktische Verwendung gefunden zu haben.

Nur in England, und zwar auf der Linie London-Dover, wurde ein von Tyer 1851 construirtes Zugdeckungssystem obiger Gattung mit Erfolg und längere Zeit hindurch angewendet.

Auch die jüngere Zeit hat sich wieder ähnlichen Zugdeckungsmitteln zugewendet. So wurde im Herbst 1879 auf der Bahn von Genua nach Spezia, später auch auf einigen Strecken der Pontebbabahn das System von Ceradini in Versuch genommen. Bei dieser Einrichtung befindet sich auf der Locomotive jedes Zuges ein Kästchen mit zwei Lartigue'schen Dampfpfeifen (siehe S. 144). Die Strecke ist wieder in eine Anzahl Sectionen getheilt. Bei der Einfahrt in jede Section ertönt, wenn Alles in Ordnung ist, eine der bezeichneten Dampfpfeifen, die sogenannte „Sicherheitspfeife", wodurch dem Maschinenführer die Erlaubniss zur Weiterfahrt ertheilt wird. Die zweite, anders tönende Pfeife, die „Achtungspfeife", ertönt gleichfalls jedesmal bei der Einfahrt des Zuges in eine neue Section, sie kennzeichnet jedoch durch ihr Thätigwerden dem Maschinenführer eben nur den Moment des Uebertrittes in eine neue Section. Es müssen also beide Pfeifen gleichzeitig ertönen, wenn die Strecke „Frei" ist; wäre die Strecke aber besetzt, so ertönt nur die Achtungspfeife allein und macht dem Maschinenführer das Schweigen der anderen bemerkbar.

Das Ertönen der Sicherheitspfeife bei der Ausfahrt des Zuges aus der Section bedeutet, dass die Section thatsächlich frei geworden und die elektrische Einrichtung fehlerfrei ist. An den beiden Enden jeder Section im Bureau des Bahnhofvorstandes (oder im Blockwärterhause, wenn die Entfernung zwischen zwei Stationen zu gross ist und die Strecke in mehrere Theile getheilt

werden musste, damit mehrere Züge zu gleicher Zeit
in derselben Richtung abgelassen werden können) befindet sich ein kleines Apparatkästchen mit einem Zifferblatt, welches den Lauf des Zuges zu controliren gestattet.

Das Zifferblatt dieses Apparates zeigt „Weiss", wenn
die Section unbefahren, also frei ist, dagegen einen rothen
Strom, wenn die Bahn besetzt ist.

Die elektrische Verbindung zwischen den zwei Enden
jeder Theilstrecke vermittelt eine gewöhnliche, längs der
Strecke auf Säulen geführte Telegraphenleitung. Die Enden
der einzelnen Leitungen übergreifen sich derart, dass der
Zug eher in die Nachbarsection einfährt, bevor er die
eben befahrene verlässt. Die Verbindung zwischen Leitung
und Zug geschieht wie bei Lartigue durch Krokodilcon-
tacte einerseits und Metallbürsten, die an der Locomotive
angebracht sind, andererseits (vergl. La lumière électrique,
2 Bd., S. 350).

Aehnlich, wenigstens insofern, als der eigentliche
Deckungssignal - Apparat sich auch auf der Zugslocomotive befindet, ist mit der Ceradini'schen Einrichtung
das Putnam'sche Deckungssignal - System, welches in
Amerika mehrfache Anwendung gefunden hat und mit
welchem seit neuester Zeit auf der Strecke Penzing-
Hetzendorf der Elisabeth - Westbahn Versuche gemacht
wurden.

Auf der Locomotive befindet sich in einem Kästchen
der Zeichen-Apparat (Fig. 56), bestehend aus einem Elektromagnet M, dessen Anker A um x drehbar und sowohl mit dem Klöppel K, als dem eine Signalscheibe S
tragenden Arm H steif verbunden ist. Wenn sich in der
Linie $L L_1$ Strom befindet und man das an einer Schnur
hängende Gewichtchen Z anzieht, so wird A dem Elektro-

magnet genähert und dort durch den Magnetismus der
Elektromagnetkerne festgehalten. Bei dieser Ankerlage
kann dann die Signalscheibe *S* nicht mehr gesehen
werden, weil sie vom Kästchen verborgen wird. Das ist
das normale Verhältniss, beziehungsweise das Freisignal.
Wird $L L_1$ jedoch unterbrochen, also *M* unwirksam, so
fällt *A*, durch die Spiral-
feder *f* gezogen, ab, die
Scheibe tritt aus dem
Kästchen heraus und *K*
schlägt gegen die Glocke
G; die Glockenschläge
wiederholen sich durch
die Erzitterungen, der
Locomotive, da *f* auf-
wärts, *Z* abwärts zieht,
während das Hebel-
system *KSA* in der
dargestellten Lage (Fig.
56) äquilibrirt ist. Das
Läuten und die sichtbar
gewordene Scheibe sind
die Signalzeichen für
„Halt". Auf der Loco-

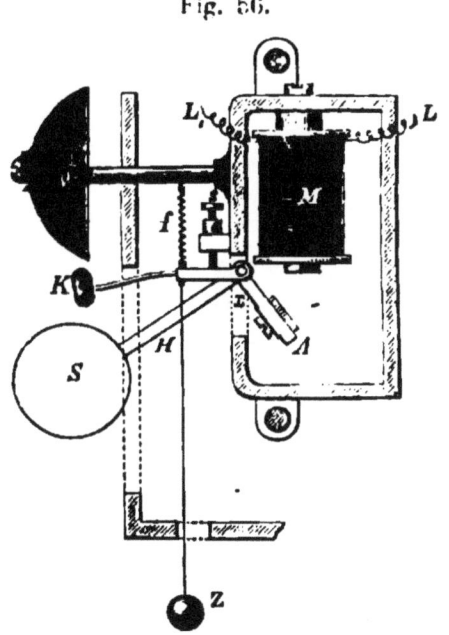

Fig. 56.

motive ist die Leitung *L* (Fig. 56) isolirt zu einer
Metallbürste *P* (Fig. 57) geführt, während L_1 (Fig. 56)
zu einem Pole der gleichfalls auf der Locomotive
untergebrachten Elektricitätsquelle (eine von der Locomotive in Rotation gebrachte kleine Magnet- oder
Dynamomaschine) anschliesst, deren zweiter Pol mit
den Metalltheilen des Tenders oder auch wieder mit
einer ebenso isolirten Contactbürste P_1 in Verbindung

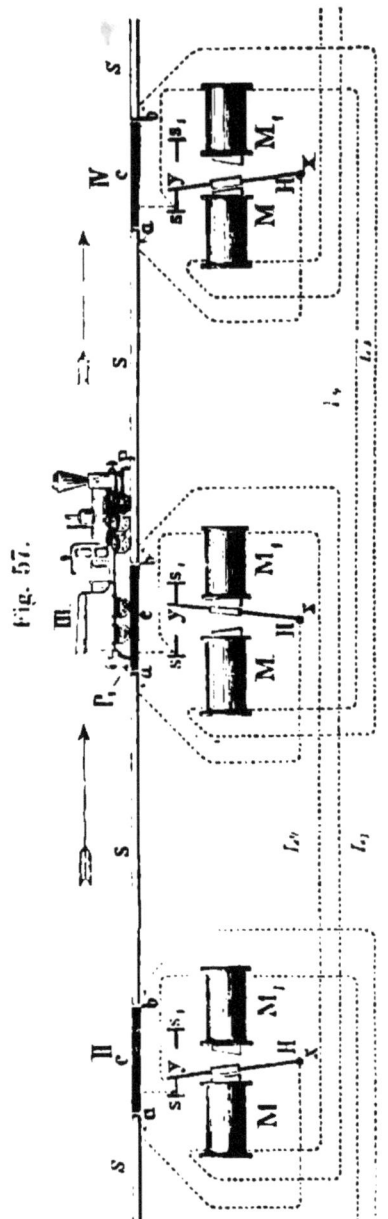

Fig. 57.

steht. Da die Contactbürste P (Fig. 57) auf der Eisenbahnschiene schleift, so ist unter normalen Verhältnissen durch die Schiene der Stromkreis geschlossen, die Batterie wirksam und der Signal-Apparat in der Lage auf „Frei". Kommt hingegen eine Unterbrechungsstelle in den Schienen vor, so erfolgt, wie schon oben gezeigt wurde, das Abreissen des Ankers im Signal-Apparat, derselbe giebt das Haltsignal.

Es ist sonach die Aufgabe, an geeigneter Stelle in den Geleisen derlei Unterbrechungsstellen, die aber . nach Aufhebung der Gefahr wieder geschlossen werden können, einzuschalten. Zu diesem Ende wird die Strecke in eine der Dichte des Zugsverkehrs angemessene Anzahl von Theilen von je 3 bis 5 Kilometer Länge getheilt und an jedem solchen Theilungspunkte II, III, IV, ... (Fig. 57) ein Hilfs-Apparat H fix aufgestellt; ausserdem ist dort ein Stück c des

Schienenstranges von beiläufig einer Zuglänge isolirt, wogegen die Schienen S nicht isolirt sind. Die Schienentheile a, b und c, sowie die fixen Hilfs-Apparate sind untereinander mit Telegraphenlinien verbunden. Die fixen Hilfs-Apparate bestehen aus zwei Elektromagneten $M M_1$, die einander gegenüberliegen und zwischen welchen der auf dem bei x drehbaren Metallhebel xy befestigte Anker spielt. Der Ankerhebel legt sich, je nachdem er von M oder von M_1 angezogen wird, auf den Schraubencontact s oder auf die isolirte Stellschraube s_1. Die Verbindung der Leitungen ist aus der Zeichnung deutlich ersichtlich.

Fährt nun ein Zug z. B. aus dem Bahnabschnitte II in den Bahnabschnitt III ein, so wird der Zeichen-Apparat in Ruhe bleiben, wenn in H der Ankerhebel xy bei y auf der Schraube s liegt, denn in diesem Falle ersetzt die Leitung $c s y x a$ die zwischen a und c vorhandene Unterbrechung, und eine Auslösung des Zeichen-Apparates wird nicht erfolgen. Der weiterfahrende Zug verlässt endlich den Schienenabschnitt c und kommt mit der vorderen Bürste P auf b, wogegen P_1 noch auf c sich befindet. Der Strom geht, so lange die unterbrochene Schienenstelle zwischen P und P_1 liegt, über $b L_3 M$ der Section I, L_1, M_1, der Section II, $s c$ zur Elektricitätsquelle zurück. In II wird demzufolge der Anker an M_1, in I an M gezogen, d. i. in I auf s (Frei) gelegt, in II auf s_1 (Halt) gebracht. Ein nachfahrender Zug würde nun, sobald er c der Section II erreicht, das Haltsignal auf der Locomotive erhalten, weil der constante Strom aufgehoben wurde, denn es ist der Stromweg nicht nur zwischen a und c, sondern auch zwischen s und x, also thatsächlich unterbrochen. Diese Unterbrechung, gleichbedeutend mit „Halt", verbleibt so lange, bis der zuerst

in den Bahnabschnitt III eingefahrene Zug bei IV einge-
troffen, dort bei Passirung des Schienenabschnittes *c* den
Apparat *H* der Section IV auf „Halt" gebracht hat, wobei gleichzeitig der von *b* über L_3 laufende Strom den
Elektromagnet *M* in III bethätigt, so dass sich daselbst
x y wieder auf *s* (Frei) legt, während er im weiteren Verlaufe über L_4 M_1 der Station IV, *s c* den Ankerhebel in
IV von *s* abgehoben, also den Apparat in die Haltstellung gebracht hat. Die übereinstimmende Anordnung
wiederholt sich von Section zu Section.

Das Arrangement dieses automatischen Systems ist
verhältnissmässig einfach und liegt eben in dieser Einfachheit eine nennenswerthe Bürgschaft für die Sicherheit
der Einrichtung. In der That scheint dieses System von
allen amerikanischen selbstthätigen, welche, insoweit sie
keine Locomotiv-, sondern ausschliesslich Streckensignale
geben, später noch nähere Besprechung finden werden,
trotz der vielen Leitungen (zwei für jeden Strang) in mancher
Beziehung den Vorzug zu verdienen; auch die derzeit in
Oesterreich damit vorgenommenen Versuche sollen zufrie-
denstellende Resultate ergeben.

Obwohl jene Vorrichtungen, bei welchen die Signal-
Apparate sich auf dem Zuge selbst befinden,
als die älteren bezeichnet werden dürfen, und auch dem
Ideal eines Zugdeckungssignals am nächsten kommen, so
haben sie doch verhältnissmässig geringe Entwicklung und
Anwendung erfahren, denn die Misslichkeiten, welche mit
der Anbringung eines zart construirten Signal-Instruments
und der Elektricitätsquelle auf dem Zuge verbunden sind,
üben auf die Sicherheit und Präcision der Signalisirung
abträglich zurück. Schon bei den Zugstelegraphen wurde
darauf hingewiesen, wie schwierig es überdem ist, zwischen

dem laufenden Zuge und der zur Uebermittlung der Signalzeichen nöthigen Leitung eine entsprechende Verbindung herzustellen. Es sind deshalb jene elektrischen Zugdeckungssysteme, bei welchen die Signalzeichen nur auf der Bahn ertheilt und vom Zugpersonale gleich den gewöhnlichen fixen Bahnzustandssignalen erst durch das Ohr oder Auge aufgenommen werden, weitaus mannigfaltiger, entwickelter und verbreiteter.

Bei der Zugdeckung mittelst stabiler Streckensignale wirft sich vorerst die bereits in den Jahren 1846 bis 1850 von den englischen Eisenbahntechnikern auf's lebhafteste ventilirte Frage auf, ob die Distanz, welche zwischen zwei aufeinanderfolgenden Zügen liegen muss, nach Zeit oder nach Raum (wie dies bei den bisher besprochenen Deckungssignal-Vorrichtungen der Fall ist) bemessen werden soll.

Im ersten Falle wird zwischen zwei aufeinanderfolgenden Zügen immer ein gewisses Minimum von Zeit liegen, im zweiten jederzeit ein Streckentheil der Bahn von bestimmter Minimallänge sich befinden müssen.

Bei den Zeitintervall-Systemen wird es nur darauf ankommen, dass an einer genügenden Anzahl Punkte der Strecke die Deckungssignale auf die angesetzte Zeitdauer ertheilt werden.

Eine Wechselwirkung der einzelnen Signalstellen wird nicht gefordert, dagegen ist bei der Zugdeckung auf Raumintervalle eine solche Wechselwirkung unbedingt nöthig.

Zugdeckungssignale auf Raumintervalle werden aus diesem Grunde — den Fall ausgenommen, wo die Zugdeckung nicht auf der ganzen Strecke systemmässig durchgeführt, sondern nur dann mittelst Handsignalen bewerkstelligt wird, wenn der Zug auf offener Strecke stehen

bleibt oder zu langsam fährt — immerhin complicirtere
Signalmittel und weit kostspieligere Einrichtungen erfordern, als Zugsignale auf Zeitintervalle. Diese Kosten
wachsen um so bedeutender, je dichter der Verkehr auf
der Bahnlinie wird und je näher die einzelnen Signalposten aneinandergereiht sein, d. i. je zahlreicher dieselben werden müssen.

Beim Zeitintervall-System können die Signalstellen
wohl niemals so nahe aneinander gedacht werden, dass
der das Signal bedienende Wärter die ganze Bahnstrecke
bis zur nächsten Signalstelle überblicken könnte, es muss
also der Fall möglich gedacht werden, dass der Zug aus
irgend einem Anlasse gezwungen ist, auf der Strecke
anzuhalten, und zwar länger als die für die Zugdeckung
festgestellte Frist, in welchem Falle somit die Deckung
des Zuges seitens der letzten Signalstelle nicht mehr besorgt wird, obgleich der Zug sich gerade in einer Lage
befindet, in welcher er der Deckung um so dringender
bedarf. Es muss also unter so bewandten Umständen
noch in anderer Weise, und zwar durch die Anbringung
von durch das Zugpersonale (mittelst Handsignalen) zu
improvisirenden Distanzsignalen für die Deckung des Zuges
auf „Raum" gesorgt werden. Diese Vorkehrungen sind
weitschweifig und zeitraubend, demnach unter Umständen
unzulänglich.

Der Vorzug in Betreff der zu gewährenden Sicherheit
liegt unbedingt bei den Zugsignalen auf Raumintervalle
und die Zugsignale auf Zeitintervalle können lediglich
für Bahnen mit geringem Verkehr und insbesondere für
lange Strecken unter Verbindung mit fallweiser Zugdeckung auf Raumintervalle (für stehengebliebene oder
zu langsam fahrende Züge) als genügend gelten.

Elektrisch betriebene Zugsdeckungssignale auf Zeit-intervalle scheinen nie angewendet oder versucht worden zu sein, wohl schon deshalb, weil die Anwendung der Elektricität als Motor für ein Signalmittel, das, wie im gedachten Falle, das Signalzeichen an derselben Stelle erscheinen lassen soll, wo es gegeben wird, längst als ganz und gar unzweckmässig erkannt wurde.

Bei der systemmässig durchgeführten Zugdeckung auf Raumintervalle mittelst Streckensignalen können nach Massgabe der Verkehrsdichte und der gegenseitigen Entfernung der Bahnstationen zweierlei Wege eingeschlagen werden. Man kann nämlich als Zugdeckungsdistanz die ganze Strecke von Bahnstation zu Bahnstation (Stations-distanz) feststellen, oder aber Deckungspunkte (Block-sectionen oder Streckenblocks) zwischen den Stationen auf der Strecke einschalten.

. Das einfachste und zweckdienlichste Mittel zur Durchführung der Zugdeckung auf Stationsdistanz[1]) ist jedenfalls der elektrische Telegraph, welcher es gestattet, vor Absendung jedes Zuges in der Nachbarstation ausführlich anzufragen, ob die Bahn frei ist. Wenn aber die telegraphische Correspondenz unmöglich wird, wird auch die Einhaltung der Stationsdistanz fraglich.

---

[1]) Bei dem sogenannten Train-Staff-System, welches auf einigen Secundärbahnen in England mit Vortheil ausgenutzt wird und darin besteht, dass zwischen zwei Stationen immer nur ein Zug verkehren darf und der Zug die Erlaubniss zur Fahrt erhält, indem ihm ein nur für die fragliche Strecke geltender Signalstab, der Train-Staff, etwa von der Form eines mit einer Handhabe versehenen Stockes von bestimmter Farbe, übergeben wird, erscheint es immerhin möglich, das Stationsdistanz-System, freilich nur auf Kosten des raschen, bequemen Verkehres, ohne elektrische Telegraphen durchzuführen.

Es kann dann nur die Fahrzeit des vorangegangenen
Zuges (mehr einem Sicherheitsintervalle von einer bestimmten Anzahl Minuten für die Uhrendifferenz) als
Massstab für die Nachsendung des Folgezuges gelten,
d. h. es tritt, soll der Verkehr nachfahrender Züge auf
die Dauer der Störung nicht ganz gehemmt werden, statt
der Zugdeckung auf Raum-, jene auf Zeitintervalle
provisorisch in Kraft.

Die Anwendung des Stationsdistanz-Systems wird
sich nicht mehr als möglich erweisen, sobald die Stationen
mit Rücksicht auf die Verkehrsdichte nicht genug nahe
aneinander sind, d. h. also, wenn die Zahl der hintereinander zu befördernden Züge so gross ist, dass die
zwischen zwei Zügen verfügbare Zeit kleiner wird, als
die Fahrzeit eines Zuges von Station zu Station. Dann
erscheint es geboten, die Strecken durch dazwischen ge-
schaltete Signalstationen zu theilen und die Anordnung
zu treffen, dass an jeder solchen Theilungsstelle jedem
nachfahrenden Zuge durch ein Haltsignal stets so lange
die Einfahrt in die nächste vorausliegende Theilstrecke
verwehrt werde, als ein vorausgegangener Zug diese
Partialstrecke noch nicht verlassen hat, so dass sich
also in einer Section immer nur ein einziger Zug befinden kann.

Bei dieser Anordnung, dem sogenannten Blocksystem, wird nun wieder, gerade so wie beim Stationsdistanz-System, eine Verständigung zwischen den anein-
andergrenzenden Signalstationen möglich sein müssen, da
das Hauptgewicht der Einrichtung in dem liegt, dass die
zurückliegende Signalstation erfährt, ob der Zug die vorliegende passirt hat. Diese Verständigung (welche als
nothwendige Ergänzung der an den Blockirposten auf-

gestellten optischen oder akustischen Signalmittel durch
die Signalwärter zu geschehen hat, sobald diesen die
Handhabung des fixen Streckensignals überantwortet ist,
kann nur für den Fall unterbleiben, dass die Einrichtung
des Systems das Stellen des Deckungssignals wieder direct
dem Zuge anheimgiebt. Zugdeckungssignal-Einrichtungen
der letzteren Form heissen automatische Blocksignale.

Fig. 58.

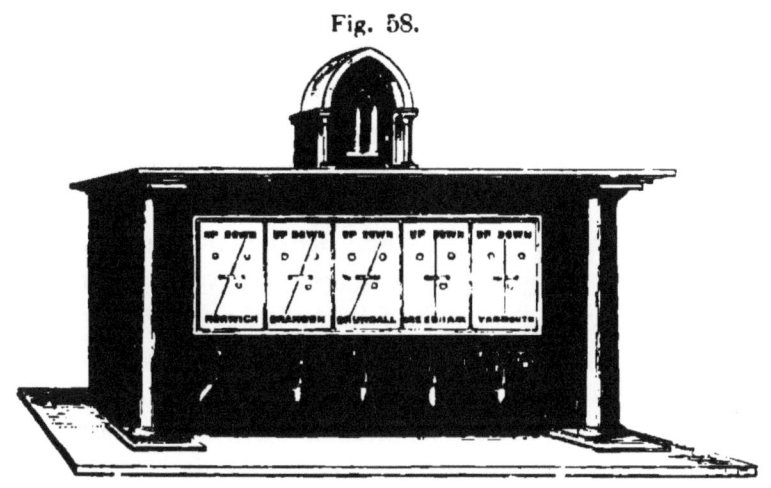

Die erste Streckentheilung zum Zwecke der Zugdeckung wurde über Anregung Sir William Fothergill
Cooke's schon im Jahre 1844 auf der Norwich-Yarmouth-
Section der Great Eastern Railway praktisch durchgeführt. Cooke theilte die damals noch eingeleisige Strecke
in fünf Theile und benutzte zur Zeichengebung seine Ein-
nadel-Apparate (vergl. Bd. V). Die äussere Form des
Empfangs-Apparates in Yarmouth zeigt Fig. 58. Die
gerade stehende Nadel bedeutete „Freie Bahn", die ab-
gelenkte Nadel „Zug auf der Linie"; die Ablenkungs-

richtung der Nadel kennzeichnete weiter die Richtung
des in der Section befindlichen Zuges. Sobald ein Zug
in eine Theilstrecke einfuhr, wurde mittelst des Nadeltelegraphen unter Anwendung des gewöhnlichen Cooke-
schen Alphabetes der betreffende Signalwächter verständigt,
worauf dieser einen dauernden Stromschluss herstellte,
den er erst wieder aufheben durfte, nachdem der angesagte
Zug seinen Posten passirt hatte.

Noch jetzt finden Blocksignal-Apparate auch für
Streckenblocks, in Form von Correspondenz-Telegraphen,
ziemlich häufig Anwendung. So benutzt man z. B. auf der
Thüringischen Eisenbahn, wo sich auf den Strecken
in angemessener Entfernung voneinander Wächterposten
befinden, die mit einem im Freien aufgestellten Semaphor
ausgerüstet sind, Morse'sche Schreibtelegraphen. Der
Morse-Schreiber steht im Amtslocale des Wächters und
die zur Sicherung der Zugfahrt nöthige Correspondenz
wird von Signalposten zu Signalposten gerade so abgewickelt, wie bei der Durchführung des schon früher
erläuterten Stationsdistanzsystems. Um die Verständigung rascher zu gestalten, sind für die ja ohnehin
stereotyp wiederkehrenden Depeschen ganz knappe Ab-
kürzungen festgesetzt, andererseits ist bestimmt, dass jeder
Depesche die Zeit der Abgabe beigefügt werde und jede
Anfrage oder Antwort von der Empfangsstation durch
gleichlautende Wiederholung quittirt werden muss.

Es ist selbstverständlich, dass der Signalwärter sein
optisches Signal erst von Halt auf Frei stellen darf, wenn
die vorgedachte Erlaubnissdepesche eingelaufen und deutlich am Streifen zu lesen, endlich auch quittirt ist, und
dass daher, soll der Zug nicht überflüssig aufgehalten
werden, die Abwicklung dieser Verständigungen recht-

zeitig, d. i. einige Minuten vor Einlangen (bei Ausgangsstationen einige Minuten vor Abgang) des Zuges durchgeführt werden muss.

Um möglichst wenig Zeit zu verlieren, war man
bestrebt, noch kürzere Verständigungsformen aufzustellen,
wie dies beispielsweise die Leipzig-Dresdener Eisenbahn gethan hat. Jede der Blockstationen ist mit einem
Gurlt'schen Farbschreiber mit Selbstauslösung versehen und
hat ihr bestimmtes, ausschliesslich für diesen Zweck vor-
geschriebenes Morse-Zeichen.

Sobald ein Zug einen Signalposten passirt hat, giebt
der betreffende Signalwärter mittelst seines Morse-
Schlüssels sein Stationszeichen. Nur die Ausgangsstationen
brauchen diesen Vorgang nicht zu beobachten. Der Signalwächter darf einem Zuge die Einfahrt in die vorliegende
Bahnstrecke erst dann gestatten, wenn das Zeichen des
vorliegenden Signalpostens für den letzten vorausgegangenen Zug bereits eingelangt ist. Fehlt dieses Zeichen,
so ist eine telegraphische Anfrage an die vorliegende
Signalstation zu richten, indessen der Zug natürlich
warten muss. Wird hierdurch die früher ausgebliebene
Erlaubniss zur Einfahrt erzielt, kann der Zug nun seine
Fahrt fortsetzen; würde keine Verständigung zu Stande
gebracht, allenfalls wegen Linienstörung oder dergleichen,
so wird hiervon der Zugs- und Maschinenführer benach-
richtigt, und der Zug setzt zwar auch seinen Cours fort,
jedoch langsam und mit grösster Vorsicht.

Bei den meisten amerikanischen Bahnen regeren
Verkehres, so z. B. auf der Pennsylvania-Bahn, ist
gleichfalls ein Blocksignalsystem mittelst Telegraphen durchgeführt. Der ganzen Linie entlang befinden sich 2 bis
18 Km. voneinander entfernte Signalthürme. Das Ober-

11*

geschoss des Thurmes bildet ein achteckiger Raum mit
Aussichtsfenstern an der Bahnseite. In diesem Raume
steht ein Tisch mit den Telegraphen-Apparaten (Morse-
Klopfern), vor welchen der Signalist sitzt, der gleich von
diesem Platze aus mittelst Schnüren das Bahnzustands-
signal — ein sogenanntes Kastensignal —, welches auf
Traversen seitlich des Obergeschosses, und zwar in der
Regel gerade senkrecht über dem Gleise angebracht ist,
dirigirt. Jeder Zug wird mittelst des Klopfers nur nach
rückwärts durch eine sehr abgekürzte Depesche avisirt.
Der weitere Vorgang stimmt mit jenem auf der Leipzig-
Dresdener Bahn überein.

Weil nun jede, auch die abgekürzteste Depesche
immerhin eine Reihe von Zeichen und mit Inbegriff der
Frasen und Quittirung also einen nennenswerthen Aufwand von Stromimpulsen erfordert, die einander nur in
bestimmten Pausen folgen können, so wird zur Abwicklung der ganzen Signalgebung eine Zeit nöthig sein, welche
sicherlich weit bedeutender ist, als wenn die Verständigung
durch einfache elektrisch-optische oder elektrisch-akustische
Signalzeichen geschieht, zu deren Hervorbringung und
Auffassung ja nur eine kaum messbare Zeit nöthig ist.

Auch erklären hauptsächlich die englischen Eisen-
bahntechniker die Verwendung von Sprechtelegraphen
als Blocksignal-Apparate für unzweckmässig; weil sich
die Signalisten, einerseits vielleicht um die Einförmigkeit
ihrer zweifellos beschwerlichen Pflicht ein wenig zu be-
leben, andererseits allenfalls aus überflüssigem Dienst-
eifer, leicht versucht fühlen, sich mit den Nachbar-Sta-
tionen in Correspondenzen einzulassen, wodurch sie sich
gegenseitig von der eigentlichen Aufgabe abziehen, ver-
gesslich und zerstreut machen können.

Andererseits darf nicht vergessen werden, dass Blocksignale in der Form von Schreibtelegraphen, welche
dauernde Zeichen hinterlassen, durch diese Eigenschaft
einen ganz wesentlichen Vortheil für die Controle des
Dienstes u. s. w. bieten. Der Widerwillen der Engländer
gegen die Verwendung von Telegraphen für Blocksignale
mag wohl daher kommen, dass sie stets nur Nadeltelegraphen, welche keine bleibenden Zeichen hinterlassen,
im Auge hatten.

In Bezug auf die elektrischen Zugdeckungs - Einrichtungen, welche unter Beihilfe besonderen Personals,
d. i. der sogenannten Blockwärter, nicht mittelst Telegraphen, sondern mittelst Signal - Apparaten betrieben
werden, lassen sich wieder zwei Constructionssysteme
unterscheiden, nämlich Blocksignale, bei welchen die
elektrische Zeichengebung mit dem Bahnzustandssignal
nicht gekuppelt ist, und Blocksignale — man könnte
sagen, die eigentlichen Blocksignale — bei welchen
die elektrische Zeichengebung mit dem Bahnzustandssignal gekuppelt ist.

Auch die Strecken - Blocksignale hatten in England
ihre Wiege und wurden dort früher angewendet, ehe
man anderweitig die Einrichtung solcher Deckungs-
Apparate auch nur akademisch in's Auge fasste. Die
ersteren Signalsysteme acceptirten immer wieder vorhandene Telegraphen - Apparat - Typen (Cooke- und
Wheatstone'sche Nadel-Apparate); man vermied es aber,
momentan vorübergehende Correspondenzzeichen zu geben, sondern wählte nunmehr länger dauernde Zeichen.

Eine weitere wesentliche Verbesserung rührt von
Edwin Clark her, der in den Jahren 1853 und 1854
zuerst auf der London- und North-Western-Bahn zum

Vormelden der Züge — da die Engländer keine durchlaufenden Liniensignale nach Art der in Deutschland
und Oesterreich-Ungarn etc. benutzten Läutewerke besitzen, müssen sie in anderer Weise über den Abgang
der Züge Nachricht geben — eine eigene Weckerlinie
benutzte.

Der in Sicht kommende Zug wird dem nächsten
Blocksignalposten durch ein einmaliges Läuten des Werkes
avisirt, worauf von diesem auf dem Nadel-Apparat das
Zeichen „Line clear" („Strecke frei"; Ablenkung der
Nadel nach rechts) ertheilt wird, wenn der vorausgegangene Zug die Section bereits verlassen hat. Die
erfolgte Einfahrt wird wieder mittelst Wecker gemeldet,
und zwar durch ein zweifaches Läuten, worauf der
Nadel-Apparat durch den Vorwärter auf „Line blocked"
(„Strecke blockirt"; Ablenkung der Nadel nach links)
umgestellt wird, in welcher Lage der Apparat so lange
verbleibt, bis für einen neuerlich gemeldeten Folgezug
wieder das Signal „Line clear" zu geben ist. Die senkrecht stehende Nadel gilt als ein drittes Zeichen und bedeutet: „Linie versperrt". Dasselbe kam für aussergewöhn-
liche Ereignisse in Anwendung, nämlich wenn ein Zug
in der Theilstrecke liegen blieb — später (wo diese
Vorrichtung auf der North-Western-Bahn nicht mehr als
reines Blocksignal angewendet, sondern der grossen Dichte
des Verkehres wegen das Zeichen „Strecke besetzt" nicht
mehr als „Halt", sondern nur noch als Langsamsignal galt)
auch für den Fall, dass die Züge zu rasch aufeinander-
folgten — und konnte auch durch die Zugbeamten gegeben werden. Es war für diesen Zweck an einzelnen
Zwischenpunkten der Theilstrecke die Signalleitung an
einer Telegraphenstange herabgeführt und hier an zwei

Klemmen angeschlossen, die durch ein dünnes Stück Draht verbunden waren, welches vom Schaffner durchgeschnitten wurde, wodurch also das Signal „Linie gesperrt" als Nothsignal erfolgte.

In gleicher Weise kennzeichneten sich auch zufällige Leitungsunterbrechungen oder Batteriefehler, was die sofortige Erkennung und rasche Beseitigung solcher Linienstörungen wesentlich erleichterte. Diese Block-Apparate mit Nadeln waren anfänglich dem wesentlichen und sogar höchst gefährlichen Uebelstande unterworfen, dass der Magnetismus der Nadeln durch Gewitterströme geschwächt, aufgehoben oder gar umgekehrt werden konnte. Erst seit 1866, wo für die vorhandenen Cooke-Wheatstone'schen Block-Instrumente fast durchgehends die Varley'sche Sicherheitsnadel in Verwendung genommen worden ist, functioniren diese Apparate zuverlässiger.

Die ersten Versuche, elektrische Glocken für sich, also nur akustische Signalzeichen als Blocksignale zu benutzen, wurde bereits 1852 von Walker gemacht. Jeder Signalposten war mit dem vor- wie rückwärts liegenden durch eine zur Erde geführte Telegraphenleitung verbunden. In jede der Leitungen war ein gewöhnlicher, einfacher Wecker, bei welchem der Klöppel direct am Ankerhebel sass, und ein Arbeitstaster eingeschaltet. Die Weckerglocken — mitunter nahm man statt Glockenschalen auch Uhrfedern — hatten ungleichen Klang. Der in Sicht kommende Zug wurde je nach seiner Richtung mit zwei oder drei Glockenschlägen angemeldet; quittirte der Nachbarwächter mit einem Glockenschlage dieses Zeichen, so durfte der Zug in die Section einfahren, blieb die Quittirung aus, musste der Zug anhalten. Kam auf wiederholtes Aufragen keine Antwort, so war es

zwar erlaubt, dass der Zug die Fahrt fortsetze, jedoch
nur mit besonderer Vorsicht, da er den vor ihm eingefahrenen Zug noch auf der Theilstrecke vermuthen
musste.

Selbstverständlich durfte der vorliegende Signalposten
auf das Weckerzeichen „Zug in Sicht" die Quittirung
nur in dem Falle ertheilen, wenn der letzte Zug seinen
Posten bereits thatsächlich passirt hatte. Diese einfache
Signalform ist von der South-Eastern Railway lange
Zeit auf allen Linien mit gutem Erfolge benutzt worden
und wird auf vielen Strecken dieser Bahn auch noch
jetzt[1]) angewendet. Sie hat jedoch den Uebelstand, dass
für den Fall, als sich die Züge und also die Anfragen und
Quittirungen hinauf und herab der Linie rasch folgen,
Irrthümer leicht möglich sind, weshalb sich die vor-
genannte Bahn auch veranlasst sah, in den Strecken mit
dichtem Zugsverkehr mit den Weckern noch Zeiger-
Apparate oder auch Registrir-Apparate zu verbinden,
welche den Wecker bezeichneten, der ansprach, beziehungsweise die Anzahl der erfolgten Glockenschläge
anzeigten.

Ein späteres, mit einem optischen Signale, und zwar
ursprünglich mit Zeigernadeln, seit 1866 jedoch mit einem
als Semaphor geformten Signalzeichen verbundenes Block-
apparat-System von Walker hat folgende Einrichtung:

Auf jedem Signalposten befindet sich für jede Zugs-
richtung ein vorne mit einem Glasfenster versehenes
Blechkästchen von der in Fig. 59 dargestellten Form.
Die Arme R und W sind beweglich, indem sie entweder
auf „Halt", d. i. horizontal gestellt werden können, oder,

---

[1]) William Edward Langdon, The Application of Electricity
o Railway Working, London, 1877, p. 50.

wenn die stellende Kraft aufhört, durch ihr Eigengewicht in die nach abwärts geneigte Lage, d. i. in die Frei-stellung zurückfallen. Diese zwei Arme liegen vor einer weissen Blechwand *B*, damit sie recht deutlich erkennbar sind; der Arm *R* ist roth bemalt, mit einem weissen Tupf, der zweite weiss, mit einem rothen Tupf. Der

Fig. 59.   Fig. 60.

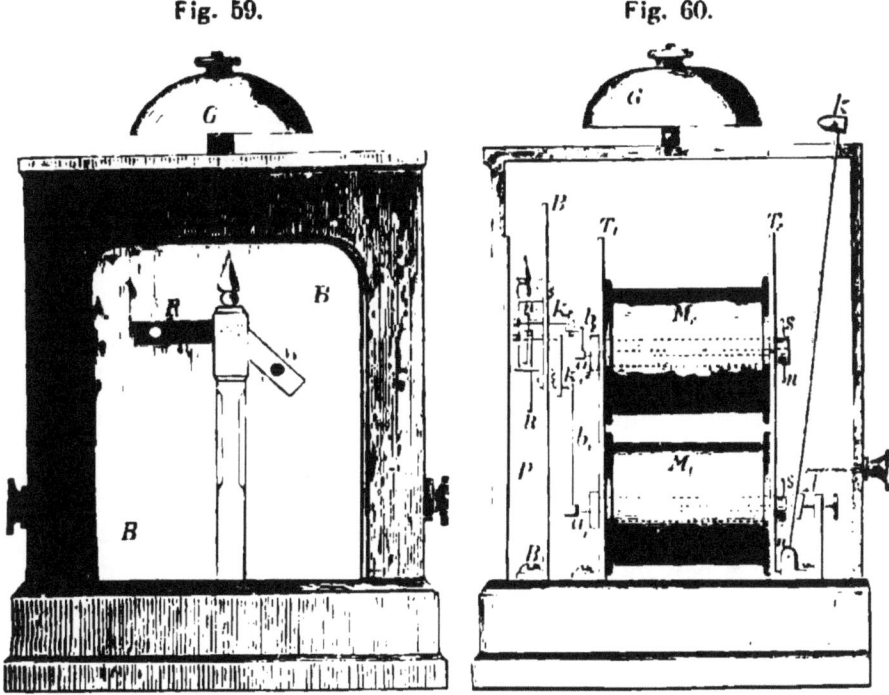

erstere sogenannte Blockarm hat den Zweck, die vom Nachbarsignalposten ausgehenden Signalzeichen „Line clear" (Fahrt erlaubt) — der Arm zeigt 45 Grad nach abwärts — oder „Line blocked" (Fahrt verboten) — der Arm liegt wagrecht — darzustellen und kann nur vom Nachbarsignalisten bewegt werden. Der weisse Arm wird hingegen jedesmal mitbewegt, und zwar in gleichem

Sinne wie der rothe Arm des Nachbarwächters, wenn
diesem eines der beiden Signale ertheilt wird, und dient
sonach als Controle der eigenen Zeichengebung.

Dem Zuge wird das Signal durch einen grossen auf
der Strecke stehenden, gleichfalls vom Wärter der Signalstation zu bedienenden Semaphor ertheilt; die Lage der
Semaphorarme muss stets übereinstimmen mit der des respectiven rothen Armes des elektrisch-optischen Apparates.

In jedem Signalkästchen befinden sich übereinander
zwei Elektromagnete M_1 und M_2 (Fig. 60), von welchen
der obere M_2 die Aufgabe hat, den weissen Semaphor,
der untere M_1 den rothen Semaphor zu bethätigen.
Der untere Elektromagnet hat unter Einem auch bei
jedem Stromimpulse den Anker A anzuziehen, auf
welchem der Glockenklöppel K angebracht ist, und also
einen Glockenschlag hervorzubringen. Die vom Nachbar
einlangenden, sich am rothen Semaphor äussernden Zeichen
sind sonach immer von einem akustischen Signalzeichen,
nämlich einem Glockenschlage begleitet.

Die Stellung des Armes, des rothen wie des weissen,
wird durch einen drehbaren Anker des respectiven Elektromagnets bewerkstelligt. An dem um eine Axe a drehbaren
Messingstücke m (Fig. 61; die Figur stellt nur einen
der Semaphorarme dar, der zweite ist selbstverständlich
ganz gleich angeordnet, nur mit dem Unterschiede, dass
die Arbeit verkehrt geschieht) sind die im Winkel ge-
bogenen Magnetstäbchen $s\,n$ und $s_1\,n_1$ befestigt, in welche
die Kerne S, N des Elektromagnets M hineinragen. Diese
Armatur arbeitet ersichtlichermassen wie ein polarisirtes
Relais. Das durch den Wechsel der Stromrichtung erzeugte Umwerfen des Ankers in die zweite Stellung
überträgt sich vermittelst des an a befestigten Stäbchens

b auf die kleine Kurbel *K* des Semaphors, der vermöge seines Eigengewichtes das Bestreben hat, sich nach abwärts zu neigen. Um die Umstellungen zu bewerkstelligen, ist in jeder Signalstation für jede Bahnrichtung, also zu jedem Signalkasten je eine Tastervorrichtung mit zwei Tasterknöpfen, wovon einer von rother, der zweite von weisser Farbe ist, vorhanden. Die Anordnung des Tasters erhellt aus der schematischen Darstellung (Fig. 62). Wird

Fig. 61.

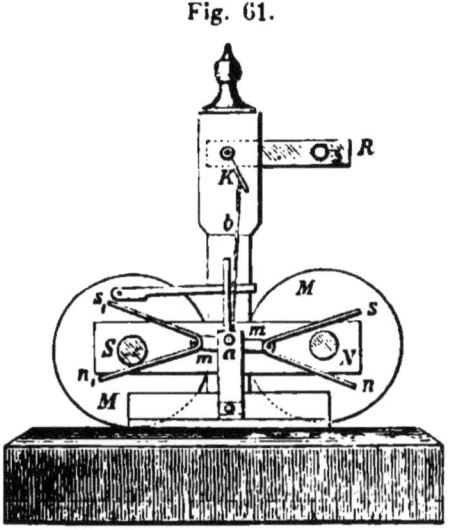

der Taster *r* mit der Hand niedergedrückt, so wird durch einen aus isolirendem Material hergestellten Seitenarm *p* des Knopfstieles die in ihrer Mitte durch einen Klobenständer festgehaltene Feder *a* vom Contacte *b* abgehoben, dafür auf *n* gelegt, gleichzeitig durch den isolirten Arm *y* auch die Feder *d* vom Contacte *c* getrennt und ausserdem das Ende *h* des metallenen Knopfstieles mit der Contactfeder *g* in Berührung gebracht. Nach Aufhören des Druckes hebt eine Spiralfeder den

Knopf wieder in die Ruhelage zurück. Der Knopfstiel
w hat gleichfalls zwei seitliche Arme *q* und *z* aus isolirendem Material, mit welchen beim Niederdrücken die
Feder *a* auf *m* gelegt, die zweite Feder *d* vom Contacte
e abgehoben wird. Gleichzeitig tritt der Knopfstiel *j* mit
der Contactfeder *l* in Berührung.

Das Drahtschema muss bei der Ruhelage der Taster
den Weg für die aus der Nachbarstation kommenden

Fig. 62.

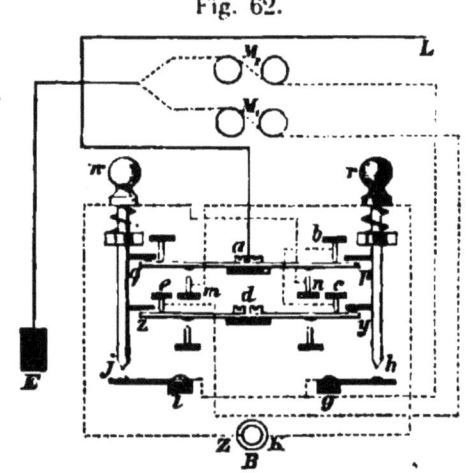

Ströme durch die Multiplication des zum rothen Semaphor gehörigen Elektromagnets M_1 gestatten, während die
eigene Batterie *B* sowohl, als die Multiplication M_2 des
weissen Semaphors ausser Schluss gebracht ist. In der
That findet der fremde Strom seinen Weg aus der Linie
L über *a*, *b*, *c*, *d*, *e*, M_1 zur Erde *E*, während die Anschlüsse zu M_2 bei *l* und *g*, die Anschlüsse der eigenen
Batterie *B* bei *r* und *w*, beziehungsweise *m* und *n*
isolirt sind. Beim Niederdrücken des Tasterknopfes *r*
soll ein positiver Strom durch den eigenen Elektromagnet

M_2 in den Elektromagnet M_1 der Nachbarstation entsendet werden, dabei darf aber der eigene Elektromagnet M_1 keine Veränderung erfahren. Der Strom geht auch richtig, wie man sieht, vom Kupferpole K über r, h, g, M_2 durch die Erde zur Nachbarstation (dort durch den Elektromagnet des rothen Semaphors) und über die Linie L, a, n zum Zinkpol zurück. Die von L zu M_1 über a, b. c, d und e führende Verbindung ist im gebenden Apparate bei b und c unterbrochen. Der rothe Semaphor des Nachbars und der eigene weisse stellen sich auf „Halt". Ist r in Ruhe, dafür w niedergedrückt, geht der Strom von K über m, a, L in die Nachbarstation durch die Erde zurück über E, M_2, l, j, w zum Zinkpol. Der Anschluss von L zu M_1 ist indessen bei e unterbrochen. Der eigene weisse und der rothe Nachbar-Semaphor fallen auf „Frei".

Auf der Great Western-Bahn und der Metropolitanlinie ist 1854 das von C. H. Highton construirte Blocksignal eingeführt worden. Der Signal-Apparat ähnelt einem Bain'schen Indicator; durch die dauernden, aber ungleich gerichteten Signalströme wird entweder die auf Pergament geschriebene Aufschrift „Train on Line" oder „Line clear" sichtbar gemacht. Für jede Zugrichtung muss natürlich eine eigene Linie und ein eigener Apparat vorhanden sein, überdem bedarf es zum Vorwecken noch einer dritten Linie. Durch Spagnoletti wurde das System dahin verbessert, dass er eine Sperrung anbrachte, welche die Benutzung des eigenen Stromsenders so lange verwehrte, als vom Nachbarposten das Signal „Train on Line" besteht.

Tyer construirte seinen ersten Blocksignal-Apparat im Jahre 1852. Dieser Apparat war dem Walker'schen ähnlich, hatte zwei Zeiger für jede Section, einen für die aufwärts, den anderen für die abwärts verkehrenden Züge, welche durch den vorüberfahrenden Zug vermittelst eines automatisch wirkenden Pedales selbstthätig in die Lage „Frei" oder „Halt" gestellt wurden.

Die Brighton- und die South-Eastern-Eisenbahn führten es probeweise auf einzelnen ihrer Strecken ein, schafften aber im Jahre 1854 die automatischen Tastervorrichtungen wieder ab und ersetzten diese durch Tasterknöpfe, welche vom Signalwärter in der gewöhnlichen Weise gehandhabt werden.

Bei diesen Apparaten war der eigentliche Blockzeiger, welcher sich im oberen Felde des Indicatorkastens zeigte und nur vom fremden Strome bewegt werden konnte, schwarz, der zweite, die ausgehenden Zeichen controlirende, beziehungsweise wiederholende und im unteren Indicatorfelde angebrachte Zeiger roth. Seit 1863 giebt Tyer übrigens seinen Zeigern gleichfalls die Form von Semaphoren. Einer der Taster dient zur Ertheilung des Signals „Frei" (Line clear) durch Entsendung eines positiven Stromes, der zweite durch Entsendung eines negativen Stromes zur Ertheilung des Signals „Train on Line". Ausserdem ist eine Glocke (oder ein Gong) da, welche bei jeder Umstellung des schwarzen Zeigers ertönt oder auch in Thätigkeit gesetzt werden kann, ohne dass am Indicator eine Zeichenänderung geschieht.

Die principielle Anordnung glich sonach völlig der bereits früher beschriebenen des Walker'schen Apparates, jedoch betreibt Tyer das akustische Signal nicht mit einer besonderen Leitung, sondern schaltet dieses mit dem optischen Signal auf einen einzigen gemeinschaftlichen Leitungsdraht. Die Vormeldung mittelst Wecker oder überhaupt die akustische Zeichengebung musste natürlich gleichfalls mittelst eines Stelltasters geschehen. Damit dies aber nur auf ei n e r Drahtleitung geschehen könne, ohne dass das eigentliche optische Blocksignalzeichen irgendwie alterirt werde, musste zu solchen Signalen immer nur jener Taster in Benutzung kommen, welcher der Stromrichtung, die der schwarze Zeiger der Nachbarstation und der eigene rothe hatte, entsprach.

Wenn also der letztgenannte Zeiger z. B. auf „Line clear" stand, durfte nur der „Line clear"-Taster, im anderen Falle nur der „Train on Line"-Taster zur akustischen Zeichengebung verwendet werden, was häufig zu störenden Irrungen Anlass gab.

Diesen Fährlichkeiten zu begegnen, traf Tyer die Anordnung, dass vor Ertheilung eines optischen Signals erst eine Klappe herauf- oder heruntergeschlagen werden musste, hinter welcher jener Taster lag, der zur Umstellung nöthig war. Wahrscheinlich deshalb, weil sich auch diese Einrichtung nicht als völlig sicheres Mittel erwies, Irrungen ferne zu halten, fand sich Tyer endlich bestimmt, einen eigenen Taster zur Ertheilung der Weckersignale einzuschalten, und demnach musste eine Vorrichtung angebracht werden (der sogenannte Inversor), vermöge welcher mittelst des Weckertasters immer nur Ströme entsendet werden können, welche die Stellung der Blockirzeichen nicht beeinflussen, sondern nur den Wecker bethätigen konnten. In diesem Theile liegt sonach der wesentliche Unterschied zwischen dem Tyer'schen Eindraht- und dem Walker'schen Zweidraht-Systeme.

Das Aeussere des jetzigen Tyer'schen Block-Apparates zeigt Fig. 63. Der Taster *T* dient zur Ertheilung der Weckersignale, *H* giebt das optische Signal „Train on Line" („Halt") — der eigene Semaphorarm *R* und der Arm

S des Nachbarwächters horizontal; *F* giebt das Signal „Line clear" („Frei") — der eigene *R* und des Nachbars *S* zeigen nach abwärts. Die fremden Ströme bewegen nur *S*, wobei jedesmal auch die Glocke, beziehungsweise der Gong *G* angeschlagen wird, letzteres geschieht natürlich auch, wenn der Nachbarsignalist sein *T* drückt.

Fig 63.

Der mit der Tastervorrichtung in dem gemeinschaftlichen Apparatkasten untergebrachte Indicator bestand ursprünglich aus zwei Multiplicationsspulen, eine für den rothen, die andere für den schwarzen Semaphor, in welchen eine leicht drehbare Stahlwalze eingesetzt war, die an einem Ende einen seitlich vorstehenden Arm aus weichem Eisen als Polschuh und am anderen Ende den kleinen Semaphor (wie *R* und *S* in Fig. 62) trug. Der Polschuh lag zwischen den Polen eines permanenten Stahlmagnets. Je nach der Richtung des durch die Multiplication gesendeten Stromes wurde also das Walzenende ein Nord- oder Südpol, und sonach vom zunächst liegenden Pol des gegenüber an geeigneter Stelle angebrachten, permanenten Magnets abgestossen und vom anderen angezogen. Die sich hierbei vollziehende Drehung des Elektromagnetkernes macht sich durch die Aenderung der Lage des Semaphorarmes sichtbar.

Späterer Zeit wurden aber, wie es Fig. 64 schematisch verdeutlicht, statt permanenter Magnete Elektromagnete

angewendet, dagegen die Zeigerwalzen immer nur in
gleicher Richtung magnetisirt, so dass dieselben nunmehr
gleichsam die Stelle der permanenten Magnete einnahmen.
Zur Förderung dieses Zweckes sind eben die Ankerkerne
der beweglichen Elektromagnete nicht wie sonst aus
weichem Eisen, sondern aus Stahl hergestellt und nur
die Polschuhe aus weichem
Eisen; ebenso ist durch das
Linienschema die Anordnung
getroffen, dass bei Abgabe
jedes optischen, sowie akustischen Signals der Strom immer
in gleicher Richtung die Multiplication der beweglichen
Elektromagnete passiren
muss, damit dieselben stets
einen möglichst grossen permanenten Magnetismus be-
wahren.

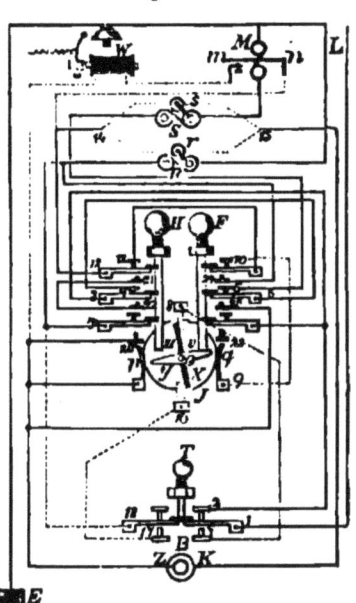

Fig. 64.

Die Verbindung der ein-
zelnen Apparate untereinander
ist folgende:

Der von der Nachbar-
station kommende Strom
findet seinen Weg von der Linie L (Fig. 64) durch den
Läutetaster T über 1, 2, durch die Semaphortaster H
und F über 3, 4, 5, 6 durch den zum schwarzen oberen
Semaphor gehörigen Elektromagnet S, die Multiplication M
eines Relais zur Erde E. Ist der kommende Strom von
gleicher Richtung mit dem zuletzt eingetroffenen, so
wird eine Umstellung des Armes s nicht erfolgen, sondern nur der Relaisanker angezogen und dadurch der

Localschluss vom Kupferpole K der Batterie B über 15, s und r, 14, n, m, W zum Zinkpol Z hergestellt, sonach der Weckeranker W zum Anschlagen gebracht werden. Wäre jedoch der Strom jetzt anderer Richtung gewesen als früher, würde auch der schwarze Semaphor eine Aenderung seiner Lage erfahren haben.

Soll in der Nachbarstation das bestehende optische Signal umgewandelt werden, so geschieht dies durch Niederdrücken des Tasters H oder F, je nachdem von „Frei" auf „Halt" oder von „Halt" auf „Frei" gestellt werden soll. Würde auf „Halt" zu stellen gewesen und der Taster H niedergedrückt worden sein, so ist die eigene Batterie in Thätigkeit gebracht, und zwar findet der Strom vom Kupferpol K der Batterie B seinen Weg über 15, s und r, 14, 13, 21, 22, 3, 2, 1 in die Linie L, beim Nachbar durch 1, 2, 3, 4, 5, 6, S, M zur Erde und in der Ausgangsstation von F über R, 19, 20 zum Zinkpol zurück. Es wird dabei der schwarze·Semaphor des Nachbars und der eigene rothe aus der abwärtsgekehrten Lage (Freistellung) in die wagrechte (Haltstellung) gebracht worden sein. Der Wecker in der Nachbarstation hat dabei mitgeläutet, der eigene nicht.

Würde nun neuerlich das optische Signal zu wechseln sein, so hätte dies durch Niederdrücken des Tasters F zu geschehen. Dabei findet der Strom vom Kupferpole K der Batterie seinen Weg über 15, s und r, 14, 13, 12, 11, 24 R zur Erde — in der Nachbarstation von E über M, S, 6, 5, 4, 3, 2, 1 in die Linie L — in der eigenen Station von L über 1, 2, 3, 4, 5, 25 zum Zinkpol zurück

Beim Tyer'schen Apparat haben, sobald Läutetaster angebracht sind, die Taster H und F, wie bereits erwähnt, auch noch die Aufgabe, bei der Gebrauchnahme einen Commutator, Inversor genannt, so zu stellen, dass mit dem Läutetaster stets nur Ströme entsendet werden können, welche mit dem zuletzt für Ertheilung eines optischen Signals abgegangenen Strome gleicher Richtung sind. In Fig. 64 ist ein solcher Inversor J auch wieder nur schematisch gekennzeichnet. Auf einer Drehaxe o ist eine Scheibe befestigt, welche aus zwei metallischen, voneinander isolirten Hälften x und y besteht. Auf o sitzt auch noch ein isolirtes Querstück $u\,v$, das genau unter den Stielen der Taster H und F liegt. Eine auf die Axe gewickelte Spiralfeder übt auf die Scheibe eine Pressung aus, vermöge welcher diese in der ihr ertheilten Lage festgehalten wird. Zwei Schleiffedern p und q tangiren die Metallhälften seitlich, zwei andere, 8 und 16, auf der Kreisfläche. Davon stellt die auf x gleitende Feder q über 10, 11, 12, 13, 14, s und r, 15 den Anschluss zum Kupferpol der Batterie, die auf y gleitende Feder p den Anschluss zum Zinkpol her. Die Gleitfeder 8 ist mit einem Contacte 7, die Gleitfeder 16 mit dem Contacte 17 des Läutetasters T verbunden. T hebt beim Niedergedrücktwerden die Feder 1 von 2 ab und verbindet dafür 1 mit 7 und 18 mit 17. Würde nun das letzte optische Signal mit dem Taster H gegeben worden sein, so ist, wie früher gezeigt wurde, der positive Strom in die Linie L ausgetreten. Der Inversor hat nach dieser Zeichengebung die in der Zeichnung dargestellte Lage angenommen, in welche er durch den auf u ausgeübten Druck des Tasterstieles H gebracht wurde. Soll nun mit T ein Weckersignal gegeben werden, muss der Strom wieder in gleicher Richtung abgehen, was in der That der Fall ist, indem vom Kupferpol der Batterie der Strom seinen Weg findet über 15, *s* und *r*, 14, 13, 12, 11, 10, 9, 8, 7, 1 zur Linie *L*, in der Nachbarstation von *L* über 1, 2, 3, 4, 5, 6, *S*, *A* zur Erde — in der eigenen Station von der Erde *E* über *R*, 20, 19, 18, 17, 16, *y*, *p* zum Zinkpol zurück.

Würde hingegen mittelst des Tasters *F* ein Signal erfolgen, so drückt der Stiel dieses Tasters den Arm *v* nieder, während *u* aufwärts geht. In Folge dieser Verschiebung wird die Scheibenhälfte *x* nicht mehr mit 8, sondern mit 16 und die Scheibenhälfte *y* nicht mehr mit 16, sondern mit 8 contactiren.

Auf die Entsendung oder den Empfang optischer Signalzeichen, sowie auf den Empfang von Weckersignalen übt die geänderte Stellung des Inversors, wie das Schema zeigt, nicht die geringste ändernde Rückwirkung, wohl aber auf die Wirkung des Läutetasters. Wird dieser jetzt gebraucht, so geht der positive Strom nunmehr von *K* über 15, *s* und *r*, 14, 13, 12, 11, 10, 9, *x*, 16, 17, 18, *R* in die Erde — in der Nachbarstation von *E* über *A*, *S*, 6, 5, 4, 3, 2, 1 in die Linie *L* — in der eigenen Station von *L* über 1, 7, 8, *y*, *p* zum Zinkpol zurück.

Es ist sonach auch in diesem Falle die Bedingung erfüllt, dass der Läutestrom die gleiche Richtung habe, welche der letzte zur optischen Signalisirung verwendete Strom hatte, damit der eigene rothe und der schwarze Nachbar-Semaphor keine Aenderung seiner Lage durch den Läutestrom erfahre.

Der Wecker ist, damit er energischer arbeitet und wohl auch deshalb, dass die Gelegenheit benutzt werde, die Ankermagnete *r* und *s* zu magnetisiren, nicht in die Linie, sondern in einen Localschluss gebracht, der mittelst eines gewöhnlichen Relais *M* jedesmal geschlossen wird, sobald die Nachbarstation einen wie immer gerichteten Strom, gleichgiltig ob blos zum Läuten oder gleichzeitig auch zur Ertheilung eines optischen Signalzeichens, in die Linie sendet. .

Im Jahre 1862 vervollständigte die London and South-Western Railway ihre Verbindungen durch die Strecke Exeter Queen Street-St.-David, auf welcher W. H. Preece zuerst sein Blocksignal verwendete. Das Preece'sche Blocksystem zeigte gegenüber den damals bestehenden englischen Blocksignalen einige werthvolle Fortschritte. Erstens gab Preece dem Zeichen-Apparat die verkleinerte Gestalt des Bahnzustandsignals (Semaphor), welche Verbesserung von den übrigen Signalconstructeuren erst später nachgeahmt wurde; weiter traf er ein Arrangement, vermöge welchem die Glocke für das akustische Signal mit einem besonderen Apparate verbunden ist, der die Controle für das abgegebene Signal ertheilt. Letzteres wird jedoch nicht, wie in den früher besprochenen Fällen (Tyer, Walker, Spagnoletti u. s. w.), durch Vermittlung des entsendeten Signalstromes hervorgerufen, sondern erst durch einen von der Nachbarstation ankommenden Strom, dessen Richtung durch die thatsächliche Lage des optischen Signal-Apparates der Nachbarstation bedingt ist.

Das ursprüngliche Preece'sche System bedingte drei Leitungsdrähte. In jeder Station ist für jede der anstossenden Sectionen ein kleiner Semaphor S (Fig. 65) vorhanden, auf welchem die eigentlichen Frei- oder Haltsignale empfangen werden, ferner eine Glocke G, welche vormeldet, ausserdem aber auch mit einer verstellbaren (in der Zeichnung ausgelassenen) Scheibe verbunden ist, wovon letztere die Controlzeichen „her" oder „hin" zeigt, ferner ein Stellhebel K, mit welchem die Ströme zur Ertheilung der Semaphorsignale entsendet werden, und endlich ein einfacher Drucktaster D zur Ertheilung der Glockensignale. Der Arm S des Semaphors wird durch das auf den bei X drehbaren Ankerhebel eines Elektromagnets M aufgesteckte und genau eingestellte Gewicht J, sowie durch Vermittlung einer am Hebelende y be-befestigten Zugstange in horizontaler Lage, d. i. in der Stellung „Strecke besetzt" erhalten. Bei dieser Lage berührt eine mit dem Arme Xy verbundene Contactfeder die Contactschraube bei c_2. Kommt Strom in die Multiplication M, so erfolgt die Anziehung der Ankers A, y und die daran befindliche Zugstange geht aufwärts und S fällt abwärts, d. i. in die Lage „Strecke frei", so lange der Strom anhält. Dabei ist die Verbindung des Armes Xy bei c_2 aufgehoben und dafür bei c_1 hergestellt worden.

Die Klingel besteht aus einem Elektromagnet M_1, vor dessen Kern ein drehbarer Anker A_1 aus weichem Eisen liegt, der den Klöppel trägt. Zwischen den beiden Kernen liegt noch ein zweiter, in der Zeichnung nicht dargestellter Anker, welcher jedoch ein Magnetstab ist und seine Bewegungen auf eine Drehaxe überträgt, welche die auf Carton geschriebenen Aufschriften „On" („Hin") und „Off" („Her") trägt. Diese Vorrichtung befindet sich in einem Kästchen, welches einen kreisrunden Ausschnitt hat, hinter welchem immer nur die eine oder die andere dieser Aufschriften sichtbar ist, je nach der Lage des magnetisirten Ankers des Elektromagnets M_1.

Der Stellhebel besteht aus dem Hebel K, dessen Drehaxe an einem Fussbrette befestigt ist, auf welches gleichzeitig auch die voneinander isolirten doppelten

Backenstücke E und Z geschraubt sind. Von dem metallenen Hebel K stehen seitlich zwei Federn ab, welche auf den Backenstücken E oder Z schleifen, je nach der Lage des Hebels, der durch den Druck einer Feder f auf das rollenförmige Ende m in der einen oder anderen Lage festgepresst wird.

Die Signalisirung geschieht in der Regel wie folgt: Der Elektromagnet-Anker des Semaphors, in der Station I zum Beispiel, ist angezogen, der Arm zeigt „Frei", der Stellhebel der Nachbarstation II steht auf „Off". Für das spätere Verständniss ist zu beachten, dass die Linienverbindungen in beiden Stationen zwar ganz übereinstimmend, wie Fig. 65, angeordnet sind, nur geht in der Nachbarstation die Linie L_1 zum Elektromagnet M des Semaphors und L_2 zum Stellhebel K. Bevor ein Zug in die Section einfährt, wird er durch zweimaliges Niederdrücken des Glockentasters D vorgemeldet. Wenn in D die Contactfeder h von e abgehoben und auf die Contactschraube p gelegt wird, entsteht vom Kupferpol der Batterie B_1 ein Strom über c_1, y, X, p, h durch die Linie L in der Nachbarstation II über h, e, M_1 zur Erde und in der eigenen Station über E zum Zinkpol zurück.

Entsprechend der Semaphorstellung gingen also zwei positive Ströme zur Nachbarstation und brachten dort die Glocke zweimal zum Läuten. Aus dieser Vormeldung erkennt der Nachbarwächter II, dass ein Zug in die Section eingefahren sei und blockirt nunmehr, indem er seinen Stellhebel von Z („Frei") auf E („Besetzt") stellt, wobei die Verbindung von L_1 in II über Z gelöst und die Linie stromlos direct zur Erde verbunden wird. In I reisst der Semaphoranker ab, der Arm stellt sich durch den Einfluss des Uebergewichtes J auf „Halt", y verlässt c_1 und tritt dafür mit c_2 in Contact.

Die Station 1 hat die erhaltene Blockirung durch einmaliges Niederdrücken des Tasters D zu bestätigen.

Fig. 65.

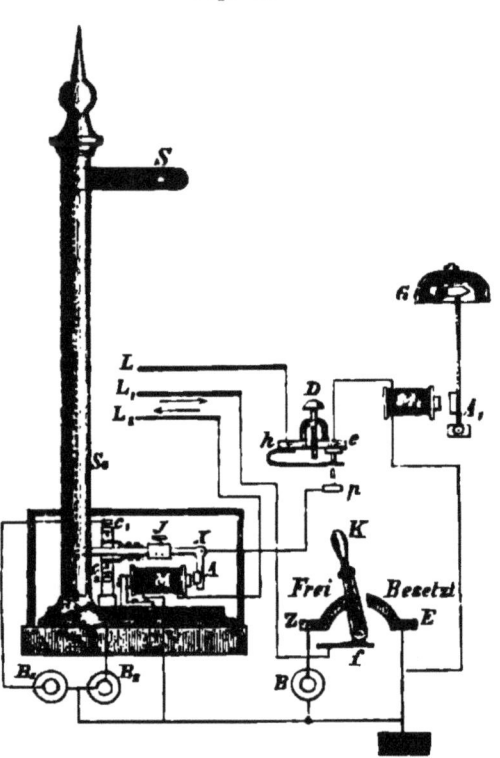

Der jetzt in die Glocke der Station II gelangende Strom geht vom Zinkpol der Batterie B_2 aus über c_2, y, X, p, h in die Linie L, ist also entgegengesetzt dem früheren Vormeldestrom und bringt in II nicht nur die Glocke zum Ertönen, sondern stellt auch die Scheibe des optischen Control-Apparates auf „Her". Die Controle ist

vollkommen sicher, da ein negativer Strom, d. i. ein
Strom, welcher die optische Scheibe in die benannte
Stellung zu bringen vermag, nur entsendet werden kann,
wenn der Semaphor in I auf „Halt" steht. Hat der Zug
die Section verlassen, so stellt die Station II den Stellhebel K wieder auf „Frei", wodurch seine Batterie B
wieder thätig wird und den Semaphor in I auf „Frei" stellt.

Auf diese Deblockirung hat I durch einen Druck
auf den Glockentaster, beziehungsweise durch einen
Glockenschlag zu quittiren.

In II ertönt aber nicht nur die Glocke einmal, sondern die optische Scheibe stellt sich, nachdem jetzt der
Glockenstrom wieder ein positiver (von B_1 über c_1, X,
p, h, L u. s. w.) war, auf „Hin" zurück, als Beweis,
dass das Deblockirungssignal in I richtig angelangt ist.

Preece hat später sein System dahin abgeändert,
dass die Signalisirung statt mit drei Telegraphenlinien
nur mit einer durchgeführt werden kann. Der Glockentaster, ebenso der Stellhebel, dann die Glocke sammt
den optischen Control-Apparaten sind ganz gleich eingerichtet, wie beim Dreiliniensysteme. Der Zeichengeber
für die Blocksignale ist wieder ein Semaphor, doch mit
der Glocke sammt Control-Apparat in einem gemeinschaftlichen Kasten untergebracht. (Siehe Zetzsche's
Handbuch der Telegraphie, Bd. IV, S. 683.)

Aehnlich dem Preece'schen neuen Block-Apparat ist
der dem Telegraphen-Ingenieur der Madras-Eisenbahn,
George Kift Winter, 1880 patentirte Apparat (vergl.
Tobler, Elektro-technische Zeitschrift, Mai 1882). Es sind
wieder zwei Zeichen-Apparate J und W (Fig. 66) vorhanden, wovon der erstere das Blocksignal, der zweite
das Controlzeichen giebt. Die Zeichenabgabe geschieht

mittelst des Tasters *T*, die Stromrichtung wird bestimmt
durch das Umlegen des Hebels *H*. Die Drehung der
Zeiger an den Zeichen-Apparaten erfolgt durch polarisirte
Elektromagnete i_1 i_2 und i_3, i_4. Die Zeiger z aus weichem

Fig. 66

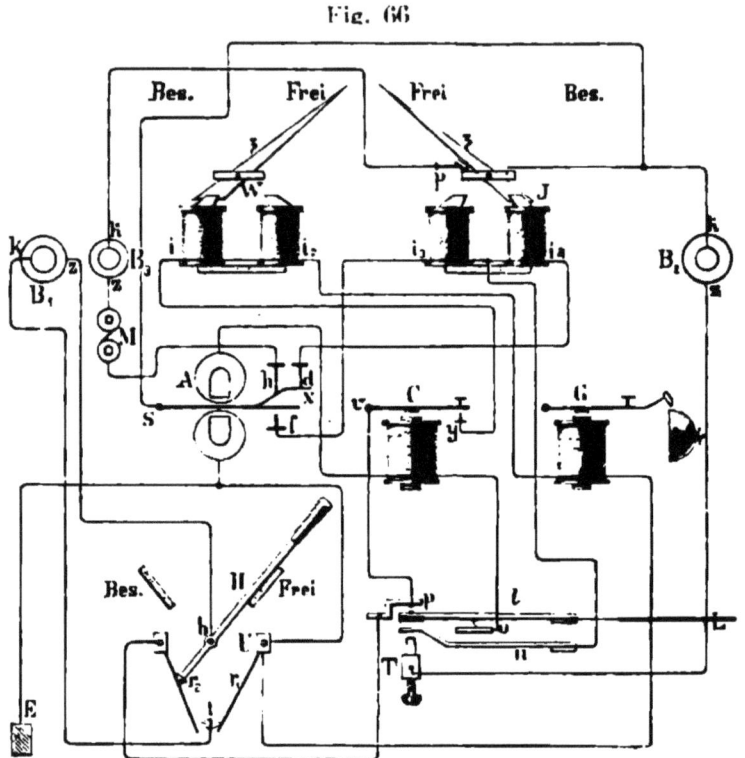

Eisen werden durch einen daneben angebrachten, in der
Zeichnung nicht dargestellten Stahlmagnet influencirt
und werden in *W* durch Umkehren des Stromes, in *J*
dadurch, dass ein Strom nur durch die Spule i_3 oder
nur durch i_4 gelangt, hin- und hergelegt. *A* ist ein
polarisirtes Relais, auf dessen Ankerhebel die Contact-

feder x sitzt, welche in der Ruhelage mit der Schraube
d contactirt. Kommt ein Strom durch A von der Richtung
des zuletzt durchgelangten, so wird durch die vermehrte
Anziehung die Feder x ein wenig durchgebogen und
auch mit h in Berührung gebracht. Bei Anlangen eines
Stromes geänderter Richtung wird x von d abgehoben
und auf f gelegt. Der um die Axe b drehbare Metallhebel H kann auf den Anschlag rechts („Frei") oder jenen
links („Besetzt") gestellt werden; ersterenfalls berührt er
mit seinem Ende die Contactfeder r_2, letzterenfalls die
Contactfeder r_1. Jene der beiden Federn r_1 und r_2,
welche nicht gerade von H seitlich gedrückt wird, presst
sich gegen den Contact t.

Die Signalabwicklung geschieht folgendermassen:
Wäre zum Beispiel die Bahnstrecke zugfrei, so stünden
in beiden angrenzenden Blockstationen, die mit I und II
bezeichnet werden mögen und schematisch ganz gleich
angeordnet sind, die Zeiger auf „Frei" und die Hebel H
gleichfalls auf „Frei". Will zum Beispiel die Station I
einen Zug anmelden, so drückt sie zu diesem Zwecke
zweimal den Taster T; dadurch wird die Linie der
Batterie B_1 geschlossen und ein von ihr ausgehender
negativer Strom geht von z über H, r_2, p, l in die
Linie L zur Nachbarstation II, dort von L über l, o, C,
A zur Erde, von wo er wieder in I über U, r_1 t zum
Kupferpol zurückgelangt. Zugleich schliesst der Taster
T in der signalisirenden Station auch die Localbatterie
B_2, und zwar vom Kupferpol k über S, x, d, i_1, n, T
zum Zinkpol z. Dieser Strom übt keine Wirkung auf
den Zeichenempfänger J, sondern wird den Zeiger nur
fester in der Ruhelage halten. In der Nachbarstation II
hat der dahingesendete Linienstrom jedoch Nachstehendes

bewirkt: Das polarisirte Relais A wurde in Ruhe belassen, dafür das neutrale Relais C mit v auf y gelegt. Hierdurch erfolgte ein Schluss der dortigen Batterie B_1 von z über H, r_2, p, v, y, i_1, i_2, G, r_1, t, k. Der Apparat W wurde also in II nicht afficirt, wohl aber hat die Glocke angesprochen. Der Signalwärter der Station II hat nun zu blockiren, d. h. nach rückwärts an die Anmeldestation das Signal „Strecke besetzt" zu ertheilen, zu welchem Zwecke er seinen Hebel H auf „Besetzt" umstellt und sodann seinen Taster T drückt. Hierdurch geht von seiner Batterie B_1 ein positiver Strom von k über t, r_2 (r_1 ist jetzt von t abgehoben, dafür liegt r_2 an t), p, l durch L in die Station I und dort von L über l, o, C, A zur Erde, um endlich wieder in II über E, r_1, H zum Zinkpol zurückzukehren. Durch den von II ausgegangenen positiven Strom wurde in I das Relais C geschlossen, also auch G zum Ertönen gebracht, dann aber auch der Relaishebel in A von d abgerissen und auf f gelegt. Solche Ströme entsendet II dreimal, worauf der Wärter in I zu quittiren hat, zu welchem Zwecke er ebenso oft seinen Taster T zu drücken hat. Hierbei sendet seine Batterie B_2 den Localstrom vom z-Pol über T, n, i_3, f, S zum Kupferpol, demzufolge der Zeiger in J auf „Besetzt" hinüberspringt. Der bei der Quittirung aus der Batterie B_1 in I in gleicher Weise wie beim Vorläuten nach II gelangende Strom geht dort von L über l, o, C und A zur Erde, C in II schliesst wieder die Batterie B_1 und ihr Strom tritt, da nun H nicht mehr mit r_2, sondern r_1 contactirt, positiv von k über t, r_2, p, v, y in die Multiplicationsspulen, i_1, i_2, des Wiederholers W, über G, r_1, H zum Zinkpol. Es wird demnach in II die Glocke ertönen, zugleich aber auch der Zeiger W

auf „Besetzt" überspringen, zum Beweise, dass in I die Blockirung richtig erfolgt ist.

Wenn der Zug in II angelangt ist, stellt der Wärter daselbst sein *H* wieder auf „Frei" und giebt mit *T* vier nunmehr wieder negative Ströme nach I ab. Der Wärter in I quittirt darauf durch eine gleiche Anzahl Tasterbewegungen, wodurch sich in I der Zeiger des BlockApparates *J* und in II der Zeiger des Wiederholers *W* wieder auf „Frei" stellt, unter gleichzeitigem Ertönen der Glocke.

Auch in Frankreich hat sich bereits 1854 J. Regnault eine, dem ältesten Tyer'schen Apparat nachgebildete Blocksignal-Einrichtung patentiren lassen. Die in (Fig. 67) schematisch dargestellten Apparattheile befinden sich innerhalb eines Kästchens. Die Taster *A* und *D* ragen behufs Handhabung aus dem Kästchen

Fig. 67.

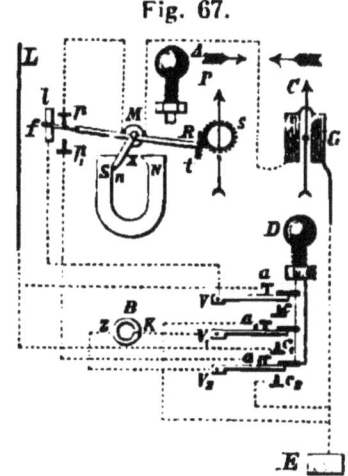

heraus und ebenso sind die beiden Nadeln *P* und *C*, die erstere das eigentliche Blocksignalmittel, die letztere das Controlzeichen, vor einer weissen Blechwand hinter einer Verglasung sichtbar. Der Elektromagnet *M* hat einen beweglichen Kern aus weichem Eisen, dessen Polschuh *n* zwischen den Polen *N* und *S* eines Stahlmagnets sich bewegt; *n* ist mit der Stange *R* steif verbunden, und kann daher durch die Aenderungen seiner Lage die Contacte bei *p* und p_1 mit *f* ändern, zugleich noch durch den Eingriff des auf R sitzenden Segmentes t das auf der Axe des Zeigers P festsitzende Zahnrad s, also auch den Zeiger P bewegen. Der metallene Fortsatz f der Stange R schleift auf der Lamelle l und contactirt mit derselben in jeder Lage. G ist ein gewöhnliches Galvanoskop, kann jedoch nur nach einer Richtung Ausschlag zeigen, da die Nadelablenkung nach der anderen Richtung durch einen Anschlag verhindert wird. In der Nachbarstation besteht die ganz gleiche Anordnung. Soll ein Zug in die Bahnstrecke I, II einfahren, so drückt der Blockwärter bei I auf die Taste D und entsendet dadurch einen Strom der Batterie B von K über V_1, c_1 in die Linie L, der in II den Weg über a, V, l, f und p durch den Elektromagnet M und das Galvanoskop G zur Erde findet, um in I über c_2 und V_2 wieder zum Zinkpol zurückzukehren. Durch diesen Strom wird vorläufig in der eigenen Station nichts geändert, aber in II die Nadel C fest gegen den Anschlag gedrückt und zugleich n von S abgestossen und von N angezogen, also P in der Pfeilrichtung verschoben und f mit p_1 in Contact gebracht. Wenn nun I den Taster D wieder loslässt, so ist jetzt ein Ruhestrom in der Linie, welchen die Batterie der Station II liefert; derselbe geht von K über V_1, a_1, E nach I, findet dort seinen Weg von E über G, M, p, f, V und a in die Linie, um in II über L, a, V, f, p_1, a_2, V_2 wieder zum Zinkpol zurückzugelangen. In I wird hierdurch der Zeiger C dauernd abgelenkt, B bleibt ungeändert. Kommt der Zug in II an, so drückt der Blockwärter daselbst auf den Taster A, stellt dadurch seinen Zeiger P mechanisch in die normale Lage zurück und unter Aufhebung des Contactes p_1 den Contact p mit f wieder her. Der bestandene Ruhestrom hört demzufolge auf und somit stellt sich auch in I die Nadel *C* wieder in die Ruhelage zurück.

Bei den jüngeren Block-Apparaten Regnault's ist an Stelle der Magnetnadel gleichfalls ein Elektromagnet mit beweglichem Kern angewendet, der seine Bewegungen auf den Controlzeiger überträgt.

Auf der Französischen Südbahn sind 1858 auch Versuche mit einem von Marqfoy construirten Blocksignal durchgeführt worden. (Du Moncel, Exposé, 4, p. 489.)

Alle Blocksignale, bei welchen die Signalisirung nicht auf der Locomotive erfolgte, sondern durch Vermittlung der Signalwärter auf fixen Signalmitteln abgewickelt wurde, hatten den schweren Uebelstand, dass die Signalzeichen vom Wärter erst auf das Bahnzustandssignal übertragen werden mussten, bis Oberingenieur Frischen 1870 ein Blocksignal construirte, bei welchem die eigentlichen Blocksignal-Apparate mit dem Bahnzustandsignal, d. h. dem dem Zugpersonal direct geltenden Signalmittel so gekuppelt sind, dass es dem Wärter absolut unmöglich ist, ein Freisignal mit dem optischen Streckensignal zu geben, so lange die Linie blockirt ist, oder die Deblockirung vorzunehmen, ehe er einen vorübergefahrenen Zug nicht selbst ordnungsmässig gedeckt hat.

Das Aeussere einer Mittelstation des besagten, aus dem Etablissement Siemens und Halske in Berlin hervorgegangenen und nunmehr wohl verbreitetsten Systemes zeigt Fig. 68. An der Wand des Blockwärterszimmers ist ein gusseiserner Schutzkasten befestigt, in dessen unterstem Theile sich die mechanischen Vorgelege befinden, mit welchen die optischen Bahnzustandssignale (Armsignale) gezogen werden. Die Kurbel K_1 dient diesfalls für die eine, K_2 für die zweite Fahrtrichtung. Im oberen

Kastentheil befindet sich ein Siemens'scher Inductor
(siehe Fig. 2) mit der Kurbel *K*, dann für jede Bahnrichtung die elektrische Verschlussvorrichtung, welche an
dem dazu gehörigen Fensterchen F_1, beziehungsweise F_2
eine weisse oder rothe Scheibe sichtbar macht, ferner am

Fig. 68.

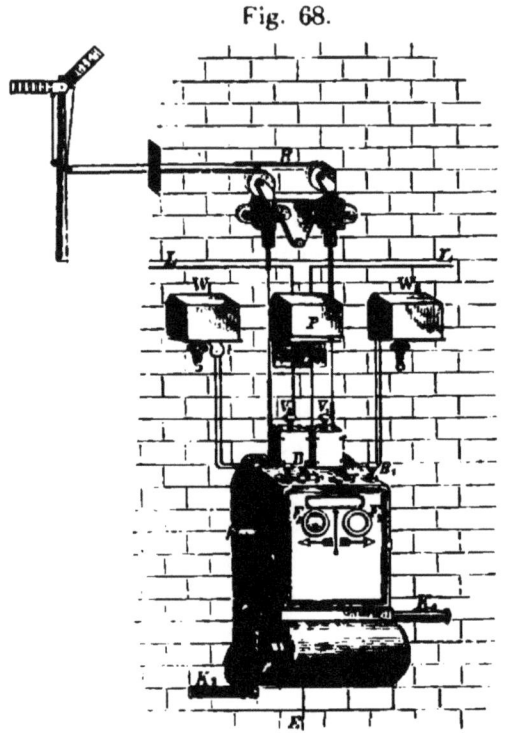

Deckel zwei Taster B_1, B_2, mit welchen blockirt und
deblockirt wird; endlich ist bei jenen Apparaten, welche
auch gleich zum Vorläuten eingerichtet sind, noch für
jede Bahnrichtung ein Vorläutetaster V_1, V_2 und Wecker
W_1, W_2 vorhanden. In dem Kästchen *P* befindet sich
die Blitzschutzvorrichtung.

Sowohl zum Vorläuten, als zu den Blocksignalen, und zwar für beide Fahrtrichtungen ist auf der Strecke

Fig. 69.

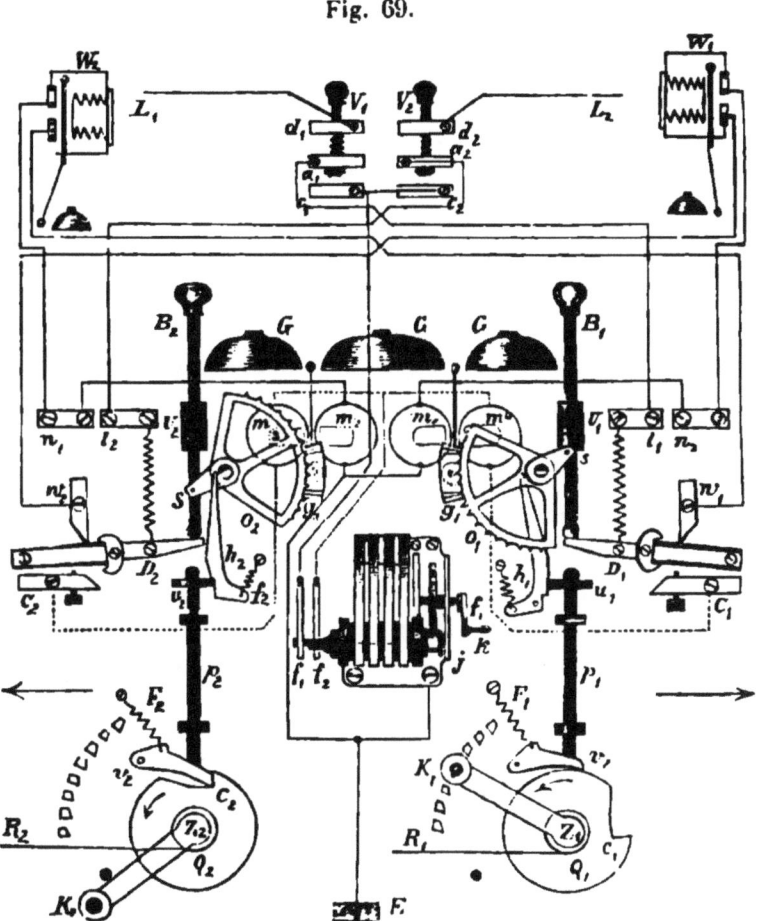

nur ein einziger Leitungsdraht und auch nur derselbe Inductor *J* (Fig. 69) vorhanden, welcher von der Feder f_1 alle überhaupt entstehenden Ströme, also Wechselströme und von der Feder f_1 gleichgerichtete Ströme

(durch Unterdrückung der Ströme der einen Richtung)
abgeben kann. Das Schema der Drahtführung in der
Streckenblockstation erhellt aus Fig. 69. Soll beispielsweise
ein Zug von der Blocksection I in die Blocksection II einfahren, so drückt der Wärter behufs Vormeldung den
Taster V_2 nieder und dreht seine Inductorkurbel k,
wodurch er eine Reihe von gleichgerichteten Strömen
in die Linie L_2 (von der Contactfeder f_1 des Inductors)
absendet, die in der Vorderstation den Wecker W_2 zum
Ertönen bringen. Weiter stellt der Wärter den respectiven
Semaphorarm mittelst der Kurbel K_1 von der horizontalen
in die aufwärts geneigte Lage, d. i. von „Halt" auf
„Frei", und lässt den Zug in die Section einfahren.

Nach erfolgter Einfahrt des Zuges deckt er denselben,
indem er das Armsignal wieder auf „Halt" zurückstellt.
Früher ist der Wärter nicht im Stande, dem rückwärts
liegenden Posten das Deblockirungssignal zu ertheilen,
weil sich der Taster B_1 nicht niederdrücken lässt. Um
zu deblockiren, wird also der Taster B_1 niedergedrückt,
dadurch D_1 auf C_1 gelegt; sodann die Inductorkurbel
gedreht und eine Reihe von Wechselströmen in L_1 entsendet, welche beim rückwärtigen Posten die roth gewesene
Scheibe F_1 in Weiss umwandelt, sowie die Sperrung des
Armsignals aufhebt, im eigenen Apparate hingegen die
Scheibe F_1 von „Weiss" in „Roth" verwandelt und zugleich das Armsignal in der Haltstellung festmacht, so
dass eine Umstellung auf „Frei" nicht mehr möglich ist,
bis in gleicher Weise von der nächsten vorderen Station
(in der Richtung des Zuges) die Deblockirung erfolgt.

Die Sperrung der mechanischen Vorgelege des Armsignals geschieht durch das Einfallen des Sperrkegels v_1,
beziehungsweise v_2 in die Falle e_1, beziehungsweise e_2

der Reitscheibe Q_1, Q_2, welche auf der Kurbelaxe Z_1, beziehungsweise Z_2, durch deren Drehung die betreffende Semaphorkette angezogen wird, festsitzt. Ist der Sperrkegel eingefallen und die darüberliegende, in Führungen laufende Stange p_1, beziehungsweise p_2 durch das Vorliegen des Schnappers h_1, beziehungsweise h_2 festgehalten, so kann die auf diese Art festgehaltene Semaphorkurbel nicht mehr bewegt, der dazu gehörige Signalarm also aus seiner Lage („Halt") nicht mehr gebracht werden. Aber wie man aus Fig. 69 ersieht, ist es auch nur bei dieser Lage des Sperrkegels möglich, den Blockirtaster B_1 so weit niederzudrücken, dass D_1 auf C_1 zur Abgabe von Deblockirströmen gelegt werden könnte; denn die Stange p_1, welche senkrecht unter B_1 liegt, kann sonst nicht niedergehen. Bei B_2 in Fig. 69 ist dies möglich, weil v_2 in der Falle und p_2 tief genug liegt. Die Entsendung von Deblockirströmen ist also nur möglich, wenn der bezügliche Arm des Mastsignals auf „Halt" steht, ebenso kann die Umstellung von „Halt" auf „Frei" nicht erfolgen, so lange der Riegel v in der Falle e durch die Stange p und diese durch den Haken h fest-t gehalten wird. Diese Sperrung wird elektrisch hergestellt und aufgehoben, wie dies in Fig. 70 und 71 deutlicher dargelegt erscheint. Zwischen den Polschuhen des Elektromagnets m spielt ein polarisirter, um o drehbarer Stahlanker N, der am anderen Hebelende eine Zahngabel g trägt, die in das gezahnte, bei x drehbare Segment O eingreift. Die den Elektromagnet durchlaufenden Wechselströme werfen den Anker N hin und her, wobei der an der Ankeraxe steif befestigte Klöppel K an zwei Glocken G schlägt; zugleich macht der Eingriff in O die halb weiss, halb roth bemalte und hinter dem Fensterchen

13*

F (Fig. 68) gelagerte Scheibe steigen oder fallen, je
nachdem sie das Bestreben hat, vermöge ihres Eigengewichtes nach abwärts, oder vermöge des Druckes der
Feder U, die bei der gewöhnlichen Lage der Blockir-
stange B auf dem Stift s liegt, sich beim Niederdrücken
des Tasters aber auf den Stift y der Scheibe O legt, oder
eines auf B lose aufgesteckten Gewichtes U_1, U_2 (Fig 69)
nach aufwärts gehoben zu werden.

Fig. 70.

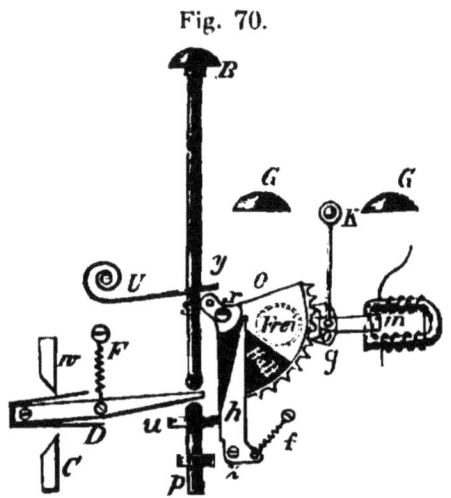

In der Station, welche den Deblockirstrom empfängt,
steht das Verriegelungssystem, wie Fig. 71 zeigt; die
durch m kommenden Wechselströme werfen den Anker
hin und her, O kann, seiner Schwere folgend, schritt-
weise tiefergehen, bis die in Fig. 70 dargestellte Lage
erreicht ist, nämlich das Fensterchen „Weiss" zeigt.
Bei dieser Scheibendrehung hat sich auch die an der
dem Schnapper h gegenüberliegenden Stelle bis auf die
Hälfte ihrer Dicke ausgefeilte Axe x gedreht, soweit,
dass der Haken h daran vorbeigeschoben werden kann,

was durch die auf den Sperrriegel *v* (vergl. Fig. 69)
wirkende Feder *F* geschieht, die kräftiger ist, als die
auf den Haken *h* einwirkende Feder *f*. Indem auf diese
Art der Sperrriegel *v* ausgehoben und die Stange *p* nach
aufwärts gedrückt worden ist, steht nunmehr der Wieder-
benutzung der Kurbel des betreffenden Semaphorarmes
für die Freistellung kein Hinderniss entgegen. Die Section
ist für einen nachfahrenden Zug deblockirt.

Fig. 71.

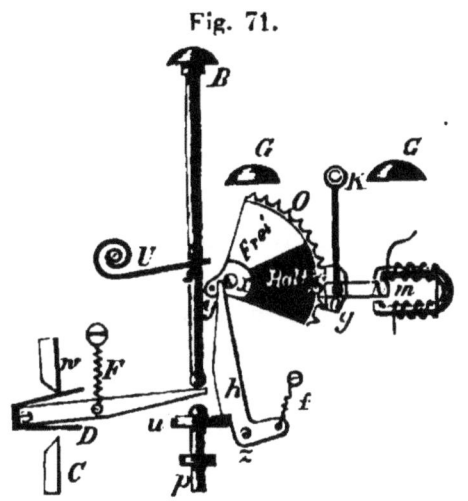

Auf dem Posten, von welchem die Deblockirung
ausging, wurde durch das Niederdrücken des Tasters *B*
die Feder *U* auf *y* gelegt, die Scheibe *O* erhält dadurch
den Antrieb nach aufwärts; ferner wurde auch die Stange *p*
nach abwärts gedrückt, so dass *h* zufolge Einwirkung der
Feder *f* nach links gezogen wird und sich mit seinem
Einschnitt auf den Vorsprung *u* der Stange *p* legt. Der
Verschluss-Apparat hat sich in der in Fig. 70 dargestellten Lage befunden. Durch die den Elektromagnet *m*
passirenden Ströme; beziehungsweise den hin und her

geworfenen Anker kann O dem Antriebe folgen und
somit nach aufwärts steigen, bis wieder der rothe Scheibentheil hinter dem Fensterchen liegt. Es hat jetzt der
Apparat die in Fig. 71 dargestellte Lage: h ist durch
den Fleischtheil der Axe x behindert, seitlich auszuweichen,
es kann demnach auch p nicht aufwärts gehen oder der
Riegel v ausgehoben werden; die Blockirung ist vollzogen.

Im Jahre 1879 wurde das Siemens'sche Blocksignal
auch noch mit einer Vorrichtung combinirt, welche es
dem Blockwärter unmöglich macht, öfter als einmal oder
früher zu deblockiren, als der Zug die Section thatsächlich verlassen hat. Es ist zu diesem Ende noch ein
Sperrkegel angebracht, der, sich gegen die Stange p stem-
mend, das Niederdrücken verhindert und erst durch den
vorbeifahrenden Zug durch Vermittlung eines Pedals
(oder mittelst eines durch den Zug in Schluss gebrachten
Localstromes) aus der hemmenden Lage umgelegt wird.
Eine zweite Klinke, die durch die Verbreiterung u der
Stange p (Fig. 70 und 71) rechts oder links geschoben
wird, je nachdem p tief oder hoch steht, so dass ersterenfalls diese Klinke sich gegen B stemmt, letzterenfalls B
aber nicht behindern kann, beschränkt in einfacher Weise
die Möglichkeit der Entsendung von Deblockirströmen
auf ein einzigesmal nach jeder Zugdeckung.

Ein nach den Grundsätzen des Siemens und
Halske'schen Blocksignals entworfenes Signal ist das von
Křižik (vergl. Technische Blätter, 1877, S. 224) und
jenes von Hattemer und Kohlfürst. Beim letztgenannten System, welches im Wesentlichen unter Bedachtnahme
auf die in Oesterreich-Ungarn geltenden Signalbestim-
mungen und bestehenden Signal-Einrichtungen concipirt

wurde, ist das Vorläuten in der Regel durch die Glockensignalisirung ersetzt gedacht, obwohl die Beifügung von
Vorläutevorrichtungen ganz leicht bewerkstelligt werden
kann. Es ist ferner davon abgesehen, das optische Signal
der Blockstation gleichzeitig als Bahnzustandssignal, ausser
wenn etwa Gefahr im Verzuge stünde, mitzubenutzen,
sondern es soll regulär nur für die Zugdeckung verwendet werden.

Der Hattemer-Kohlfürst'sche Apparat ist bei den
Streckenblocks, wie er von der Maschinenbau-Actien-
Gesellschaft (vormals Breitfeld, Danek und Comp.)
in Carolinenthal erzeugt wird, in einem gusseisernen
Kasten G gleich direct an dem schmiedeeisernen Signal-
mast (Fig. 72 und 73) angebracht. Die Hebel H_1, H_2
dienen zum Halt- und Freistellen der Arme. In dem
der Bahn zugekehrten Theile des Mastes befinden sich
die eigentlichen Block-Apparate, deren Lage für jede
Bahnrichtung sich wieder an den in die Kastenwand
geschnittenen Fensterchen optisch kennzeichnet. Die
Fensterchen zeigen Roth, wenn das betreffende Armsignal gesperrt, Weiss, wenn es unverschlossen ist. Die
Normallage des Armsignals ist nach Massgabe der localen
Bestimmungen „Halt" oder „Frei", die Lage des optischen
Signals auf „Weiss" (Frei). Soll ein Zug in die Section
einfahren, so hat der Wärter also entweder den auf
„Halt" stehenden Arm für die zuggemässe Richtung auf
„Frei" zu stellen oder, wenn „Frei" die normale Stellung
der Arme ist, eben den Zug nur einfahren zu lassen;
in jedem Falle muss er jedoch den eingefahrenen Zug
unverzüglich durch Umstellen des respectiven Armsignals
auf „Halt" decken; der Hebel des Armsignals wird dabei
automatisch blockirt, das Fenster auf „Roth" gebracht. Ein

Fig. 72.   Fig. 73.

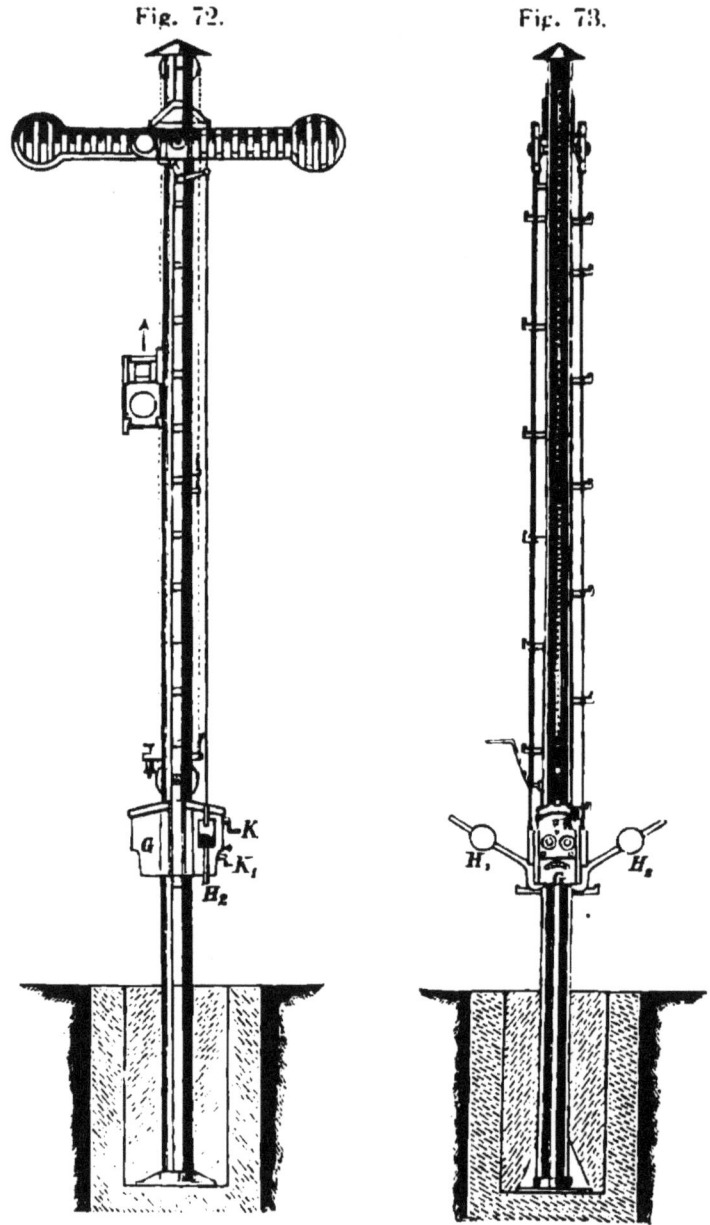

neuerliches Geben des Freisignals ist nur möglich, nachdem vorher vom Vorwärter die elektrische Entriegelung
erfolgte. Das Stellen des Signalarmes auf „Halt" geschieht,

Fig. 74.

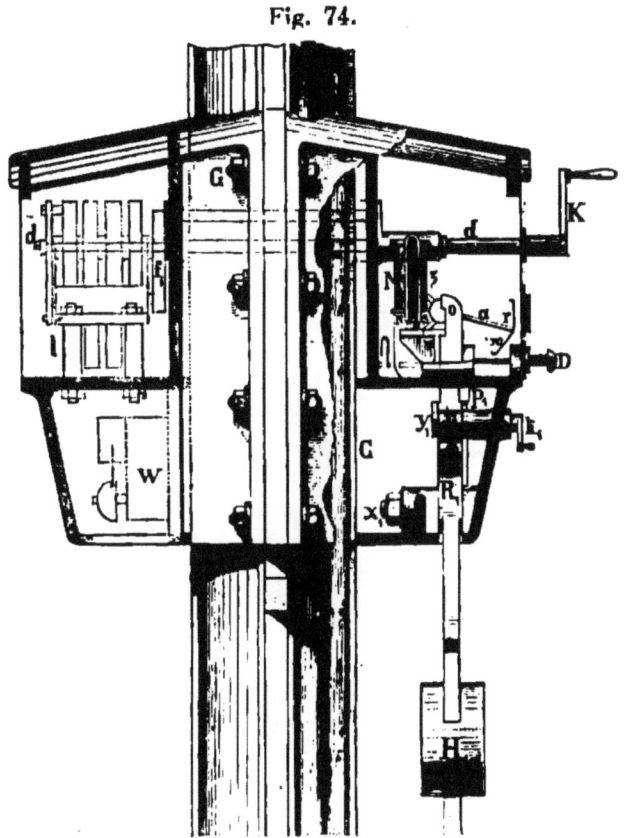

indem mit dem um x (Fig. 74 und 75) drehbaren Hebel
H die Zugstange Z aufwärts gehoben wird. Vorher muss
mit der Kurbel k die Klinke v ausgehoben werden. Kommt
H in die Haltlage, so fällt v wieder in die Reitscheibe
R ein, diesmal bei m und um etwa 17 Mm. tiefer als

bei der Freilage. Für eine spätere Wiederumstellung von
„Halt" auf „Frei" muss wieder vorher mit *k* die Klinke
v genügend hoch ausgehoben werden können, was jedoch,

Fig. 75.

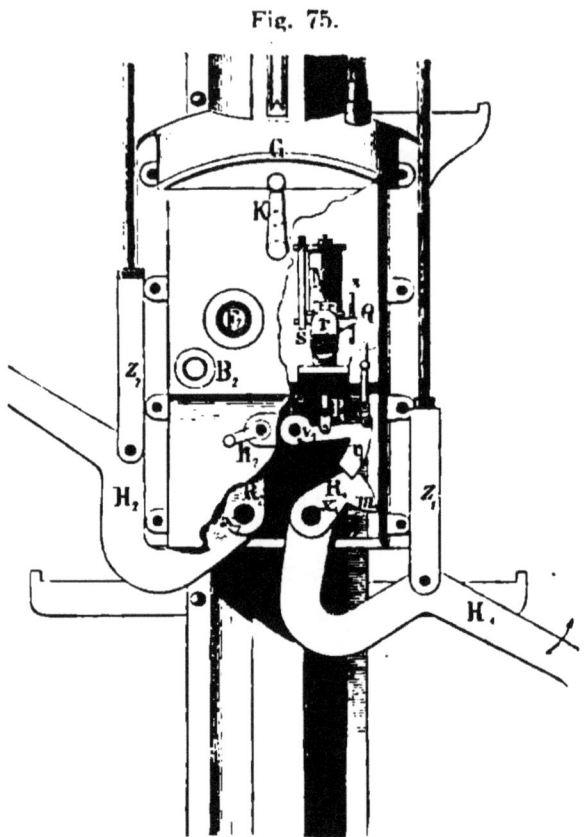

wie die spätere Betrachtung ergeben wird, nur möglich
ist, wenn die auf *v* sitzende senkrechte Stange *P*, die
mit der elektrischen Sperrung zusammenhängt, gehoben
werden kann. Die zur Beweglichmachung der Stange *P*
nöthigen Ströme wechselnder Richtung liefert der im

rückwärtigen Theil des Kastens *G* angebrachte Magnet-
Inductor. Hat ein Wächter einen Zug einfahren lassen
und dann den betreffenden Arm auf „Halt" gestellt, so kann
er den Semaphor des Nachbarwächters deblockiren, indem
er den Tasterknopf *D* niederdrückt und die Inductor-

Fig. 76.

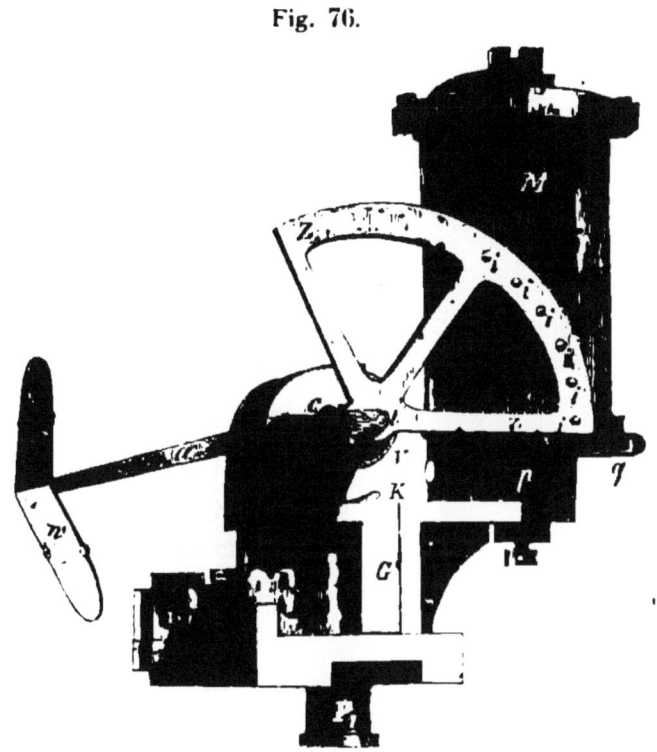

kurbel *K* fünfmal herumdreht. Die auf diese Weise entsendeten Ströme würden im Empfangs-Apparat des Nachbarwärters die Stange *P* freigemacht haben, er könnte *p*
ausklinken und für einen nachfahrenden Zug das Signal
„Frei" geben. Die Absendung der Deblockirströme (die,
wenn es gewünscht wird, durch den Wecker *W* akustisch

controlirt werden können) kann nur bei genauer Haltstellung des Semaphors geschehen, weil sich andernfalls
die mit der Verschlussklinke *v* gekuppelte Stange *Q* in
einem Schlitze der Tasterstange *D* befindet und das
Bewegen dieses Tasters unmöglich macht.

Im elektrischen Verriegelungs-Apparat (Fig. 76 bis 80)
kann die im Gestelle *G* geführte Stahlstange *P* nicht

Fig. 77.

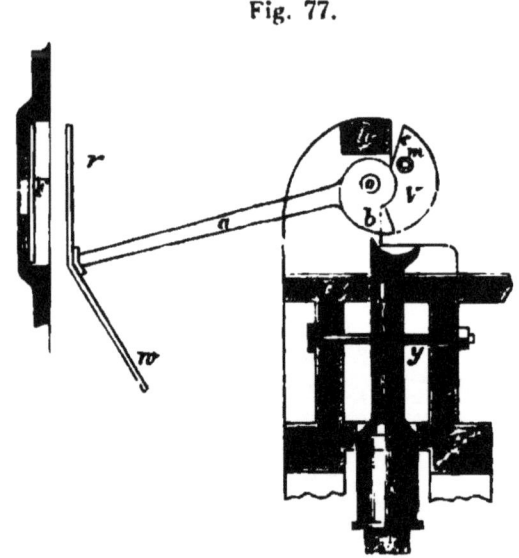

nach aufwärts gedrückt werden, weil das um *o* drehbare
Metallstück *V* mit seinem Fleischtheil *b* vorsteht.

Diese in Fig. 76 und 77 dargestellte Lage des Stückes
V wird bedingt durch das Uebergewicht, welches die aus
den roth und weiss bemalten Hälften *r* und *w* bestehende
Blechscheibe, die durch den Arm *a* mit *V* steif verbunden
ist, herbeiführt. Soll sich *P* nach aufwärts verschieben
lassen, so muss vorher *V* soweit gedreht werden, dass
der Theil *b* hinreichend nach links rückt. Dies geschieht

durch das bei *t* drehbare Messingsegment *Z*, sobald dasselbe niedergehen kann, wobei der steif daran befestigte
Arm *m* (Fig. 78) das Stück *V* bei *b* erfasst und zur
Seite schiebt, weil das Gewicht des Segmentes *Z* entsprechend höher gewählt ist, als jenes des Stückes *V*.
Hat *Z* den tiefsten Punkt erreicht, liegt *V*, wie Fig. 79
und 80 zeigen; der weiss bemalte Scheibentheil *w* steht
jetzt vor dem Fensterchen *F*; die Klinke *v* des Block-
Apparates (vergl. auch Fig. 75) lässt sich nunmehr aus-

Fig. 78.

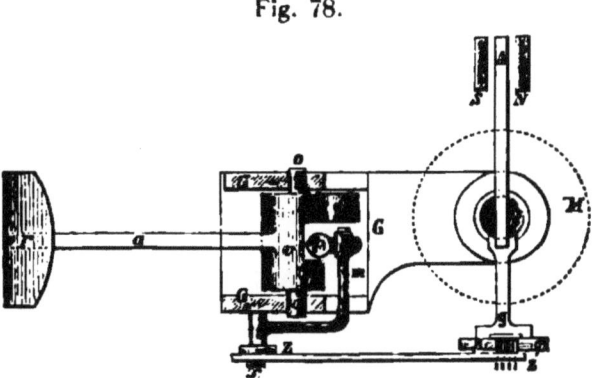

heben, weil *P* den Weg nach aufwärts offen hat. Wird
die Klinke *v* gehoben (Fig. 75, 76, 77, 79), geht auch
P aufwärts, wobei seine gekrümmte Oberkante *K* auf
den Arm *m* drückt und das Segment *Z* wieder in die
gehobene Lage zurückbringt; *V* kann jedoch nicht in die
ursprüngliche Lage zurück, weil *P* vorgeschoben ist
(Fig. 79). Sobald aber das Armsignal wieder in die normale Haltstellung zurückgeführt und die Klinke *v* (Fig. 77
und 79) tief eingeklinkt wird, fällt *P*, seinem Eigengewichte folgend, in die Sperrlage zurück, ebenso *V*, und
der Verschluss ist damit neuerlich so hergestellt, wie er

vor der Deblockirung bestand. Die vorstehend besprochene
Aufhebung des Verschlusses, d. i. das Niederfallen des
Segmentes Z, geschieht durch Wechselströme. Die Stahl-
näschen (Paletten) *p* und *q* (Fig. 76, 78, 79 und 80)

Fig. 79.

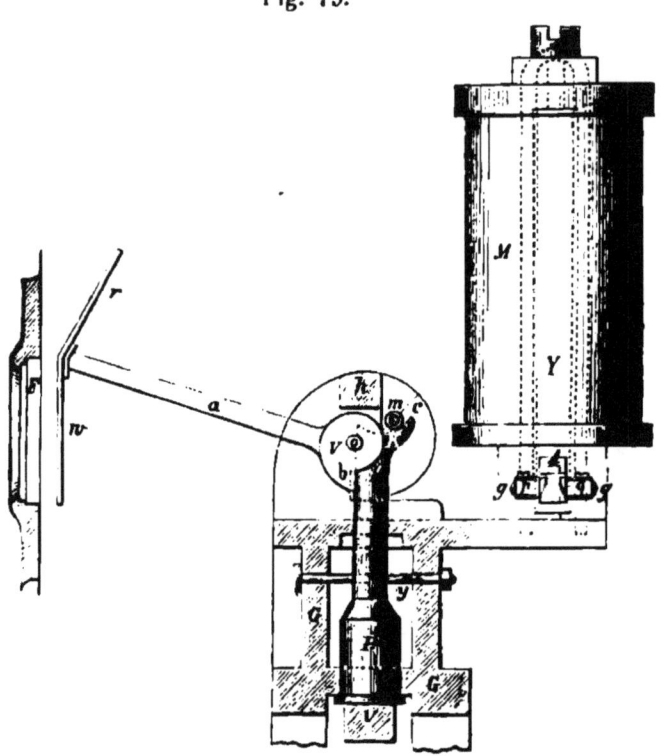

sind an dem gabelförmigen Ende des Messingstückes *g*
angebracht, das seinerseits auf dem drehbaren Kern *Y*
(Fig. 78 und 79) des Elektromagnets *M* befestigt ist.
Auf *Y* sitzt auch der als Anker dienende Arm *A* aus
weichem Eisen, welcher zwischen den Polenden *S* und
N (Fig. 74) eines Stahlmagnets spielt. Die durch *M*
kommenden Wechselströme machen *A* abwechselnd süd-

und nordmagnetisch; A wird also zwischen N und S hin und her geworfen. Dieses Spiel des Ankers, beziehungsweise der steif damit verbundenen Palettengabel g gestattet den seitlich aus Z vorstehenden Stiften i, mit welchen das Segment auf p oder q aufliegt, der

Fig. 80.

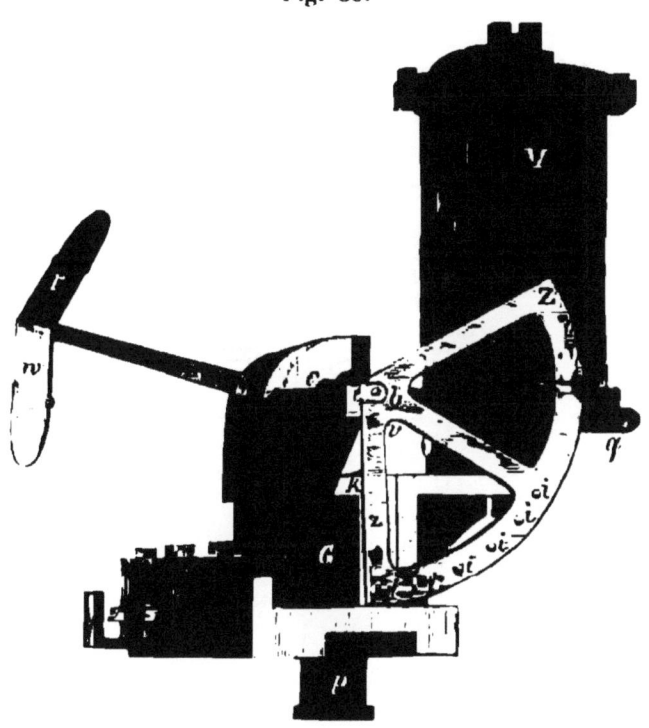

Reihe nach abzufallen. Z kann daher ganz niedergehen, wenn mindestens doppelt so viel Ströme abwechselnder Richtung (von längerer Dauer) durch M gelangen, als Z Stifte i hat. Die Lösung des Verschlusses erfolgt in diesem Falle wie bereits oben geschildert. Die grössere Anzahl der Stifte i ist nur gewählt, um den Apparat vor zufälligen Auslösungen durch atmosphärische oder

tellurische Ströme zu sichern. Beim Heben des Segmentes
Z durch die Stange P weichen die nach aufwärts beweglichen und nur durch leichte Federn gehaltenen
Näschen p, q aus.

Die Schaltung einer Streckenblockstation erhellt aus
Fig. 81. An der Inductorkurbelaxe d (vergl. auch Fig. 74)
sitzt ein Daumen P, welcher bei einer Umdrehung einmal
die Contactfeder f_1, dann f_2 von dem Metallstücke m
abhebt. Dadurch kommen länger dauernde Ströme von

Fig. 81.

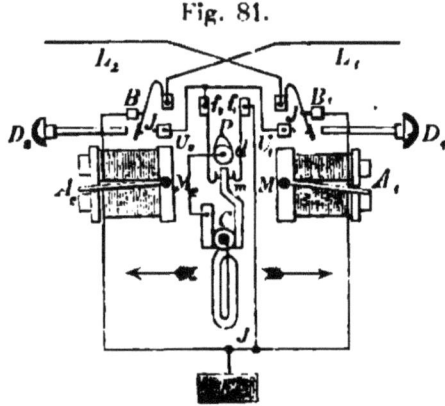

ungleicher Richtung in die durch Niederdrücken des
Blocktasters D geschlossene Leitung, weil der im gewöhnlichen Commutator C gleichgerichtete Inductionsstrom wieder nach jeder halben Umdrehung der Inductorkurbel umgekehrt wird.

Ein von Lartigue, Tesse und Prudhomme her-
rührendes Blocksignal wird seit 1874 auf der Französischen Nordbahn benutzt. Die Block-Apparate sind
gleichfalls am Mast des optischen Signals (Fig. 82) in den
Kästchen H, h angebracht. Für jede Fahrtrichtung sind
zwei Flügel am Maste vorhanden, ein kleinerer, tiefer

angebrachter, *f*, der zur Rück- und Vormeldung, und ein

Fig. 82.

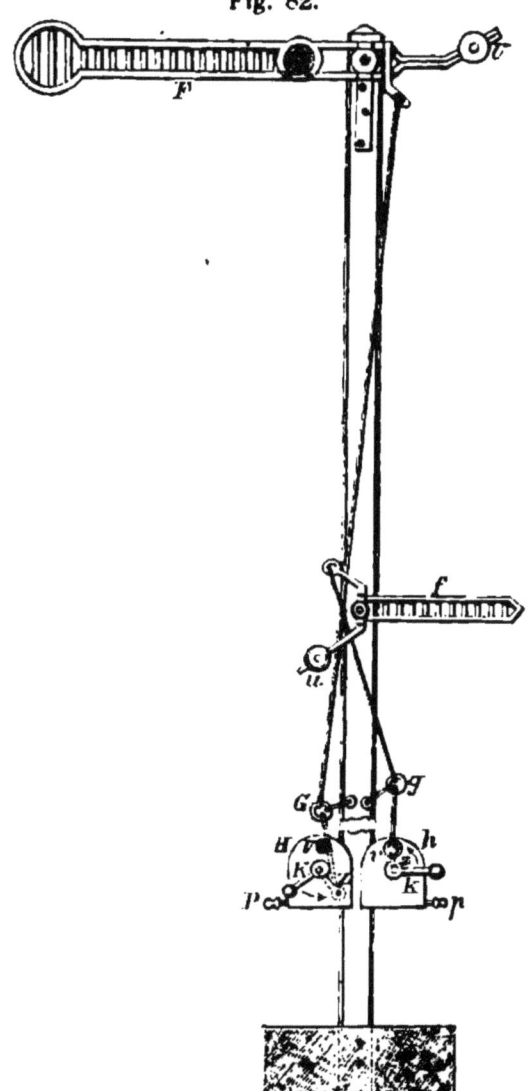

gewöhnlicher Flügel *F*, der als Bahnzustandssignal, be-

ziehungsweise also als eigentliches, dem Zugpersonal
geltendes Blocksignal dient. Die Lage jedes dieser Flügel
kann mittelst der Kurbeln K, beziehungsweise k, und
eines an der Kurbelaxe sitzenden Krummzapfens Z, beziehungsweise z, der wieder durch ein Gestänge G, beziehungsweise g, mit dem Arm F, beziehungsweise f,
entsprechend verbunden ist, geändert werden. Es sind
die Krummzapfen gegen die Kurbel um 90 Grad verstellt. Die Drehung der Kurbel ist zufolge des Eingriffes
eines Sperrkegels nur nach einer Richtung möglich.

Steht die Kurbel K horizontal, so hängt F nach
abwärts; eine Drehung von K um 210 Grad bringt den
Arm F in die horizontale Lage (Haltstellung). Steht K
horizontal, so befindet sich der kleine Arm f auch in
der horizontalen Lage (d. i. in der Stellung „Strecke
gesperrt"), welcher durch das Drehen der Kurbel (wieder
um 210 Grad) in die Freistellung, d. i. senkrecht nach
aufwärts gehoben wird.

Die Rückstellung des Armes F auf „Frei", sowie
die Umstellung des Armes von „Frei" auf „Halt" geschieht
auf elektrisch-automatischem Wege. Die betreffenden elektrischen, für den kleinen wie grossen Semaphor im
Wesentlichen ganz übereinstimmend angeordneten Vorrichtungen, „Verriegelungen", sind mit den Kurbelanlagen
in den Gehäusen H und h, d. i. unmittelbar am Signal-
maste, in entsprechender Höhe untergebracht; sie können
immer nur von der vorliegenden Station ausgelöst werden
und ihre Anordnung ist aus Fig. 83 ersichtlich.

Der zweiarmige, um o drehbare Hebel PQ trägt bei
A einen Anker A aus weichem Eisen, welcher von dem
Elektromagnet E, dessen Kerne durch einen mehr-
lamelligen Stahlmagnet M magnetisirt werden, angezogen

wird. Der Arm *P* steht durch ein Gelenk *l* mit dem um o_1 drehbaren Hebelarm *R* in Verbindung. *X* ist die Axe der Kurbel. Auf derselben ist in bestimmter Lage festgekeilt: erstens die Commutatorscheibe *C*, dann ein Daumen *D*, ferner ein Arm *Y*; letzterer liegt mit dem Hebel *R*, ersterer mit dem Arme *Q* in gleicher Vertical-

Fig. 83.

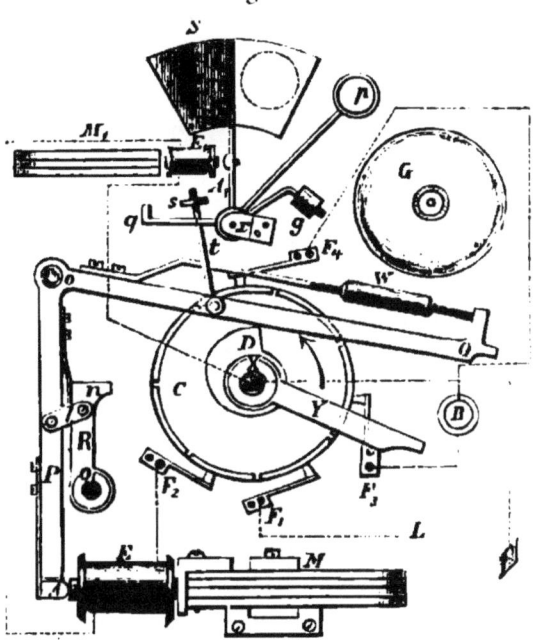

ebene. In der Ruhelage wird der Anker *A* angezogen sein. Der Arm *Y* befindet sich in der gezeichneten Lage für die Axe des grossen Armes, wenn er auf „Frei" nach abwärts geneigt, für den kleinen Flügel, wenn dieser wagrecht steht.

Wurde nun z. B. die Kurbel *K* (Fig. 82) aus der horizontalen Lage um 210 Grad nach links ge-

dreht, so dreht sich der Arm Y (Fig. 83) mit und stösst
am Ende der Drehung an die Nase n des Hebels R. Der
dabei in die Haltlage gebrachte grosse Flügel F ist sonach in dieser Stellung gesperrt, da ja die Drehung
der Kurbel nach entgegengesetzter Richtung vom früher
erwähnten Gesperre verwehrt wird. Kommt jedoch vom
Vorwärter her ein Strom, der gemäss seiner Richtung
die Kerne des Elektromagnets E entmagnetisirt oder
wenigstens soweit schwächt, dass der Anker vermöge
des am Arm Q angebrachten einstellbaren Gegengewichtes
W abreisst, so zieht der niedergehende Arm Q den Arm
P und dieser wieder den Hebel R zur Seite, so dass
der Arm Y frei wird.

Da am Flügel F (Fig. 82) der Arm schwerer ist,
als das Gegengewicht U, geht F von selbst, sobald Y
(Fig. 83) unten nicht mehr festgehalten wird, in die
Ruhelage — senkrecht nach abwärts — zurück, wobei
er das Gestänge Z und die Kurbel K natürlich mitnimmt,
so dass letztere wieder in die horizontale Lage gelangt.
Auf diesem Wege hebt der Daumen D den abgefallenen
Hebel Q soweit, dass der Anker A wieder dicht an den
Elektromagnet E angeschoben und von diesem, da der
Strom indessen aufgehört hat und die Kerne wieder ihren
früheren Magnetismus erlangt haben, festgehalten wird.

Ganz gleich ist die Anordnung in dem Gehäuse des
kleinen Armes, nur mit dem Unterschiede, dass die selbstthätige Umstellung des Armes von der senkrechten Lage
in die wagrechte erfolgt, indem das Gewicht u grösser
ist als das des Flügels f und die Anordnung der ganzen
Auslösung also die verkehrte gegen jene im Gehäuse
des grossen Armes. Zur Controle, dass die beabsichtigte
Zeichengebung in der Nachbarstation thatsächlich vor

sich geht, ist sowohl im Apparatsatze des grossen als kleinen Armes noch je ein zweiter Hughes'scher Elektromagnet E_1 (Fig. 83) vorhanden, dessen Anker A_1 eine halb weisse, halb rothe Scheibe S trägt. Auf der Ankeraxe x dieses Elektromagnets sind ausserdem auch noch ein Klöppel p, ein Gegengewichtsarm g und noch ein zweiter Arm q befestigt. Die Entmagnetisirung des Elektromagnets E_1 geschieht durch einen Strom, der jenem entgegengesetzt ist, welcher E schwächt. So lange der Anker A_1 angezogen bleibt, zeigt das Fensterchen V, beziehungsweise ν (Fig. 82), hinter welchem die Fallscheibe S sichtbar wird, Weiss, nach dem Abfallen Roth. Die Rückstellung der abgefallenen Farbscheibe geschieht zugleich mit der Rückstellung des Flügels in die normale Lage, indem der Hebel Q, sobald er abfällt, mittelst des auf dem Stäbchen t angebrachten Vorsteckscheibchens s den Arm q nach abwärts zieht und das ganze Ankerhebelsystem in die in der Figur dargestellte Lage zurückbringt. Ist dann Q durch D wieder gehoben, kann A_1 ungehindert abfallen, sobald ein Strom durch E_1 kommt, der die Anziehung schwächt und g wirksam macht. Bei diesem Abfallen kommt die rothe Schirmhälfte vor das Gehäusefensterchen und gleichzeitig schlägt auch der Klöppel p auf die Glocke G, d. h. also, das optische Zeichen wird auch von einem akustischen begleitet.

Die Wirksamkeit des Apparates bei der Durchführung der Signalisirung wird nachstehende sein:

Vorerst ist im Auge zu behalten, dass stets das eigentliche Blocksignal (der grosse Arm) nur mit dem Avertirungssignal (dem kleinen Arm) der in der Richtung des Zuges zunächst gelegenen Blockstation telegraphisch in Verbindung steht. Für die zweite Fahrtrichtung der

Züge muss natürlich eine zweite Leitung vorhanden sein, gerade so wie am Semaphor für das zweite Arm-paar auch wieder zwei eigene Apparatsätze nöthig sind. Die Thätigkeit, Wirksamkeit und das Ineinandergreifen der Apparate auf der einen Linie wird jedoch mit jener auf der zweiten ganz übereinstimmen.

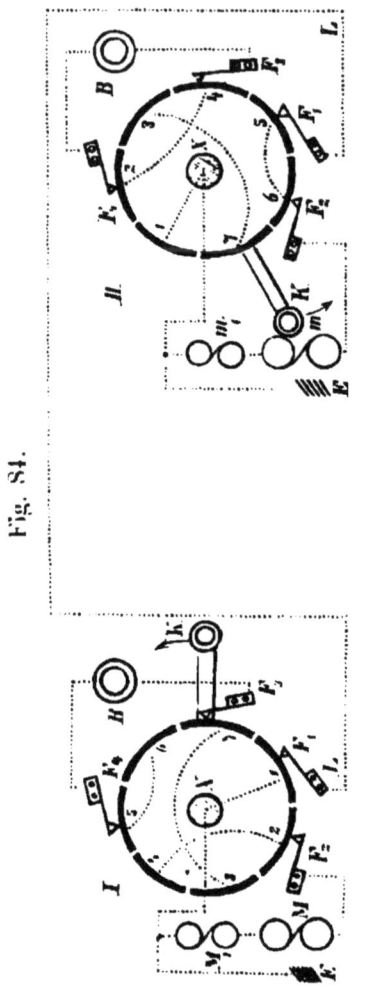

Fig. 84.

Bevor der Zug in die Section I, II (Fig. 84) einfährt, hängt in I der Arm F nach abwärts, in II der kleine Flügel f nach aufwärts. Die Stellung der an der Kurbel-axe sitzenden Commutator-scheiben, in welche die Messingstücke 1 bis 7 eingelassen sind, wird die in der Zeichnung dargestellte Lage haben. Von den Messingstücken, auf welche bei der Kurbeldrehung die Contactfedern F_1, F_2, F_3 und F_4 schleifen, ist 1 durch Vermittlung der Kurbelaxe X mit der Erde, 2 mit 4, 3 mit 7 und 5 mit 6 vermittelst je eines eingelegten Drahtes in Verbindung. In II ist die Linie L über F_1, 5, 6, F_2 zu den Elektromagneten m und m_1 und dann zur Erde verbunden. Fährt der Zug in die Section ein, stellt der Wärter bei I den grossen

Arm auf „Halt", d. i. er dreht die Kurbel K um 210 Grad
nach links. Bei dieser Drehung bekommt die Commutatorscheibe die Stellung Fig. 85, wobei ein Strom über F_4,
7, 3, F_1 in die Linie entsendet
wird, in II durch die Apparate
geht und in I über M_1, M,
F_2, 4, 2, F_3 zum Zinkpol
zurückkehrt. Dieser Strom
schwächt in II den Magnet m,
und es erfolgt dort die bereits
geschilderte selbstthätige Umstellung des kleinen Flügels
in die horizontale Lage. Nach
der Auslösung in II macht

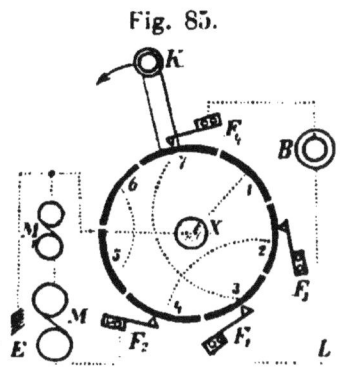

Fig. 85.

der Commutator daselbst eine Umdrehung von 150 Grad
und kommt dabei in die Stellung Fig. 86, wodurch

über F_3, 5, 6, F_1 ein negativer
Strom nach I entsendet wird,
der dort, indem der Commutator bereits die Ruhelage, und
zwar dieselbe erlangt hat, wie
sie ursprünglich in II (Fig. 84)
vorhanden war, durch die
Apparate geht, den Magnet M
zwar nicht, doch den Magnet
M_1 schwächt, so dass die Farbscheibe abfällt und Roth zeigt.

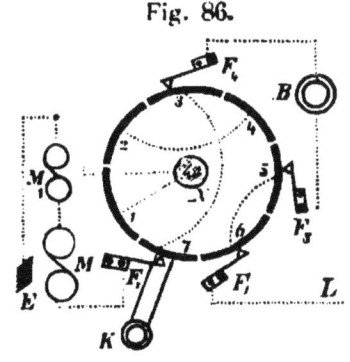

Fig. 86.

I weiss hierdurch, dass die gewünschte Stellung des
kleinen Semaphors in II wirklich stattgefunden hat. In II
aber wurde die seit der letzten Deblockirung abgefallen gewesene Farbscheibe bei der Auslösung durch den nieder-
gegangenen Hebel q (Fig. 83) auf „Weiss" eingehoben.

Passirt der Zug bei II, so wird hier der grosse Arm wie früher in I auf „Halt" gestellt und dadurch wieder in der nächstfolgenden Station III der kleine Arm in die horizontale Lage gebracht. Nach dieser Verrichtung hat II aber gegen I zu deblockiren, indem er den kleinen Semaphor durch eine Drehung der Kurbel von 210 Grad in die senkrechte Lage bringt. Dabei kommt der Commutator, welcher während der Haltstellung des kleinen Semaphors dieselbe Lage hatte wie in I (Fig. 84), während seines Weges in die Lage Fig. 85, ein positiver Strom geht nach I und verrichtet dort die Auslösung.

Beim Zurückgehen des Systems in die Freilage kommt die Commutatorscheibe in I in die Lage Fig. 86, und ein negativer Strom geht nach II und macht dort die Farbscheibe abfallen, während in I der abgefallene Hebel q (Fig. 83) die Farbscheibe wieder gehoben hat.

Damit die Batterien nicht im kurzen Schlusse stehen, der durch den Commutator während der Ruhelage bedingt wäre, ist ein Batterie-Ausschalter da, nämlich ein Knopf, der bei den Kurbelumstellungen zugleich mit niedergedrückt wird, und so erst für den Bedarfsfall die Batterien, welche im Sockel des Semaphors aufgestellt sind, in die Linie bringt.

Der kleine Flügel wird bei Nacht nicht durch eine eigene Lampe, sondern durch einen Reflector erleuchtet, welcher einen Theil des Lichtes der Laternen des grossen Armes auf den kleinen herabwirft.

Bei dem Blocksignal von Farmer und Tyer (in England und Belgien patentirt 1874) ist auf jeder Station für jede Fahrtrichtung ein Strecken-Semaphor S (Fig. 87) vorhanden, welcher vom Blockwärter mittelst des Hebels H gestellt wird. Die Stellung des Semaphorarmes P auf

„Halt" kann ungehindert jederzeit geschehen und ist die normale, durch das Uebergewicht *G* bedingte Lage.

Fig. 87.

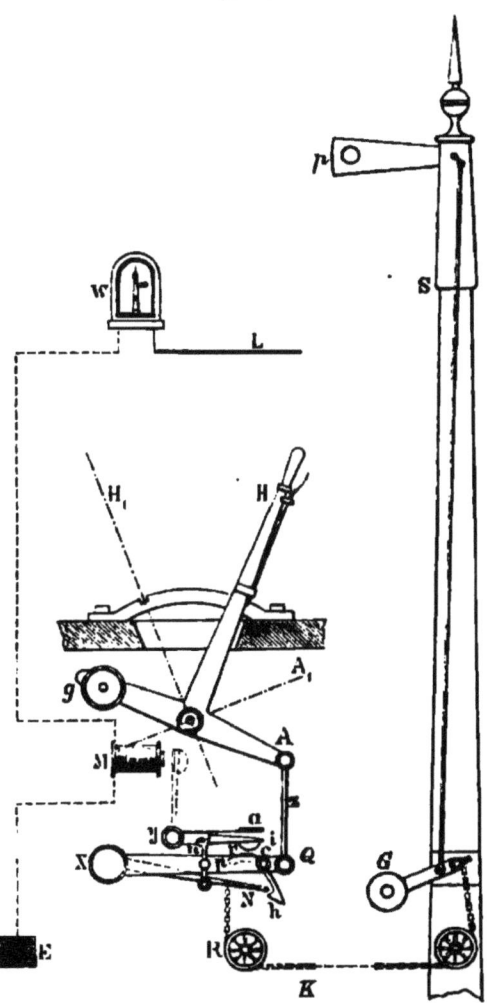

Eine vom vorliegenden Blockwärter kommende Leitung *L* passirt den Wiederholer *W* (vergl. Abschnitt X), auf dessen Miniatur-Semaphor der Blockwärter ersieht, ob die Linie freigegeben ist. In diesem Falle entsendet nämlich der vorliegende Blockwärter mittelst eines Contactgebers einen dauernden Strom durch L, welcher erstens den bei ihm aufgestellten Repetiteur, dann jenen des Nachbarwärters auf „Frei" stellt und die Spulen des Elektromagnets M durchfliesst, um dann zur Erde zu gehen und zum zweiten Pol der Batterie zurückzukehren. Unter dieser Voraussetzung nur darf und kann der Semaphor auf „Frei" gestellt werden, indem der Hebel H in die punktirte Lage H_1 gebracht wird.

Dabei hebt der Arm A durch Vermittlung der Zugstange z den bei X drehbaren Hebel QX, der an diesem Arm an einer Drehaxe c leicht bewegliche Haken h erfasst den gleichfalls auf der Axe X drehbaren Hebel N, und indem das ganze Hebelsystem gehoben wird, zieht die an N befestigte und über Rollen laufende Verbindungskette K den Gegenarm des Gewichtshebels G am Semaphor abwärts, so dass der Signalarm p niedergeht und das Zeichen „Frei" giebt.

Beim Umstellen des Hebels H erfasst aber ein an N drehbar befestigter, oben gabelförmig endender Arm n den bei y drehbaren Stiel des Hammers v, an welchem federnd ein Ankerstück a angebracht ist, und wirft vy gegen den Elektromagnet M, von dem der Anker a festgehalten wird.

Um dieses Festhalten sicherer zu gestalten, ist wohl auch an einem zweiten, in der Zeichnung nicht dargestellten Anker ein Schnapper angebracht, der, so lange der Elektromagnet wirksam ist, ein an dem Hammer bei i angebrachtes Näschen festhält.

Ist jedoch die Magnetspule stromfrei, so kann die Festhaltung des Hammers, weil keine Anziehung vorhanden ist, nicht erfolgen, sondern dieser muss, seinem Uebergewichte folgend, wieder zurückfallen, wobei er auf den Arm p des Hakens h schlägt, so dass h unter N weggezogen wird; N fällt nach abwärts und das Gewicht G stellt den Semaphorarm wieder auf „Halt". Es kann sonach das Einstellen auf „Frei" nur geschehen, nachdem der Vorwärter durch Schliessung des dauernden Stromes hierzu die Erlaubniss ertheilt, und dieser Wärter hat also auch das Mittel in der Hand, durch Unterbrechung des Stromes den auf „Frei" stehenden Semaphor des rückwärts gelegenen Blockwärters im Bedarfsfalle sofort auf „Halt" stellen zu können.

Eine ähnliche Anordnung haben die Blocksignale des Ingenieurs Austin Chambert, wie sie auf der unterirdischen Eisenbahn in London und auf einigen anderen englischen Bahnen (vergl. Dingler's Journal, Bd. 232, S. 129) seit etwa fünf Jahren in Verwendung sind. An jeder Blockstation ist ein Semaphor vorhanden, der vom Wärter durch Umstellen eines Hebels bewegt werden kann, und zwar in die Haltlage unter jedem Umstande, in die Freilage jedoch nur unter Erlaubniss seitens des vorliegenden Blockwärters.

Das Stellen des Signals geschieht auf pneumatischem Wege, indem ein zweiter Arm des Stellhebels einen Gebläsecylinder aus Kautschuk auszieht oder zusammenschiebt. Im ersteren Falle wird die Luft im Cylinder und in der von demselben ausgehenden Röhre verdünnt (der Semaphorarm auf „Halt" gebracht), im zweiten verdichtet (der Semaphorarm auf „Frei" gestellt). Die letztere Vorrichtung ist elektrisch versperrbar. Die Freistellung

ermöglicht der Vorwärter, indem er mit seinem Schlüssel
einen dauernden Strom herstellt, der beim Nachbarwächter durch einen Elektromagnet geht, dessen Anker
bei der angezogenen Lage ein Ventil schliesst; ausserdem
bringt der Strom auch auf dem Repetiteur beider
Stationen das Zeichen „Frei" hervor. So lange das besagte Ventil nicht geschlossen ist, ist es auch unmöglich, die Verdichtung der Luft behufs Freistellung des
Signalarmes durchzuführen. Der Nachbarwächter hat es
also auch hier wie bei der Farmer und Tyer'schen
Einrichtung in der Hand, den auf „Frei" stehenden
Semaphor des zurückliegenden Blockwärters durch die
Unterbrechung des Stromes, d. i. im vorliegenden Falle
durch Oeffnen des Ventiles, auf „Halt" zu stellen.

Bei Spagnoletti's Blocksignal sitzt auf der Kurbel,
mit welcher das optische Signal gestellt wird, eine Scheibe
mit zwei Vertiefungen, in die sich ein Hemmstift einlegt.
Das Zurückziehen dieses Hemmstiftes für die Wiederumstellung des optischen Signals von der Haltlage in
die Freilage, sowie das Einlegen des Hemmstiftes im
umgekehrten Falle kann nur vom Signalwärter der vorliegenden Station durch Entsendung eines elektrischen
Stromes von bestimmter Richtung bewerkstelligt werden.
Nach Abgabe dieses Stromes wird die Linie im Apparate
des Vorwärters automatisch durch den polarisirten Anker
eines in die Linie geschalteten Elektromagnets unterbrochen, und erst durch den daselbst angekommenen
Zug zufolge des Druckes auf ein Pedal, das den Elektromagnet-Anker mechanisch oder mit Hilfe eines Localstromes in die angezogene Lage zurückbringt, wird die
Linie wieder hergestellt. Es kann also weder zufällig
noch irrthümlich einem zweiten Zuge die Einfahrt in die

Section gestattet werden, ehe der vorangegangene am Ende des Blockabschnittes eingelangt ist.

Auf der London Chatham and Dover-Bahn, dann auf der South-Eastern- und mehreren anderen Bahnen Englands findet das Blocksignal von William Robert Sykes Anwendung. Das optische Signal im Semaphor wird mit einem Hebel gestellt, den eine Sperrvorrichtung in der Haltlage festhält. Ein oberhalb des Stellhebels angebrachtes Kästchen enthält zwei übereinanderliegende Signalscheibenfenster, das eine correspondirend mit dem Verschlusse, das andere als Vor- und Rückmeldesignals. Ersteres zeigt, wenn es gehoben, d. h. der Hebelverschluss gesperrt ist, die Aufschrift „blocked", wenn es gesenkt, d. i. der Hebelverschluss offen ist, das Wort „clear". Das Vormeldefensterchen zeigt ersterenfalls die Aufschrift „train on", sonst „train passed". Die obere Signaltafel wird bewegt durch einen senkrechten Stab, der sich auf den Arm eines Winkelhebels aufstützt, dessen zweiter Arm den Anker eines Hughes'schen Elektromagnets trägt. Ist der Anker angezogen, so liegt die Signaltafel so, das sie „blocked" zeigt und ein mit der vorbenannten Stange durch ein Gelenk verbundener Sperrhaken liegt in einem Einschnitte des Semaphor-Stellhebels; dieser ist also unbeweglich. Kommt aber durch den Elektromagnet ein Strom entsprechender Richtung, so wird der Anker abgestossen, der die Stange stützende Arm geht nach abwärts, desgleichen die Stange selbst und ebenso die Signaltafel auf „clear". Die niedergehende Stange hebt zugleich die Sperrklinke des Semaphor-Stellhebels aus. Der Semaphor kann nun auf „Frei" gestellt werden.

Um einen Deblockirstrom entsenden, d. h. den dazu gehörigen Taster niederdrücken zu können, muss der

nächst vorhergehende Zug thatsächlich den Posten passirt haben; denn es ist einerseits, wenn der Semaphor-
Stellhebel für die Einfahrt eines Zuges auf „Frei" gestellt
wurde, ein anderer Riegel eingefallen, den nur der vor-
überfahrende Zug durch Vermittlung des Druckes, den
er auf ein Pedal ausübt, wieder auflösen kann; erst
nach dieser Auslösung ist es dem Signalwärter möglich,
den Semaphor auf „Halt" zurückzustellen und nur bei
dieser Lage lässt sich der Deblockirtaster niederdrücken.

In Erkenntniss der Wichtigkeit der Kuppelung
zwischen dem Blocksignal als solchem und dem eigentlichen Bahnsignal, welches dem Zugpersonal die
Einfahrt in die Section gestattet oder verbietet, sind
auch mehrere der älteren Blocksysteme in dieser Richtung verbessert worden. So hat Preece seiner Construction eine dem Zugpersonal geltende Wendescheibe
beigefügt, die entriegelt wird, wenn das Signal „clear"
vom Vorwärter kommt. Auch Regnault hat sein
System dahin erweitert und vervollkommnet, dass er sein
Signal mit dem Bahnzustandssignal verbindet und dieses
erst durch Ströme von bestimmter Richtung, die auf
einen Hughes'schen Elektromagnet einwirken und den
Riegel zur Seite schieben, für die Freistellung beweglich
macht (vergl. Tobler, Elektro-techn. Zeitschrift, Bd. 2,
S. 458).

In ähnlicher Weise hat auch das Tyer'sche Blocksignal auf der Französischen Mittelmeer-Bahn durch
Jousselin eine Vervollkommnung erfahren, welche im
Wesentlichen darin besteht, dass das Bahnzustandssignal,
ein Semaphor, mit der Blockirvorrichtung in directe Abhängigkeit gebracht ist (vergl. Tobler, Elektro-techn.
Zeitschrift, Bd. 3, S. 19).

Es bleiben schliesslich jene Blocksignalsysteme in Betrachtung zu ziehen, bei welchen ohne Mitwirkung eigener Blocksignalwärter fixe Signale auf der Strecke, abweichend von den eingangs dieses Abschnittes besprochenen Signalen, die auf der Maschine, beziehungsweise dem Zuge erscheinen, automatisch durch das Vorüberfahren des Zuges bethätigt werden.

Es lag längst in den Wünschen der Eisenbahnverwaltungen, die für die Zugdeckung massgebende Signalisirung von der menschlichen Fehlbarkeit vollständig unabhängig zu machen, und in erster Linie sind es natürlich die Amerikaner, welche das Sparen mit Menschenkräften an sich in allen ihren Einrichtungen als erstes Princip im Auge behalten und deshalb in dieser Richtung am meisten experimentiren und am weitesten gehen.

Uebrigens wurden auch auf dem Continente schon in den Fünfziger-Jahren mit derlei Anordnungen Versuche gemacht und zählen hierher die Systeme von Maigrot, Vérité, Bordon, Bianchi, Bergeys, Fragneau und Anderen (vergl. Glösener, Traité und Du Moncel, Exposé 5). Neuerer Zeit sind es nur die Amerikaner, welche ihre Bestrebungen in dieser Richtung walten lassen. Wie es scheint, kann diesfalls ausser dem Loiseau'schen Signal (vergl. Abschnitt VII), das in der dort beschriebenen Form mit Blasebalg-Contacten auch als Blocksignal benutzt wird, nur das Krämer'sche Blocksignal, welches auf der österreichischen Franz Josef-Bahn Anwendung findet, als Ausnahme angeführt werden.

Der Zeichen-Apparat dieses Signals besteht aus einer etwa 3 bis 4 Meter hohen Säule, auf der sich ein 0·75 Meter breiter, 0·6 Meter hoher Blechkasten befindet, der ein

kreisrundes Fenster hat, welches entweder durchsichtig
(bei Nacht gewöhnliches Licht zeigend) ist („Frei"), oder
vor dem eine rothe Scheibe (das Haltsignal) sichtbar
wird. Diese Signalscheibe besteht aus einem Stahlreifen,
auf dem rother Seidenstoff gespannt ist; sie sitzt direct
auf dem längeren Arm eines Ankerhebels. Mit den
zwischen den Polschuhen eines starken Elektromagnets
sich bewegenden und von einem Stahlmagnet polarisirten Anker geht auch die Scheibe hin und her, d. h.
blendet die Fensteröffnung des Signalkastens („Halt")
oder verschwindet hinter der Kastenwand („Frei"). Bei
der Einfahrt in eine Section drückt der Zug ein Pedal,
das einen Taster bewegt, wodurch ein positiver Strom
in den Elektromagnet des Signal-Apparates gelangt, demzufolge der Anker von dem Elektromagnet-Schenkel,
welchem er bei der Freilage des Signals genähert war,
abgestossen und dafür zum anderen hinübergezogen wird;
die Scheibe stellt sich auf „Halt". Der die Section ver-
lassende Zug findet ein zweites Pedal, dessen Bethätigung einen negativen Strom in den Elektromagnet der
Blockscheibe gelangen lässt, wodurch diese wieder auf
„Frei" zurückgestellt wird.

Die New-York Central Railway wendet auf einigen
ihrer Strecken automatische Block-Apparate von David
Rousseau an. Das optische Blocksignal ist eine Wendescheibe, ähnlich wie die Hipp'sche (vergl. Abschnitt VII),
doch hat die durch ein Uhrwerk mit Gewichtsbetrieb
gedrehte und durch eine elektrische Aus- und Einlösung
in den Signalstellungen festgehaltene Signalscheibe kleinere
Dimensionen und ist aus rothem Glase. Sie ist sammt
dem Triebwerke und der Auslösung in einem an der
dem Zuge entgegengerichteten Seite mit einem kreis-

runden Fenster versehenen Blechkasten untergebracht,
dessen Inneres bei Nacht von rückwärts durch eine
Lampe beleuchtet wird. Dieser Signalkasten bildet das
Kopfende einer gusseisernen 3 Meter hohen Säule, in
deren Sockel die Batterie sich befindet, wenn kein
Wärterhaus in der Nähe ist. Jede Auslösung der Elek-
tromagnet-Armatur veranlasst die Auslösung des Laufwerkes, welches sich nach einer Vierteldrehung der Scheibe
wieder arretirt. Die letztere steht also einmal parallel
zum Geleise („Frei"), das nächstemal senkrecht zu dem
Geleise „Halt"). Die Linienanordnung erhellt aus Fig. 88.
Für jede Section I, II, III ist ein Blocksignal S_1, S_2, S_3

Fig. 88.

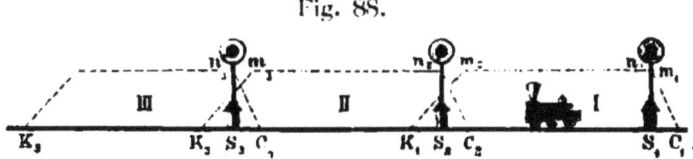

vorhanden und bei jedem Signal eine Batterie. Der eine
Pol dieser Batterie geht zur Erde, der andere ist mit
den Elektromagnet-Windungen der Auslösevorrichtung
verbunden. Das zweite Spulenende geht zu einem einfachen, isolirten, auf der Signalscheibenspindel sitzenden
Contactdaumen. Diesem Contactdaumen gegenüber sind
im Signalgehäuse zwei Schleiffedern angebracht; die eine
derselben berührt der Contactdaumen während der Freistellung des Signals, die andere bei der Haltlage. Nun
ist die erstere der Federn mit dem Linienstück m, die
letztere mit dem Leitungsende n verbunden. Von m
geht ein Leitungsdraht zu dem Schienencontacte C, von
n zu dem schon in der nächstvorderen Section liegenden
Contacte K. Diese Contacte bestehen aus einer zwischen

zwei Schwellen direct unter der Schiene befestigten Kautschukbüchse, in welcher ein in einer Führung liegender Contactstift sich befindet, der mit der Leitung m, beziehungsweise n in Verbindung steht; über diesem Stifte liegt eine Metallscheibe, die als oberer Abschluss der Kautschukbüchse dient und direct an die Eisenbahnschienen angeschraubt ist. Wird durch die Last des Zuges die Schiene eingebogen und also die Kautschukbüchse zusammengedrückt, so tritt der Stift mit der besagten Scheibe, die vermöge des Schienenanschlusses als Erde dient, in Contact.

Findet ein Zug die Signalscheibe auf „Halt" stehend, muss er anhalten; steht die Scheibe auf „Frei", fährt der Zug in die Section z. B. I ein und bethätigt die Contactvorrichtung C_1. Da in S_1 die Verbindung der Batterie durch den Elektromagnet und den Commutator zu m_1 angeschlossen ist, wird sonach ein Stromschluss entstehen, eine Auslösung der elektrischen Arretirung erfolgen und die Scheibe S_1 sich auf „Halt" umstellen. Der eingefahrene Zug hat sich also selbst gedeckt. Kommt er zu C_2, so geschieht hier wieder dasselbe; erst wenn er bereits von S_2 gedeckt ist, trifft er auf den Schienencontact K_1, der mit n_1, und da S_1 auf „Halt" steht, auch durch den Commutator mit dem Elektromagnet und der Batterie von S_1 verbunden ist. Durch den in K_1 herbeigeführten Erdschluss erfolgt wieder ein Stromschluss in S_1; dieses Signal wird ausgelöst und 90 Grad herumgedreht, d. h. wieder auf „Frei" gestellt. Ein nächster Zug kann nun in I vorrücken.

Beim dem auf der Fitchburg-Eisenbahn angewendeten, von Oscar Gassett construirten Blocksignal ist der Signalständer gleichfalls ähnlich dem Hipp'schen. Die

auf einer Gusseisensäule befindliche Scheibe dreht sich
durch die Wirkung eines Triebwerkes immer in gleicher
Richtung um je 90 Grad und wird auch wieder nach
Art der elektrischen Distanzsignale ausgelöst und arretirt.
Die Einlösung ist eine bedingte (vergl. S. 30 ff.), und
zwar durch Vermittlung ungleich hoher Arretirungsstifte
so angeordnet, dass das Signal bei stromloser Linie nur
auf „Halt", bei vorhandenem Strom aber nur auf „Frei"
stehen kann.

An Stelle von Leitungen benutzt Gassett die Schienenstränge R_1 R_2 (Fig. 89) jeder Section, welche sowohl von
den Schienen der anstossenden Section als vom Erdboden durch nichtleitende Auflag- und Zwischenplatten
isolirt sind. Die Batterie ist am Ende, der Elektromagnet
M am Anfange der Section zwischen die beiden Schienen
durch Vermittlung von Leitungsdrähten eingeschaltet, so
dass also vom Kupfer K über R_1, M, R_2 zum Zink Z
unter normalen Verhältnissen ein Ruhestrom cursirt
und die Signalscheibe S auf „Frei" steht.

Fährt jedoch aus der Section I in die Section II
ein Zug ein, so wird durch die Räderpaare und Axen
zwischen den beiden Schienensträngen R_1 und R_2 ein
kurzer Schluss hergestellt, in dem Elektromagnet M
verschwindet sonach der Strom fast vollständig und demzufolge stellt sich S auf „Halt"; der Zug hat sich gedeckt. Erst wenn der Zug R_1 R_2 verlässt, kommt in M der
Strom der Batterie B wieder zur Wirkung und stellt S
auf „Frei", so dass ein Folgezug in die Section II nach-
rücken kann. Gassett verbindet das eigentliche Blocksignal S, damit der Zug gleich bei der Einfahrt auf
entsprechende Entfernung gedeckt werde, noch mit einem
in genügender Distanz von S aufgestellten Vorsignal S_1,

15*

das ganz so eingerichtet ist, wie das früher geschilderte
Hauptsignal. Der Anker *A* des Elektromagnets in *S* ist wie
ein Relaishebel eingerichtet und contactirt im angezogenen
Zustande, d. i. bei der Freilage des Signals *S*, mit einer
Schraube, die mit einer zur Batterie B_1 führenden Leitung
L verbunden ist, während die Axe des Ankerhebels an
den Schienenstrang anschliesst. *L* geht weiter durch den
Elektromagnet M_1 des Signals S_1, von wo wieder ein
Draht zum Schienenstrang R_1 führt. So lange *S* auf „Frei"
steht, ist also auch B_1 wirksam und S_1 auf „Frei"; fährt
ein Zug in II ein und hört demzufolge die Strom-
wirkung von *B* im Elektromagnet *M* auf, so reisst

Fig. 89.

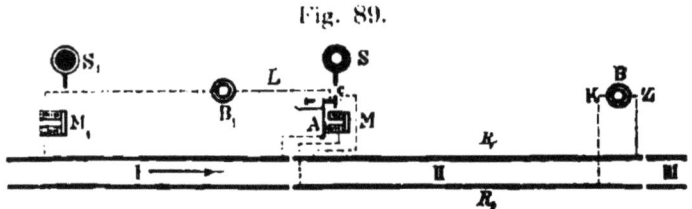

der Anker *A* ab, *L* wird unterbrochen, M_1 stromlos und
S_1 auf „Halt" gestellt. Beide Signale· arbeiten demnach
übereinstimmend.

Schon früher als Gassett benutzte Frank L. Pope
in Elizabeth (1872) auf verschiedenen amerikanischen
Bahnen die isolirten Schienenstränge als Ersatz der
Leitungen für sein elektrisches Blocksystem. Der Signal-
Apparat Fig. 90 ist wieder auf einer entsprechend hohen
Säule rechts der Bahn angebracht und in einem Ge-
häuse *G*, das zwei übereinander oder auch nebeneinander
liegende, kreisrunde Fenster F_1, F_2 hat, untergebracht.
Die kreuzweise in zwei weisse und zwei rothe Felder
getheilte, hinter den Fenstern im Gehäuse befindliche

Signalscheibe S bedeutet „Halt", wenn die rothen, „Frei",
wenn die weissen Segmente hinter F_1, F_2 sichtbar sind.
Durch das an der Scheibenkante angebrachte Uebergewicht g
wird die um die Axe D drehbare Scheibe S für gewöhnlich in der Haltlage festgehalten; Strom ist nicht
in der Linie; erfolgt jedoch eine Stromgebung, so wird

Fig. 90.

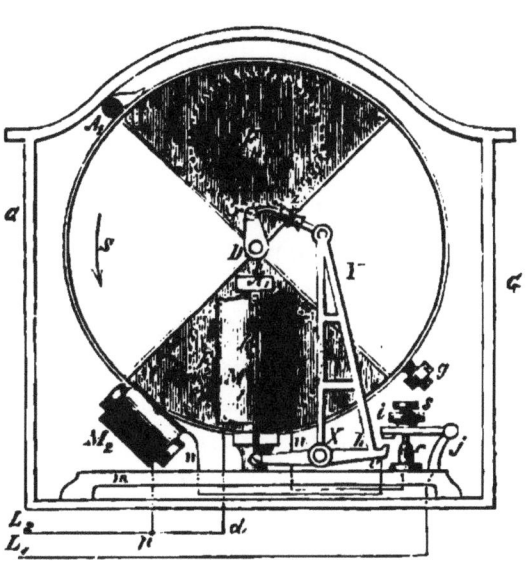

der Anker A_1 des Elektromagnets M_1 angezogen, da der
Strom von L_1 über den Contactbügel j i, den Contact-
ambos c über M_1, d seinen Weg nach L_2 findet. In
diesem Falle geht mit dem Anker A_1 die steif daran
befestigte Stange k nach abwärts, also der auf X drehbare, mit k durch ein Charnier verbundene Hebel bei
h nach aufwärts, so dass Y durch die Verbindungsstange
z auf den Krummzapfen r einwirkt und die Scheibe

in der Pfeilrichtung um 90 Grad gedreht wird, bis das
an der Scheibenkante befestigte weiche Eisenstück A_2
zu M_2 gelangt. Nunmehr liegen die weissen Scheiben-
felder vor F_1, F_2, das Signal zeigt also „Frei". Bei dem
Aufwärtsgehen des Hebels h ist dieser bei v mit i in
eine metallene Verbindung getreten und gleich darauf
hat er den Bügel $j i$ von c abgehoben. Demzufolge hört
in M_1 der Strom auf, dafür hat dieser jedoch seinen
Weg von $L j i$, über den Draht n in den zweiten Elektromagnet M_2 und über p nach L_2 gefunden. M_2 hält das nun
als Anker dienende Eisenstück A_2 und somit die Scheibe
S in der Freilage fest. Diese Signallage ist also nur in
dem Falle und so lange möglich, als sich Strom in der
Linie L_1, L_2 befindet. Hört der Strom auf, so lässt M_2
den Anker A_2 los und das Uebergewicht g stellt die
Scheibe wieder in die Haltlage (Fig. 90) zurück.

Auf der Strecke sind in jeder Blocksection die Stücke
S_1, S_2 und S_3 der Schienenstränge voneinander und
vom Erdboden isolirt. Am Anfange der Section zwischen
d_1 und d_3 ist der Block-Apparat M eingeschaltet, am
Ende der Section zwischen S_2 und S_3 die Batterie B.
Bei freier Strecke ist B zufolge der bei m und n bestehenden Linienunterbrechung unwirksam, das Signal zeigt
„Halt". Will ein Zug in die Section einfahren und berührt
sein erstes Räderpaar den Schienenabschnitt S_1, S_2, so
werden diese beiden hierdurch in leitende Verbindung
gebracht und also der Strom der Batterie B über M geschlossen und dieses Blocksignal auf „Frei" gestellt. Die
Freistellung kann aber, wie man sieht, nur erfolgen,
wenn sich zwischen dem Anfange und Ende der Section,
d. i. auf dem Schienenstück S_3, kein Zug befindet, weil
anderenfalls B durch den auf S_2, S_3 laufenden Zug in kurzen

Schluss gebracht wäre und *M* nicht beeinflussen könnte. Ist kein vorausgehender Zug in der Section und stellt sich also *M* bei der Einfahrt eines Zuges richtig auf „Frei", was der Locomotivführer genau beobachten muss, so wird, wenn die Locomotive den Schienenstrang S_3 erreicht, *M* sich sofort wieder auf „Halt" stellen, da die zwischen S_1 und S_3 eingetretene, durch die Räderpaare des Zuges vermittelte metallische Verbindung die Batterie *B* in kurzen Schluss bringt.

Zu den amerikanischen Systemen der besprochenen Gattung zählt auch das Blocksignal von Th o m a s S. H a l l (The Railroad Gazette, 1879, S. 563). Das eigent-

Fig. 91.

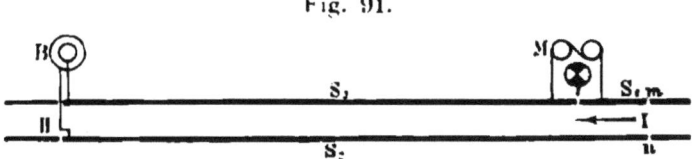

liche Blocksignal ist wieder mit einem Vorsignal gleicher Construction verbunden. Die vom Zug bewirkten und die Signalumstellungen hervorrufenden Stromänderungen geschehen aber diesmal nicht durch Vermittlung der isolirten Schienenstränge, sondern durch Streckencontacte die aus Pedalen bestehen und einige Aehnlichkeit mit den L o i s e a u'schen (vergl. S. 132) besitzen. Statt Federn sind Kautschukpuffer an der Contactvorrichtung vorhanden, welche einerseits die stossende Wirkung der Zugräder mässigen und andererseits die Rückstellung des Pedalhebels bewirken. Der Raddruck überträgt sich durch den Pedalhebel auf einen Kolben, der in einem geschlossenen gusseisernen Cylinder läuft und die Stelle des Lartigue'schen oder L o i s e a u'schen Blasebalges vertritt,

denn die durch das Aufwärtsgehen des Kolbens com-
primirte Luft gelangt durch ein Nebenrohr unter den
Kolben und veranlasst ein langsames Niedergehen desselben, da sie nur aus einer ganz kleinen Oeffnung entweichen kann. Das Aufwärtsgehen des Kolbens hat
natürlich den zur Bethätigung des Signals (Umstellung
auf „Halt") nöthigen Linienschluss hergestellt. Der Signal-
Apparat selbst besteht aus einer nur elektrisch stellbaren
rothen, bei den Vorsignalen blauen Glasscheibe, die in
einem wasserdichten, vorne mit einer kreisrunden verglasten Fensteröffnung versehenen Gehäuse auf einer
entsprechend hohen Säule angebracht ist. Die Bewegungen
des Blocksignals ändern zugleich die Lage eines an demselben befestigten Commutators, wodurch auch das Vorsignal entsprechend gestellt wird.

Jüngere Projecte und Versuche, welche mit ähnlichen Signalen auch in Europa gemacht wurden, erwähnt Langdon in seiner „The Application of Electricity to Railway Workings (London 1877), und zwar unter
Anderm des Näheren ein in England von D. Whyte
vorgeschlagenes und auf den schwedischen Staatsbahnen
versuchtes System von H. Brunius.

———

Es liegt ausser Frage, dass eine wirklich zureichende
Sicherung der Züge gegen nachfahrende nur durch räum-
liche Deckung erzielt werden kann, und dass die Einhaltung der Stationsdistanz das einfachste und wirksamste
Mittel in dieser Beziehung bietet; allein sind die Bahnstationen nicht nahe aneinander und ist die Anzahl der
in gewissen Zeiträumen hintereinander zu befördernden
Züge so gross, dass die zwischen zwei Zügen verfügbare
Zeit kleiner wird, als die Fahrzeit eines Zuges von einer

Station bis zur Nachbarstation, dann stellt sich, wie schon
früher angedeutet wurde, die Nothwendigkeit heraus, die
Strecke zu theilen und Signal-Zwischenstationen einzu-
schieben. England, wo die Verkehrsdichte schon vor
Jahren die gedachte Steigerung erreicht hatte, folgte
zuerst dem natürlichen Zwange und wurde zum Mutter-
lande der Blocksignale. Da durchlaufende Liniensignale,
für welche vermöge der baulichen Anlage der in der
Regel alle Wegübergänge im Niveau vermeidenden englischen Bahnen kein drängendes Bedürfniss vorlag, fehlten,
brauchte man den Anruf zur Aufmerksammachung des
Blocksignalwärters und hieraus entwickelte sich das Vor-
und Rückmeldesignal als integrirender Theil der Blocksignale. Bei allen diesen älteren, zumeist noch heute angewendeten Systemen beschränkte sich die Blocksignal-
Einrichtung so eigentlich auf eine in wenigen Zeichen
abwickelbare, aber immerhin blos persönliche telegraphische
Correspondenz zwischen den Signalwärtern, so lange
das Streckensignal nicht in gebundene Abhängigkeit vom
Nachbarwärter gebracht war. Dem menschlichen Irrthume
war nicht vorgebeugt. Frischen hat in dieser Richtung
neue Bahnen eingeschlagen, die die einzig richtigen sind,
so lange man überhaupt die Beihilfe menschlicher Kräfte
für die Blocksignalisirung in Betracht zieht.

Der Blockwärter darf nicht nur durch ein
Signal beauftragt werden, keinen Zug nachfolgen
zu lassen, sondern muss thatsächlich ausser
Stande gesetzt sein, einem Zuge die Einfahrt in
die Section zu gestatten, so lange nicht der Vorwärter die Strecke freigegeben hat. Diese Freigebung nach rückwärts darf der Blockwärter nur bewerkstelligen können, wenn er selbst den vorausfahrenden

Zug bereits gedeckt hat. Diese zwei Hauptbedingungen sind von dem Systeme Siemens und Halske zuerst erfüllt und seitdem von einer Reihe anderer Systeme acceptirt worden.

Ein ergänzendes Erforderniss ist, dass der Blockwärter überhaupt eine Deblockirung nicht früher vornehmen könne, als der in Frage kommende Zug die Section wirklich verlassen hat. Diese letzte Bedingung wird schon deshalb schwieriger zu erfüllen, als die beiden ersteren, weil sie unbedingt eine Wechselwirkung zwischen dem Zuge und der Signalvorrichtung erfordert, die nur durch ein Pedal oder einen Schienencontact — zwei Dinge, die allezeit ihr Uebles besitzen und besitzen werden — erreicht werden kann.

· Wünschenswerth, jedoch keineswegs absolut nothwendig ist überall dort, wo durchlaufende Liniensignale fehlen und der Signalwärter über das Kommen eines Zuges keine bestimmte Nachricht hat, also verdammt wäre, seinen Apparat unausgesetzt mit gespannter Aufmerksamkeit zu beobachten, damit kein Zug etwa unnöthige Verzögerungen bei der Einfahrt in die Section erleide, ein Vormeldesignal. Das Rückmeldesignal wird gegenstandslos, wenn die früher angeführte bedingte Sperre des Streckensignals besteht.

Weiter wäre wünschenswerth, dass der Blockwärter abgehalten werde, nach Passirung eines Zuges die Deblockirung nach rückwärts zu vergessen, damit kein nachfahrender Zug in der Einfahrt in die Section eine überflüssige Behinderung erleide. Diese Bedingung kann mit einem Lärmwecker, dessen Stromkreis durch den vorbeifahrenden Zug geschlossen und erst bei der Deblockirung, etwa durch die Bewegung des niedergedrückten

Deblockirtasters, wieder unterbrochen wird, nicht allzu schwer erfüllt werden.

Das ideal Wünschenswertheste wären freilich automatische Blocksignale, mit welchen menschliche Irrthümer und Gebrechlichkeit ganz ausgeschlossen und überdem die kostspieligen menschlichen Hilfskräfte erspart blieben; allein die Erfahrung lehrt, dass es noch nicht gelungen ist, befriedigende Constructionen aufzufinden. Die Schwierigkeiten liegen in der Zustandebringung einer exacten Verbindung zwischen Zug und Signalmittel. Die isolirte Schiene scheint noch wesentlich dienlicher zu sein als das der Devastation und Abnutzung so sehr ausgesetzte Pedal. Die bei allen bekannten automatischen Systemen mit Streckensignalen angewendeten feuchten Batterien sind auf Punkten exponirt, wo sie keiner fortlaufenden Pflege unterstehen oder sonst wieder bedeutenden Aufwand an Instandhaltung erfordern. Sind die Zeichen-Apparate solche, welche vom elektrischen Strome direct gestellt werden, so können sie nur klein und unauffällig sein, also vom Zugpersonal im Nebel, Schnee etc. leicht übersehen werden; sind sie gross, so muss ein Triebwerk vorhanden sein, das sie bewegt und rechtzeitig aufgezogen werden muss, also auch wieder einer sorgsamen Beaufsichtigung und regelmässigen Wartung bedarf.

Besser noch lassen sich die Verhältnisse bei den automatischen Blocksignalen an, welche, wie z. B. das Putnam'sche, den Zeichen-Apparat und die Electricitätsquelle auf der Zugslocomotive anbringen, wo die ständige Beaufsichtigung keiner Schwierigkeit unterliegt. Dafür aber erwächst bei diesen Systemen ein anderweitiger Uebelstand in den Verbindungscontacten zwischen Zug und Schiene oder Leitung. Diese Verbindungen,

Bürsten, Stempel, Knaggen u. s. w., wie sie immer heissen
mögen, sind einer argen Abnutzung ausgesetzt und in
Bezug auf verlässliche Wirksamkeit auch auf günstige
klimatische Verhältnisse verwiesen.

Der Verein deutscher Eisenbahn-Verwaltungen hat
vor einigen Jahren einen Preis für die Erfindung eines
brauchbaren, verlässlichen automatischen Blocksignals
ausgeschrieben, aber keine Gelegenheit gefunden, diesen
Preis zuzuerkennen.

Es ist auch nicht abzusehen, ob je auf den europäischen continentalen Eisenbahnen automatische Blocksignale Verbreitung werden finden können. Es können
hier nämlich gerade jene Bahnen, welche eine Verkehrsdichte erreicht haben, die die Einrichtung von Blocksignalen erheischt, das sind die alten Bahnen, eine besondere Bahnbewachung nicht entbehren, weil sie in der
Regel reich bevölkerte Districte durchziehen, sich vielfach
im Niveau mit Strassen und Wegen kreuzen, ferner weil
schon die Bahngesetze und socialen Verhältnisse der
Staaten darauf eingerichtet sind und endlich die Bevölke-
rung nicht genugsam im Selfgovernment eingelebt ist.
Wo aber Bahnwärter ohnehin vorhanden sind, automatische Blocksignale einzurichten, scheint, abgesehen
von der derzeitigen Kostspieligkeit und bis zu einem
gewissen Grade stets fragwürdigen Verlässlichkeit dieser
Einrichtungen, kaum zweckdienlich, vielmehr wäre die
Heranziehung des Wächters zur Bedienung des Blocksignals
naturgemäss. Wenn jedoch das System vermöge seiner
weitläufigen, zeitraubenden Bedienung den Wärter so
vollständig absorbirt, dass ihm für den weiteren Bahn-
bewachungsdienst keine Zeit mehr erübrigt, oder wenn
das gleiche Verhältniss durch die enorme Dichte des

Zugverkehrs mit sich gebracht wird, dann fällt die ökonomische Frage wieder in's Gewicht und fördert die
Hinneigung zu einem automatischen Signal. Insoferne
wäre es immerhin äusserst wünschenswerth, wenn die
vielen mit automatischen Blocksignalen in jüngster Zeit
aufgenommenen Versuche zu wirklich günstigen Re-
sultaten führen würden.

IX. Sicherungs-Einrichtung für die Fahrt der Züge über Weichen.

Ueberall, wo der Eisenbahnzug Weichen zu befahren
hat, also auf den Bahnabzweigungen aller Art, hängt die
Sicherheit der Fahrt auch ganz wesentlich davon ab,
dass die Weichen sich in der richtigen Lage befinden.
Es handelt sich hierbei erstens darum, dass die einzelnen
Theile der zu befahrenden Weichen gehörig lagern, d. h.
dass die mechanische Einrichtung in Ordnung ist und
insonderheit die Spitzschienen an der Stockschiene gut
anliegen, damit nicht ein Aufsteigen oder Durchfallen
der Fahrzeuge, also eine Entgleisung herbeigeführt
werden könne. Es muss weiter die Weiche auch für
den richtigen Schienenweg gestellt sein, damit der
Zug nicht etwa in eine falsche oder gar feindliche, d. i.
von Gegenzügen oder sonstigen Hindernissen belegte
Fahrstrasse gelenkt werde.

Bei Besprechung der Distanzsignale wurde bereits
darauf hingewiesen, dass Bahnabzweigungen und Bahn-
hofseinfahrten durch fernwirkende Signale gedeckt werden
müssen, welche die Aufgabe haben, dem herannahenden

Zuge die Fahrt zu verbieten, so lange sein Weg zur
Befahrung nicht vollständig frei ist.

Ersichtlichermassen sollen also diese Distanzsignale,
sobald sie bestimmt sind, mit Weichen versehene Bahnstellen zu decken, mit den Weichen der zu deckenden
Bahnstelle in stricter Wechselwirkung stehen; es müssen
nämlich, so lange die sämmtlichen in Betracht kommenden Weichen nicht im oben erläuterten zweifachen Sinne
richtig stehen, die respectiven Distanzsignale die Fahrt
verbieten und umgekehrt, wenn mit dem Distanzsignal
die Fahrt „erlaubt" ist, müssen die Weichen vorher in
die richtigen Lagen gebracht worden sein.

Für denjenigen Bahnbeamten, welcher, wie dies auf
den europäisch-continentalen Bahnen zu sein pflegt, für
die gesammte Manipulation in seiner Station und selbst
für die richtige Disposition bis zur Nachbarstation allein
die Verantwortung trägt, gehört es zu den wichtigsten
Pflichten, sich stets genau darüber im Klaren zu halten,
ob den oben besagten Abhängigkeitsverhältnissen zwischen
Distanzsignalen und Weichen streng Rechnung getragen
ist. Ehe das in einer Station oder an einer Ab-
zweigung disponirende Bahnorgan die Gestattung einer
Zugeinfahrt verfügen kann, muss es vorher die Ueberzeugung gewonnen haben von der richtigen Stellung der
Weichen. Bei ausgedehnten Bahnhofsanlagen und dichtem
Zugverkehr gestaltet sich diese Aufgabe sehr schwierig
und bleibt überdem noch immer unsicher, denn während
sich der disponirende Beamte von einer Stelle zur anderen
begiebt, können an den massgebenden Weichen- oder
Signalstellungen zufällige oder absichtliche Aenderungen
herbeigeführt werden. Man hat es demnach für wichtig
erkannt, dem Beamten die Uebersicht zu erleichtern,

indem man an einer Centralstelle Control-Apparate auf-
stellte, welche ihm bei einmaligem Ueberblicken Kenntniss
über die Stellungen sämmtlicher in Frage kommenden
Bahneinrichtungen geben. Diese Art Control-Apparate
wird im X. Abschnitte des Näheren besprochen.

Aber auch mit der Controle allein ist keine voll-
kommene Sicherheit erreicht, denn die gefährliche Eventualität erscheint nicht ausgeschlossen, dass der Beamte
eine Unordnung, die sich zwar auf seinen Control-
Apparaten kennzeichnet und durch einen Irrthum eines
Weichen- oder Signalwärters entstanden ist, nicht mehr
r e c h t z e i t i g repariren kann.

Es bleibt nur e in Mittel zur Hintanhaltung jeder
Fährlichkeit übrig, nämlich das Stellen der Distanzsignale
und der zugehörigen Weichen durch gegenseitige Verbindung der Stellvorrichtungen in directe zwangsweise Abhängigkeit voneinander zu bringen.

In England hat in Folge der ungeheueren Verkehrs-
steigerung das Bedürfniss nach solchen Einrichtungen
sich schon lange geltend gemacht und sogar dem Unter-
h a u s e zu einem Gesetze, mit welchem den Eisenbahnen
bestimmter Verkehrsdichte diese Kuppelungsvorrichtungen
(Locking oder Interlocking-Systeme) vorgeschrieben sind,
Anlass gegeben; aber auch in Frankreich, Belgien, Deutschland, in der Schweiz und jüngster Zeit in Oesterreich-
Ungarn hat der steigende Verkehr und die Vergrösserungen
und Complicirungen der Bahnhöfe die Einführung solcher
Sicherungsvorrichtungen als natürliche Consequenz mit
sich geführt.

Für die Durchführung der Abhängigmachung sind
zwei Hauptformen denkbar: Entweder geschieht die
Stellung der Weichen und jene der respectiven Distanz-

signale auf getrennten Punkten oder auf einem gemeinsamen Stellorte.

Ersterenfalls können die Umstellungen mit den gewöhnlichen mechanischen oder elektrischen Hilfsmitteln durchgeführt sein, die gegenseitige Abhängigkeit wird aber unter diesen Umständen, sobald es sich um grössere Entfernungen handelt, nur im elektrischen Wege leicht durchgeführt werden können.

Für diese Art Interlocking-Systeme werden sich so ziemlich alle elektrischen Blocksignale jener Gattung, bei welcher das optische Streckensignal mit der Blockirvorrichtung gekuppelt ist (siehe Abschnitt VIII), die also mit sogenannten Verriegelungen arbeiten, anpassen lassen. An Stelle des Signals, z. B. Semaphors der einen Section, tritt dann die Weiche und an Stelle des Signals der Nachbarsection das betreffende zugehörige Deckungssignal.

So war beispielsweise ein Interlocking-Signal von der Französischen Nordbahn in Paris und in München ausgestellt, dessen Anordnung ganz der des Lartigue-Tesse-Prudhomme'schen Blocksignals (S. 208) entsprach.

Die Amerikaner haben auch ihre automatischen Blocksysteme für Interlocking-Anlagen ausgenutzt, so z. B. Gassett (siehe S. 226), Hall (vergl. S. 231) u. s. w.

Gassett schaltet das Distanzsignal S (Fig 92) ganz wie beim einfachen Blocksignal (Fig. 89) an die isolirte Schienensection XY. Die Section hört erst bei pq auf, wo die Batterie B eingeschaltet ist. Bei den durch die Weiche bedingten Unterbrechungspunkten werden die einzelnen Weichentheile durch die Dräthe cs und bx und durch die Vermittlung eines Linienwechsels W mit den Hauptsträngen des Geleises verbunden. Die beweglichen Weichenzungen sind gegeneinander und die übrigen Weichentheile durch passende Zwischenlagen, z. B. aus hartem Holze, isolirt. Der in einem wasserdichten Gehäuse verschlossene, neben dem Weichenbocke auf dem Weichenroste gut befestigte Linienwechsel Fig. 93 besteht aus einer isolirenden Platte *g* aus Hartgummi od. dgl., in welche drei metallene Contactplatten *a*, *b* und *c* eingesetzt sind, von welchen jede mit dem Geleise mittelst Drähten (siehe Fig. 92) in leitende Verbindung gebracht ist. Oberhalb der drei Contactplatten *a*, *b*, *c* (Fig. 93) liegt der auf der Axe *AA* drehbare Hebel *HH*, welcher die mehrfach geschlitzten, durch Kautschukzwischenlagen gegen *AA*,

Fig. 92.

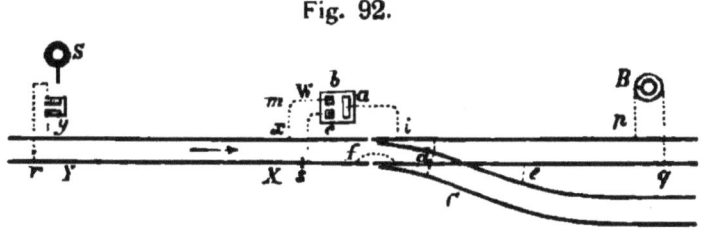

beziehungsweise *HH* isolirten Contactfedern *m* und *n* trägt. Je nach der Lage des Hebels *HH* werden entweder die Federn *mm* auf den Contactplatten *a* und *b* aufliegen, wodurch *a* mit *b* metallisch verbunden sein wird, wogegen *c* isolirt bleibt, oder *nn* kommt mit *a* und *c* in metallische Berührung, in welchem Falle *b* isolirt bleibt. Diese zwei Stellungen des Linienwechsels werden durch die Spitzschiene der Weiche bewirkt, indem diese bei der Weichenlage auf die Gerade den Knopf *C* in das Rohr *R* hineindrückt, wodurch die kleine, aber kräftige Spiralfeder *f* den Hebel *HH* in die dargestellte Lage, bei welcher *b* und *a* durch *mm* in Verbindung kommen, bringen und in dieser festhalten kann.

Steht die Weiche auf „Ausweiche", so kann die in
der Röhre R auf die Zugstange Z wirkende stärkere
Spiralfeder F die Stange Z hinausschieben, wobei der
an Z festsitzende Ring D den von HH emporstehenden
Hebel G mitnimmt und, den Einfluss der Feder f auf-
hebend, HH so weit dreht, dass sich die Federn nn
auf c und a legen und diese metallisch verbinden.

Fig. 93.

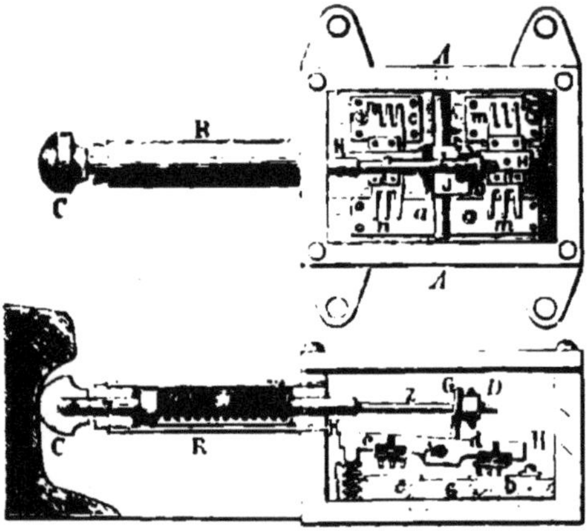

Wenn nun die Weiche auf die Gerade steht, wird
die Batterie B ihren Strom von p über i, a, b, x, y
durch den Elektromagnet des Signals S weiter über r, Y,
X, f, d wirken lassen können und S auf „Frei" zeigen,
vorausgesetzt, dass sich zwischen S und B nicht schon
ein Zug befindet, der B kurz schliesst. Jeder einfahrende
Zug deckt sich also sofort, wenn er das Signal S passirt
und demselben den Strom entzieht. Das Signal S stellt
sich aber immer auf „Halt", wenn die Weiche auf „Ausweiche" gestellt wird, weil dann zwischen a und b eine
Unterbrechung eintritt. Die S. 243 hergestellte Verbin-

dung, vermöge welcher B über i, a, c und s in kurzen
Schluss geräth, soll dagegen nur die erhöhte Sicherheit
dafür gewähren, dass kein Theilstrom nach S gelange
und dieses etwa auf „Frei" umstelle.

Wenn ein Stück des Schienenstranges C der Ausweiche isolirt ist, so kann mit Hilfe der Verbindungs-
drähte e und d (Fig. 92) auch noch erzielt werden, dass
jeder auf der Ausweiche befindliche Zug, wenn er nicht
genügend von dem Geleisedelta entfernt steht und somit
den Verkehr auf dem Hauptgeleise gefährden würde,
die Batterie gleichfalls in kurzen Schluss bringt und S
auf „Halt" stellt. Aehnlich, nur verwickelter, sind die
Fälle mit mehreren Weichen und mehreren Distanzsignalen (vergl. The Railroad Gazette, 26. März 1880;
Zetzsche's Handbuch, Bd. IV, S. 759).

Eine verwandte Anordnung ist auch von Hall auf
verschiedenen amerikanischen Bahnen versucht worden
(vergl. The Railroad Gazette, 1879, S. 563; Zetzsche's
Handbuch, Bd. IV., S. 760) und ebenso von Putnam
(vergl. S. 152).

Letzterer bringt am Weichenbocke eine Contactvorrichtung an, welche den Stromschluss einer Batterie
B (Fig. 94) über den Elektromagnet M dann herstellt,
wenn die Weiche auf „Ausweiche" gestellt wird. In
diesem Falle wird der Anker A angezogen und vom
Contacte c abgehoben. Dadurch kommt in die von c
und A bei m und n zu den isolirten Schienen s, s geführte
Leitung eine zweite Unterbrechungsstelle und der Signal-
Apparat (Fig. 56) des Zuges wird sofort ausgelöst, d. h.
der Zug erhält das Haltsignal, sobald die erste Locomotiv-
bürste (Fig. 57) über die Unterbrechungsstelle zwischen
s, s gelangt. Es unterliegt auch keiner Schwierigkeit, dass

von *p* oder *q* eine Leitungsschleife zu einem Unterbrechungstaster an eine beliebige Stelle der Station geführt
werde, wodurch es möglich wird, auch dann, wenn die
Weiche auf der Geraden steht, einen Schluss der Batterie *B*
zu bewerkstelligen und *A* von *c* abzuheben. Bleibt *A* auf
c, erhält der ankommende Zug kein Haltsignal, weil der
Stromkreis seiner Locomotivbatterie über *n*, *x*, *A*, *c* und
n geschlossen bleibt.

Natürlicher und entwickelter ist die zweite Form
von Einfahrtsversicherungen, nämlich jene, bei welcher
das Umstellen der Weichen und Signale von einem
Punkte aus geschieht. Der Vortheil, welcher schon darin

Fig. 94.

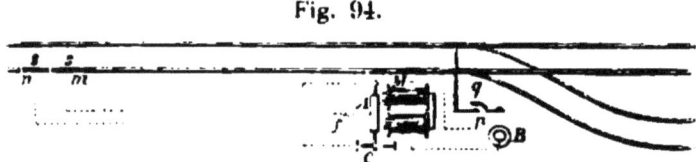

liegt, dass die Handhabung der Distanzsignale und der
Weichen einer einzigen Person übertragen werden
kann, liegt klar am Tage. Bei dieser Anordnung wird
es leicht, durch verhältnissmässig einfache mechanische
Mittel die gewünschte und nothwendige Abhängigkeit
der Weichen und Signale hinsichtlich ihrer Stellungen
ganz exact zu erzielen. Dafür werden freilich die Stellvorrichtungen selbst weitläufiger und complicirter, denn zu
jeder Weiche und zu jedem Signal muss vom Stellorte
eine Transmission ausgeführt sein, welche die Stell-
bewegungen vom letzteren auf die ersteren überträgt.

Erfahrungsmässig lässt sich jedoch hierin mittelst
Rohrgestängen und doppelten Stahldrahtzug-Leitungen
Entsprechendes erreichen. Es giebt eine Reihe von

solchen Apparat - Systemen für centrale Weichen- und
Signalstellung, welche bereits länger oder kürzer in der
Eisenbahnpraxis verdienten Eingang und in einzelnen
Staaten vielfache, in England aber auf den Haupt-
bahnen allgemeine Anwendung finden. In England
sind die bekanntesten und verbreitetsten Systeme jene
von Stevens & Comp., Brady, Chambers, Saxby
& Farmer, Sykes etc.; in Frankreich benutzt man
vorwiegend das System von Vignier, in Deutschland und
Oesterreich-Ungarn die Systeme von Rüppel (Jüdel &
Comp. in Braunschweig), Siemens & Halske (Berlin),
Schnabel & Henning (Bruchsal); Rössemann &
Kühnemann (Berlin); für Oesterreich - Ungarn die
Maschinenbau - Actiengesellschaft, vormals Breitfeld,
Danĕk & Comp. in Carolinenthal bei Prag, Krüzner
(Rothmüller & Comp., Wien) etc.

Das Leistungsprogramm der centralisirten Weichen-
und Signalstellvorrichtungen als solche wird nur durch
mechanische Hilfsmittel erfüllt, deren eingehendere Betrachtung leider nicht Gegenstand dieser Schrift sein
kann, und gipfelt nach den vorausgegangenen Betrach-
tungen, kurz zusammengefasst, in nachfolgenden drei
Punkten: 1. Die Signale und Weichen müssen so combinirt sein, dass der dieselben bedienende Wärter oder
Beamte gezwungen ist, vorerst die Weichen in die
richtige Lage zu bringen, ehe es ihm möglich wird, das
betreffende Signal von der Stellung auf „Verbot der
Fahrt" in die Stellung auf „Erlaubte Fahrt" zu bringen.
2. Die Weichen müssen in der gegebenen richtigen Lage
so lange unverrückbar festgehalten bleiben, als das Signal
auf „Erlaubte Einfahrt" zeigt. 3. Die Möglichkeit, zwei
oder mehrere Signale gleichzeitig auf „Erlaubte Fahrt"

zu stellen, deren Fahrtrichtung zu einer Collision führen kann, muss ausgeschlossen sein.

Damit sind aber die Anforderungen noch nicht völlig abgeschlossen, denn bei der schon früher erwähnten Dienstgepflogenheit auf den europäisch - continentalen Bahnen, laut welcher die Disposition über die Vorgänge an den Stations- und Abzweigeplätzen und häufig auch die ganze Verantwortung dafür in den Händen eines einzigen überwachenden Beamten liegt, der aber nicht derselbe ist, welcher die manuelle Bedienung des Weichen- und Signal-Stellapparates besorgt, tritt eine weitere Ergänzung als unabweisliches Bedürfniss hinzu. Es muss nämlich das Leistungsprogramm dahin sich erweitern, dass die Vorrichtung dem Manipulanten am Signal- und Weichen-Stellapparat auch für den Fall, dass die Weichen richtig stehen und keiner feindlichen Fahrstrasse geöffnet sind, die Umstellung jedes Signals auf „Erlaubte Fahrt" so lange unmöglich macht, als nicht von Seite des Verkehrs - Disponenten hierzu die Aufforderung und Zustimmung ertheilt wird. Desgleichen soll es auch dem Verkehrs-Disponenten zur Vermeidung von Zweifeln und Irrthümern verwehrt sein, diese Erlaubniss für collidirende Fahrstrassen gleichzeitig zu ertheilen, wenn auch schon durch das mechanische Eclanchement am Control-Stellapparat die factische Freigebung dieser Weichenstrassen unmöglich gemacht ist.

Auch in England ergab sich eine ähnliche Programm-erweiterung als nothwendig, wenngleich daselbst das vorgedachte Dienstverhältniss nicht besteht, sondern jedes Bahnorgan, also auch der Weichen- und Signalsteller seinen abgeschlossenen Wirkungskreis besitzt und dafür allein verantwortlich bleibt. Trotz der Einführung von

Central - Stellapparaten haben sich nämlich in England mannigfache Unfälle ereignet, welche daraus entsprangen, dass die von Station zu Station nothwendigerweise erfolgenden telegraphischen Weisungen missverstanden wurden. Man hat sich deshalb veranlasst gesehen, behufs Vervollkommnung der fraglichen Vorrichtungen dieselben stationsweise in ähnliche Abhängigkeit voneinander zu bringen, wie in den vorbesprochenen Fällen auf dem Continente den Dispositionsort vom Stellorte.

Die Vorrichtungen, welche das Abhängigkeitsverhältniss zwischen Dispositions- und Stellort perfect zu machen haben, sind schon in Anbetracht der zumeist bedeutenden Entfernungen der beiden in Frage kommenden und in Wechselwirkung tretenden Punkte elektrische.[1] Eine ganz einfache solche Anordnung, bei welcher die Annahme vorliegt, dass zwei Geleise in ein gemeinschaftliches münden und sonach die beiden Stellungen der Weiche mit den beiden Distanzsignalen in Abhängigkeit gebracht sein müssen, zeigt Fig. 95. Der vom Ingenieur Froitzmann (Rössemann & Kühnemann, Berlin) construirte Signal - Stellbock trägt die auf der Axe X drehbaren, mit der Kurbel K, beziehungsweise K_1 versehenen Kettentrommeln T und T_1, in welche eine Nuth eingegossen ist zur Aufnahme der Kette, welche das Ende des das Distanzsignal bewegenden doppelten Stahldrahtzuges bildet. Jede der Trommeln ist mit zwei vorstehenden Rändern versehen, welche auf dem halben Umfange wechselseitig abgesetzt sind. In dem einen Absatze bei n legt sich das hakenförmige Ende des um x

---

[1] Schnabel & Henning haben auch eine mechanische „Blockirung" für Centralweichen construirt, die auf 300 bis 400 Meter ganz verlässlich arbeiten soll.

drehbaren Hebels *h* vermöge des Gewichtes *g* ein, in
dem anderen bei *m* die aus dem Gehäuse *G* nach
abwärts reichende Stange *p*. Die Trommel ist sonach
für gewöhnlich sowohl durch *h*, als durch *p* an jener
Drehung verhindert, welche jedoch behufs Freistellung
des Signals mit der Kurbel *K* in der Richtung des ein-

Fig. 95.

gezeichneten Pfeiles (um 180 Grad) geschehen müsste.
Mit dem als Klinke dienenden Hebel *h* ist eine steife
Eisenstange *s* verbunden, die in eine Oeffnung *a* in das
Gussstück *M* hineinreicht und sich auf die in *M*
verschiebbare Platte *P* stützt. Wenn die Weiche für
das mit *K* zu stellende Signal richtig steht, so liegt
die mit der Weichenzunge durch ein Verbindungsstück
gekuppelte Platte *P* so, dass eine in dieselbe eingebohrte

Oeffnung genau unter *a* liegt und es gestattet, dass *s* nach unten gedrückt und also *n* ausgeklinkt werde. Da *h* mit seinem Ende *n* nach dem Ausklinken, sobald *K* gedreht wird, auf den breiten Theil des bezüglichen Trommelrandes zu liegen kommt, so kann *g* nicht wirksam werden und auch die Stange *s* aus *a* nicht heraus, vielmehr ist sie, wie der Riegel eines Schlosses, durch *P* geschoben, und *P* sowie die damit steif verbundene Weiche kann sich also nicht mehr bewegen, so lange *K* nicht wieder in der ursprünglichen Lage, d. h. das Signal in der Haltstellung sich befindet und dadurch das Heraufziehen des Stabes *s* möglich geworden ist. Allein eine Bewegung mit *K* würde auch, wenn die Weiche richtig stünde und *h* bereits ausgeklinkt wäre, noch immer nicht erfolgen können, ehe nicht auch der Riegel *p* ausgehoben wäre, was mit der Handhabe *k* geschehen muss.

In dem gusseisernen, mit zwei verglasten Fensterchen *F*, *F₁* versehenen Gehäuse *G* befinden sich zwei Hattemer-Kohlfürst'sche Verschluss-Apparate (siehe S. 204), einer für das mit *K*, der andere für das mit *K₁* stellbare Distanzsignal. Die kleinen Handgriffe oder Kurbeln *k* und *k₁* sind in ganz gleicher Weise von der Lage des Verschlusses abhängig, wie die Handgriffe *K* der Aushebeklinken am Streckenblock-Apparat Fig. 72, 73, 74 und 75 (siehe S. 201), und können also nur ausgehoben werden, wenn vorher vom Dispositionsorte her mittelst der nöthigen Reihe von längerdauernden Wechselströmen das Auslösesegment der betreffenden Verschlussvorrichtung zum Abfallen gebracht wurde. Nach Erfüllung dieser Vorbedingung, die sich durch Umwandlung des betreffenden Fensterchens von „Roth" in „Weiss" kenn-

zeichnet, kann der Riegel *p* durch Drehung des Handgriffes *k* ausgehoben und nunmehr *K* um 180 Grad
herum, d. i. die Signallage auf „Erlaubte Einfahrt" gebracht
werden.

Während des Umstellens und so lange *K* auf „Frei"
stehen bleibt, schleift *p* auf den Trommelrand *m*; beim
Zurückstellen des Signals fällt *p* durch sein Gewicht in
den Absatz hinter *m* ein und die Blockirung ist wieder
vollzogen.

Die Buschtěhrader Eisenbahn (mit durchwegs ein-
geleisigen Strecken) hat alle ihre durch regeren Verkehr

Fig. 96.

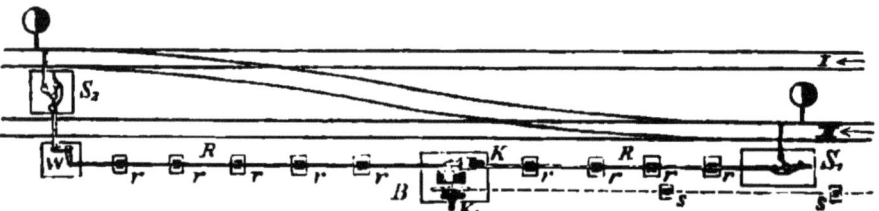

in Anspruch genommenen Abzweigestationen mit einfachen[1]) Einfahrtversicherungen nach System Schnabel
& Henning ausgerüstet. Die zu schützenden Geleise-
anlagen sind entweder nach Fig. 94 oder 96 angeordnet;
die letztere ist die häufigere. Am Stellbocke *B* (Fig. 96)
wird mit Hilfe eines Hebels *K* (vergl. auch Fig 97) das
in Frage kommende Weichenpaar unter Vermittlung
eines auf Rollen *r* gelagerten Rohrgestänges *R* und der
sogenannten Spitzenverschlüsse S_1, S_2 gleichzeitig gestellt. Ein zweiter Hebel K_1 dient zum Stellen der

---

[1]) Eine Ausnahme bildet die Kopfstation Komotau, wo acht
Weichen und zwei Signale centralisirt, in Eclanchement gebracht und
mit Hattemer-Kohlfürst'schen Blockirungen versehen sind.

beiden Distanzsignale, was mit Hilfe doppelter Draht-
zugleitungen, deren Enden über R (Fig. 97) laufen, geschieht. Steht der Hebel senkrecht, so befinden sich die
beiden Distanzsignale in der Haltlage; ist der Hebel
um 90 Grad nach vorwärts umgelegt, steht das eine auf
„Frei", wogegen das andere auf „Halt" bleibt, und ist K_1
um 90 Grad nach rückwärts
umgelegt, steht das andere
Distanzsignal auf „Frei" und
das erstere bleibt auf „Halt";
beide können also nie gleichzeitig auf „Frei" gebracht
werden. Eine im gusseisernen
Ständer P (Fig. 97) auf der
Axe x drehbare und durch
die Drehung der Handhabe H
zu bewegende Klinke r reicht
einerseits in das mit einem
abgesetzten Schlitz versehene,
auf K befestigte Bogenstück S,
andererseits in das auf K_1
befestigte Rad R. An R ist
ein Ring angegossen, in welchem Fallen M ausgespart

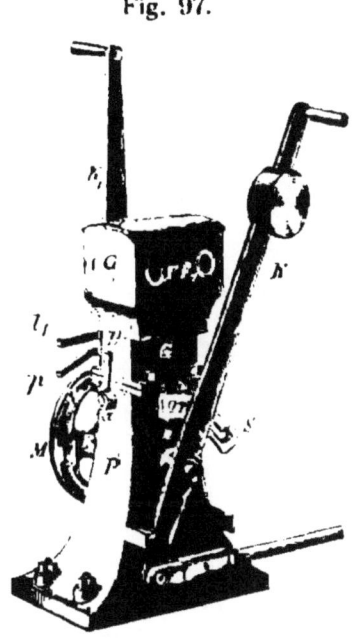

Fig. 97.

sind, in die r hineinreicht. Diese Fallen und die Absätze
in dem Bogenstücke S sind nun so angeordnet, dass das
Ausklinken von r und die Bewegung von K_1 auf „Frei"
für eine bestimmte Richtung nur möglich wird, wenn
K, d. h. das Weichenpaar sich in der richtigen Lage
befindet.

In Fig. 96 z. B. kann das Distanzsignal für I nur
auf „Frei" gebracht werden, wenn beide Weichen auf

die Gerade stehen. Obwohl auf diese Weise die correcte Wechselwirkung des Signals und der Weichen gesichert ist, bleibt die Benutzung des Signalhebels K_1 (Fig. 97) doch mit Hilfe der im gusseisernen Gehäuse G angebrachten Hattemer-Kohlfürst'schen Block-Apparate der Disposition der Station vorbehalten.

Die von Ingenieur Elsner herrührende Verbindung zwischen dem Signalhebel und den Block-Apparaten besteht aus dem um den Zapfen Y (Fig. 98) drehbaren

Fig. 98.

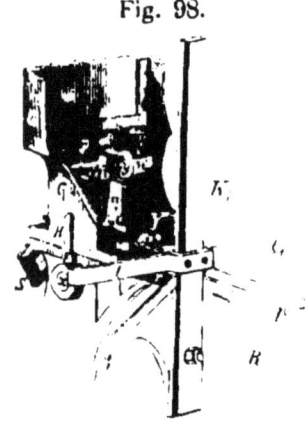

Arm A, der sich ausserhalb des Gehäuses G in zwei Arme p und q theilt, während innerhalb G an ihm der aufwärtsstehende Arm a angeschraubt ist. Das obere Ende von a greift wie der Zahn eines Zahnrades in eine unter der Drehaxe y des zweiarmigen Hebels $m\,n$ eingeschnittene Nuth ein. Auf m und n ruhen die Verschlussstangen p, p_1 der beiden im oberen Theil von G angebrachten Block-Apparate (Fig. 76, 77).

Wenn der Signalhebel K_1 behufs Hervorbringung der Freistellung eines Signals umgelegt wird, beispielsweise in der durch den Pfeil angedeuteten Richtung, so presst der in einer zahnausschnittartigen Vertiefung der Gabel $p\,q$ liegende Hebel K_1 den Arm p zur Seite und A muss sich der Pfeilrichtung entgegengesetzt bewegen. Diese Bewegung ist sehr klein, kann jedoch nur erfolgen, wenn $n\,m$ bei m aufwärts ausweichen kann, d. h. wenn der elektrische Verschlussriegel p frei ist; anderenfalls wird das zahnartige Ende des Armes *a* in der Nuth des Stückes *m n* festgehalten und K_1 kann nicht bewegt werden. Beim weiteren Umlegen des Hebels K_1 legt sich *l* vor *p* und verwehrt dem Weichensteller, irgendwie an *p q* zu rücken. Sobald K_1 wieder in die senkrechte Lage („Halt" für beide Signale) zurückgestellt wird, kommen auch *p q, A a* und das Stück *m n* in die Normallage

Fig. 99.

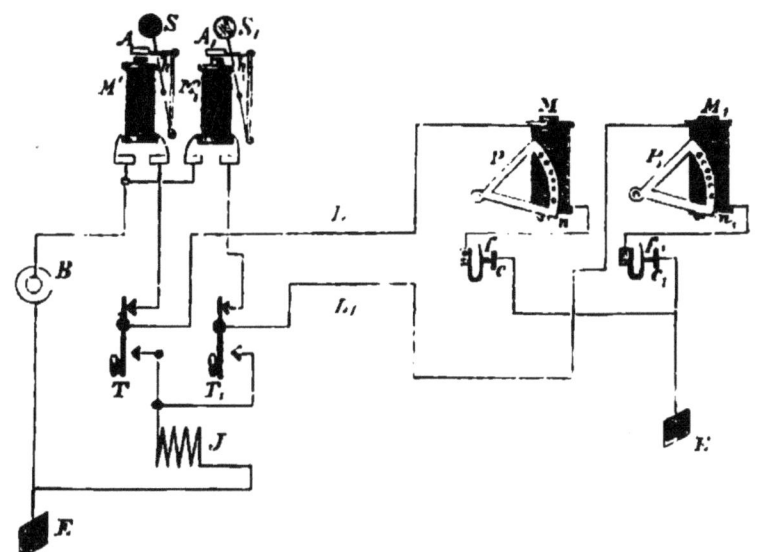

zurück; *p* folgt seinem Eigengewichte (siehe S. 205) und der Verschluss ist wieder automatisch hergestellt.

Die schematische Anordnung der elektrischen Blockirung und Controle zeigt Fig. 99. An den Block-Apparaten sind die Federcontacte *f c* angebracht, welche die Verbindung zwischen einem Ende der Elektromagnetspule *M* und der Erde *E* herstellen. Die zweiten Spulenenden sind mit den zur Station führenden Leitungen ver-

bunden. Von den letzten geht jede im Stationsbureau
zur Axe eines Tasters T, dann durch denselben zu einem
Elektromagnet M', dessen Anker A seine Bewegungen
auf einen eine rothe Scheibe S tragenden Hebel h überträgt und schliesslich zu einer Batterie B und zur Erde E.
Die Ankerspule des Magnet-Inductors J ist einerseits
mit den Arbeitscontacten des Tasters T, andererseits
mit der Erde verbunden.

So lange blockirt ist, geht ein Strom von B über
M', T, L, M, f, c zur Erde und wieder bei E zum
Zinkpol zurück. Der Anker A ist angezogen und die
rothe Scheibe S sichtbar. Desgleichen zeigt die Scheibe
des Block-Apparates P Roth.

Wird der Taster T niedergedrückt, so verschwindet
S, weil A abreisst; das Fensterchen des Control-Apparat-
kastens zeigt also Weiss. Wird nun mit dem Inductor
die nöthige Anzahl Ströme entsendet, so erfolgt am
Block-Apparat die auf S. 205 beschriebene Auslösung; das
Segment P fällt ab und stösst, am tiefsten Punkt angelangt, auf f, wodurch f von c abgehoben wird. Lässt
man nach Absendung der Deblockirströme T los, so
bleibt der Control-Apparat in der Station auf Weiss,
weil die Linie zwischen f und c unterbrochen ist, und
dieser Umstand beweist, dass die Deblockirung ordentlich
vollzogen wurde. Sobald der Weichen-, beziehungsweise
Signalwärter jene Bewegung vornimmt, durch welche
(vergl. S. 202) der Sperrriegel des elektrischen Block-
Apparates gehoben und das Segment P wieder auf die
Palettengabel gehoben wird, hört die Unterbrechung
zwischen fc auf und im Control-Apparate der Station
springt wieder die rothe Scheibe S vor. Eine zweite
Controle, welche, der österreichischen Signalordnung ent-

sprechend, direct vom Distanzsignal ausgeht, indem durch
die Haltlage dieses Signals die Bethätigung je eines beim
Weichenstellbocke und am Stationsbureau angebrachten
Weckers und eines im Stationsbureau aufgestellten
Galvanoskops (siehe Fig. 109) bewirkt wird, ergänzt die
vorherbeschriebene Controle der elektrischen Blockirung.
Siemens und Halske haben ihr Blocksignal (siehe
S. 191 ff.) in verschiedener Weise zur Weichen- und
Signalsicherung ausgenutzt und dieses System ist auch
auf dem europäischen Continente das verbreitetste.

· **Fig. 100.**

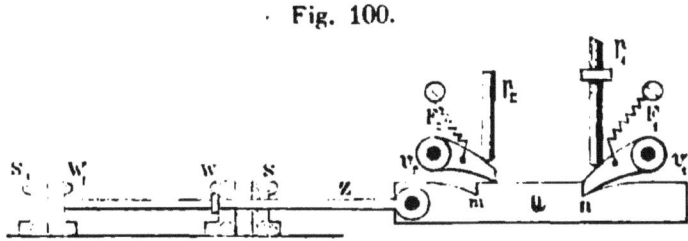

Vorerst lässt sich der benannte Apparat zum Sperren
von Weichen ganz in der gleichen Art verwenden, wie
beim Streckenblock; statt der Semaphorflügel wird eben
die Weiche in einer bestimmten Lage festgestellt. Es
ist zu diesem Ende nur nöthig, dass mit den Weichenzungen W, W_1 (Fig. 100) durch eine Stange Z ein
Riegel Q verbunden wird, welcher in einem Signalkästchen mit Inductor in der Nähe der Weiche liegt. Der
Riegel Q muss an seiner oberen Fläche zwei Einschnitte
m und n haben, in welche entweder der eine Sperrkegel
r_1 (bei n) oder der andere r_2 (bei m) durch den mittelst
der Stange p_1 oder p_2 auf denselben ausgeübten Druck
sich einlegen kann; sofern die Weiche und damit auch
der Riegel Q vorher ganz genau gestellt worden und v

eingeschnappt ist, kann in gleicher Weise wie bei den
Streckenblock-Apparaten eine Reihenfolge von Wechselströmen nach dem ganz einem Stationsblock-Apparate
gleichenden Apparat der Dispositionsstelle entsendet und
dort durch Deblockirung des betreffenden Senders das
Signal über den Stand und die erfolgte Verriegelung der

Fig. 101.

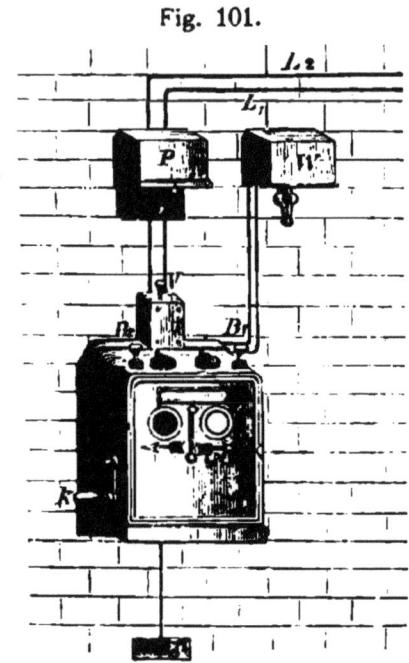

Weiche gegeben werden. Stünde beispielsweise die Weiche
wie Fig. 100 zeigt, und ginge von dem Apparatsatze
der Stange p_1 die Leitung L_1 zu dem Apparate Fig. 101
der Dispositionsstelle, so ist, nachdem der Wechselwächter
die vorbesagte Stromabgabe bewerkstelligt hat, sein v_1
und p_1 festgehalten (vergl. Fig. 69, 70 und 71) am
Dispositionsorte, dagegen ist B_1 frei und das betreffende

Fensterchen roth geworden. Die Weiche ist blockirt und die Dispositionsstelle kann wieder frei machen, wenn dort B_1 niedergedrückt und die Inductorkurbel k gedreht wird. Beim Weichen-Apparat hebt sich, da die Feder F_1 wirksam werden kann, die Stange p_1 in die Höhe und ν_1 tritt aus n heraus. Q wird nunmehr in keiner Weise festgehalten, und die Weiche kann bei den Verschiebungen beliebig gestellt werden. Soll aber für eine Zug-Ein- oder Ausfahrt die Weiche so gestellt werden, dass W an S liegt, und in dieser Lage verriegelt werden, dann muss der Wechselwärter nach richtiger Einstellung der Weiche seinen Blocktaster B_2 niederdrücken, wodurch er p_2 herab- und ν_2 in m hineinschiebt. Der Schnapper h_2 (vergl. Fig. 70 und 71) stellt sich vor p_2; ν_2 wird festgehalten; die Weiche ist blockirt. Durch die Wechselströme, die der Wächter unter Einem durch Drehung seiner Inductorkurbel in die Linie L_2 (Fig. 101) entsendet, deblockirt er am Apparate der Dispositionsstelle den Taster B_2 und macht das betreffende Fensterchen roth.

Es können auf diese Art auch mehrere zu einer Zug-Ein- oder Ausfahrt gehörige Weichen, eine sogenannte Weichenstrasse, controlirt und blockirt werden. Dabei braucht nicht jede einzelne der in Frage kommenden Weichen, sondern nur die äusserste einen Block-Apparat, bei den anderen Weichen sind nur mit der Weichenspitze verbundene Contactvorrichtungen nöthig, welche die sie passirende, vom Apparat des Dispositionsortes zu jenem der äussersten Weiche führende Leitung so lange unterbrochen halten, als die zur Contactvorrichtung gehörige Weiche nicht genau in der richtigen Lage sich befindet.

Die von Siemens und Halske gebauten Central-
Apparate sind insoferne abweichend von den gleichnamigen Systemen, als bei denselben nicht nur für die
Signalstellung, sondern auch für die Weichenverriegelung
und endlich für die Weichenstellung selbst keine Gestänge,
sondern Stahldrahtzüge, und zwar in der Regel Doppel-
drahtzüge verwendet werden.

Fig. 102.

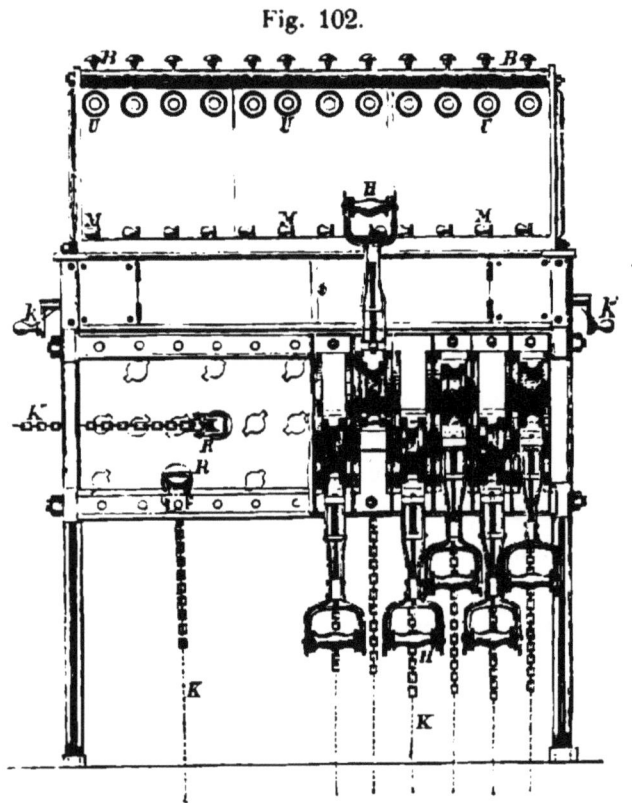

Bei den älteren Siemens'schen Central-Apparaten
werden vom Centralstellorte aus nur die Einfahrtssignale

unmittelbar gestellt, dagegen die Weichen lediglich verriegelt, während das Stellen
derselben den Weichen-
wärtern überlassen bleibt.
Die zur Verriegelung der
Weichen dienende Vor-
richtung besteht aus zwei
Haupttheilen, deren erster
eine in ähnlicher Weise
wie Q in Fig. 100 durch
eine Stange mit der
Weichenzunge verbundene
Eisenschiene ist, während
der zweite Theil in einer
gusseisernen Büchse eine
unmittelbar über jener
Stange liegende, auf einer
Axe drehbare gusseiserne
Scheibe enthält, welche an
ihrer Unterseite mit einer
halbkreisförmigen Nase
versehen ist. Mit dieser
Nase gelangt die Scheibe,
wenn sie gezwungen wird,
eine halbe Umdrehung zu
machen, in einen Aus-
schnitt der oben benannten
Stange, jedoch nur dann,
wenn die Weiche voll-
kommen richtig liegt. Auf
diese Art wird die Weiche

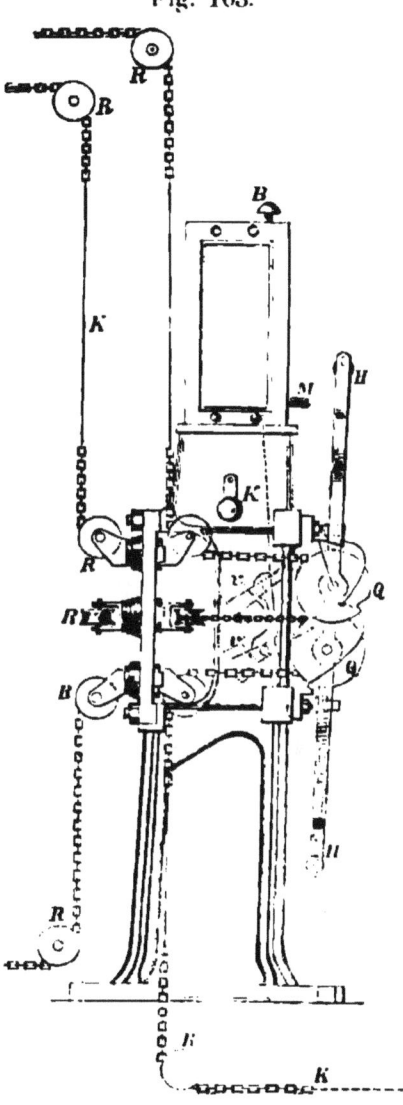

Fig. 103.

in ihrer richtigen Lage unverrückbar festgehalten. Wird

17*

die Scheibe soweit wieder zurückgedreht, dass ihr Vorsprung aus dem Einschnitte der Weichenstange heraus-
gelangt, so ist auch die Weiche wieder freigegeben.

Die Drehung der Weichenverschlussscheiben und
ebenso die Stellung der Einfahrtssignale geschieht am
Central-Apparat (Fig. 102 und 103; $1/_{20}$ der natürlichen
Grösse) mit den über Rollen R laufenden Ketten K ohne
Ende, welche bei grösserer Länge, damit die Spannung
erhalten bleibt, mit einer eigenthümlichen Spannvor-
richtung ausgerüstet werden. Die Ketten sind natürlich
mit den zu den Signalen oder Weichenverschluss-Vor-
richtungen führenden Drahtzügen verbunden und werden
durch die am unteren Theile des Central-Apparates
angebrachten Handhebel H bewegt. Am oberen Theile
sind ebenso viele Signalkästchen mit Fensterchen und
Blockirtaster vorhanden, als von der Dispositionsstelle
abhängige, also elektrisch verschlossene Hebel H. In
der Regel werden nur die Einfahrtssignalhebel auf diese
Art gekuppelt. Das Wechselverhältniss zwischen den
einzelnen elektrischen Verschluss-Apparaten des Central-
Apparates mit jenen der Dispositionsstelle ist wieder
ganz das gleiche wie im kurz früher behandelten Falle.
Die programmgemässe Abhängigkeit der einzelnen nebeneinander liegenden Signal- und Weichenverriegelungs-
hebel H ist durch ein mechanisches Verriegelungssystem
erzielt. Der Wärter am Central-Apparat kann einen
Signalhebel H von der nach abwärts hängenden in die
senkrecht nach aufwärts stehende Lage, d. i. von „Halt"
auf „Frei" umstellen, wenn die zur betreffenden Einfahrt
gehörigen Weichenriegelhebel richtig gelagert sind. Dies
wird durch die mechanische Anordnung bewirkt; er
kann aber selbst dann, wenn diese Bedingung erfüllt

ist, die gedachte Hebelumstellung nicht vollziehen, so lange er nicht von der Dispositionsstelle aus durch Deblockirung hierzu ermächtigt und in Stand gesetzt wurde, denn der Sperrkegel *v* kann aus dem Einschnitte der fest auf der Drehaxe des Hebels *H* sitzenden Scheibe *Q* nicht heraus, weil er durch eine Stange, wie *v* in Fig. 100 durch *p* (vergl. wieder Fig. 70 und 71) festgehalten wird. Erst wenn elektrisch deblockirt ist, kann *H* nach oben gestellt werden.

Der Apparat im Stationsbureau (an der Dispositionsstelle) gleicht ganz dem in Fig. 101 dargestellten, natürlich besteht er immer aus so vielen Verschlussgarnituren, als am Central-Stellapparat zu blockirende Hebel *H* vorhanden sind, und ebenso viele Leitungen dienen zur Verbindung der zusammengehörigen Block-Apparate.

Seit den letzteren Jahren erzeugen Siemens und Halske auch Centralweichen, nämlich Stellvorrichtungen, ganz übereinstimmend mit den eben geschilderten (Fig. 102 und 103) bei welchen aber die Hebel *H*, beziehungsweise die an diese gekuppelten Drahtzüge die Weiche auch stellen und dann verriegeln.

Elektrische Verschluss-Apparate nach System Siemens und Halske werden auch vielfach bei anderweitigen Centralweichenstell-Apparatsystemen benutzt. Die Braunschweiger Firma Max Jüdel, welche die Rüppel'schen Central-Apparate ausführt, wendet hierbei die in Fig. 104 dargelegte Anordnung an. Der Signalhebel *H* lässt sich, vorausgesetzt, dass überhaupt die übrigen, mit *H* programmgemäss in mechanischer Abhängigkeit stehenden Weichen und Signalhebel der Centralstellvorrichtung die entsprechende Lage haben, aus der vollgezeichneten Stellung in die durch eine gestrichelte Linie *b* angedeutete,

d. h. von „Verbot der Fahrt" auf „Erlaubte Fahrt" bringen, wenn der Sperrhaken *v* aus der sich mit *H* be-

Fig. 104.

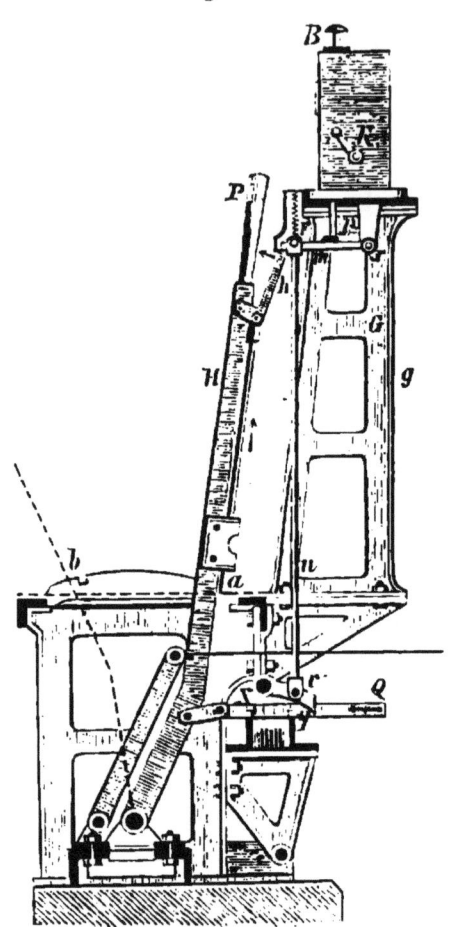

wegenden Stange *Q* ausgehoben und die Schuberklinke *h*
in der Richtung des Pfeiles an die Handhabe *P* des
Hebels *H* angedrückt werden kann. Letzteres, welches
der Weichensteller zugleich mit vornimmt, wenn er *P*

behufs Umstellung des Hebels erfasst, wird, so lange der elektrische Verschluss aufrecht ist, dadurch verwehrt, dass das obere Ende von h in eine Vertiefung des um x drehbaren Hebelarmes m hineinreicht. Ist m in dieser Lage durch die Blockstange p fixirt, kann h nicht gegen P gedrückt werden; zugleich wird auf diese Weise auch der um X drehbare und durch die Stange n und ein Charnier mit dem um x drehbaren Hebel m verbundene Sperrhaken v in der eingeklinkten Lage festgehalten. Die aus dem Block-Apparat kommende Stange p ist gleichbedeutend mit p_1 oder p_2 in Fig. 100 (vergl. Fig. 70 und 71), und ebenso hat das Hebelsystem m, n, v die gleiche Aufgabe wie v_1 oder v_2 in Fig. 100. Eine Spiralfeder F besorgt das Ausheben des Hebelsystems. Wird also von der Dispositionsstelle aus mittelst einer Serie von Wechselströmen deblockirt, so springt der die Stange p festhaltende Schnapper (h in Fig. 70 und 71) zur Seite; die Spiralfeder F kann wirksam werden und ist so kräftig gewählt, dass sie sowohl v, n, m hebt, als auch p in die Höhe schiebt. Nunmehr steht der Benutzung des Hebels H kein Hinderniss mehr entgegen. Wenn der Wärter nach erfolgter Fahrt des Zuges den Hebel wieder auf „Halt" zurückstellt, hat er zum Beweise dessen den respectiven Apparat der Dispositionsstelle zu deblockiren, indem er den Taster B niederdrückt und die Inductorkurbel K dreht; dabei drückt er zugleich, wie früher schon wiederholt gezeigt wurde, p und also auch m, n, v in die Sperrlage zurück. B wird der Wärter übrigens, wie man sieht, nur dann drücken können, wenn er H ganz genau zurückgestellt hat, so dass v in q sich hineinschieben lässt.

Ganz ähnlich benutzen Schnabel und Henning bei ihren grossen Centralweichen- und Signal-Stellapparaten

die Siemens-Halske'schen Verschlüsse. Wenn bei den
benannten Stell-Apparaten der Signalhebel *H* (Fig. 105)
auf „Frei" gestellt werden soll, muss der Einfallriegel *R*

Fig. 105.

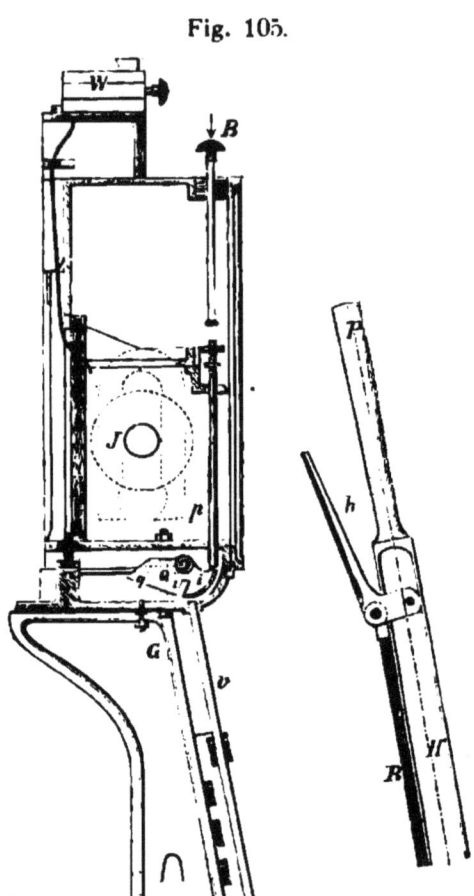

vorerst gehoben werden, indem der Wärter beim Er-
greifen der Handhabe *P* den Hebel *h* an *P* mit der Hand
anpresst. *R* steht aber durch eine mechanische, in der
Zeichnung weggelassene Kuppelung mit der am Gusseisen-

ständer G in Führungen laufenden Stange ν so in Verbindung, dass durch die Aufwärtsbewegung von R auch ν in die Höhe geschoben wird. Umgekehrt kann also durch Andrücken von h an P die Stange R nur gehoben werden, wenn ν nach aufwärts Luft hat, was bei der dargestellten Lage eines um x drehbaren Metallstückes Q nicht der Fall ist. In dieser Lage wird Q durch die Stange p (p in Fig. 70 und 71) festgehalten, bis von der Dispositionsstelle aus die elektrische Blockirung erfolgt. Nunmehr kann p durch das bei q liegende Uebergewicht der Scheibe Q nach aufwärts gehoben werden, Q dreht sich bis zu einem Anschlag und nunmehr steht der Einschnitt i der Stange ν gegenüber. Wird ν durch keine anderweitige mechanische Hemmung behindert, d. h. liegen die übrigen Hebel der Central-Stellvorrichtung correct, so kann jetzt h an P gedrückt, d. i. R und ν gehoben werden, denn das obere Ende von ν geht in i hinein.

Sobald der Signalhebel wieder auf „Halt" zurückgebracht wurde, hat der Wärter durch Niederdrücken des Blocktasters B und Drehung der Inductorkurbel in gewöhnlicher Weise den Apparat der Dispositionsstelle zu deblockiren, seinen Apparat aber zu blockiren; es wird ihm dies eben nur dann möglich sein, wenn die Stange ν aus dem Einschnitte i der Scheibe Q vollständig heraus ist, also der Hebel H genau in seiner Normallage sich befindet.

Die Carolinenthaler Maschinenbau-Actiengesellschaft versieht Schnabel-Henning'sche Central-Stellapparate auch mit Hattemer-Kohlfürst'schen Verschlüssen. Die Stange ν (Fig. 105) liegt dann unter einem Hebel, über welchem die Verschlussstange p des elektrischen Apparates (vergl. Fig. 76 bis 80) angebracht ist. Die Stange ν

(Fig. 105) kann nur gehoben, also der Hebel *H* auf
„Frei" gestellt werden, wenn durch die Dispositionsstelle
die Blockirung gelöst wurde, so dass sich *p* nach aufwärts drücken lässt. Nach Rückstellung des Signalhebels
erfolgt die Blockirung wieder selbstthätig.

Eigenartig ist die an einem S ch n a b e l und H e n-
ni ng'schen Centralweichen- und Signal-Stellapparate am
Bahnhofe in Strassburg nach den Angaben des Telegraphen-
Oberinspectors H i e r o n y m i vom Telegraphen-Controleur
S ch u l z e construirte elektrische
Verschlussvorrichtung. Die elektrischen Apparate sind, wie in den
früheren Fällen, in Blechkästchen
auf einem gusseisernen Gestelle
gegenüber den Stellhebeln angebracht. Mit dem Signalhebel *H*
(Fig. 106 und 107) steht ein Arm *h*
in steifer Verbindung, der in den
Apparatkasten *K* hineinreicht. In *h*
ist an der oberen Kante eine Einkerbung, an der unteren sind Zähne
eingeschnitten, mit welchen *h*, wenn

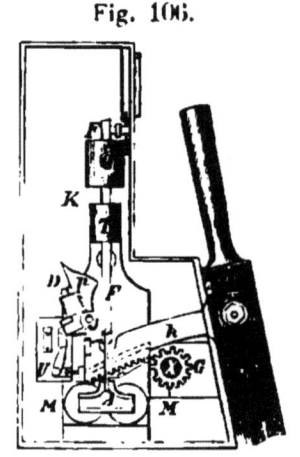

Fig. 106.

H auf „Frei" gestellt oder wieder auf „Halt" zurückgebracht wird, in das auf der Axe *X* sitzende Getriebe
G eingreift. Auf *X* sitzt auch noch ein in das den Inductor *J* treibende Rad *R* eingreifendes Getriebe *G₁*. Wenn
also einer der elektrisch gesperrten Hebel *H* (in Fig. 107
sind, um die blockirte und deblockirte Lage darzustellen,
zwei Systeme nebeneinander dargestellt und bleibt natürlich bei mehreren Systemen die Anordnung ganz die
gleiche) bewegt und *h* aus dem Blockirkasten heraus-
gezogen und hineingeschoben wird, erfolgt jedesmal eine

Bethätigung des gemeinschaftlichen, gleichgerichtete Ströme
liefernden Inductors. Nun liegt vor *h* in jedem Apparat-
satz ein Umschalter, der die dem respectiven Hebel *H*
entsprechende zu der Dispositionsstelle führende Leitung,
sobald *h* nicht mehr in seiner Normallage liegt, mit dem
Inductor *J* automatisch verbindet, und dafür die sonst
bestehende Verbindung zwischen der Leitung und dem
Elektromagnet *M* aufhebt. Auf diese Weise geht der
beim Stellen des Hebels *H* durch die Drehungen der

Fig. 107.

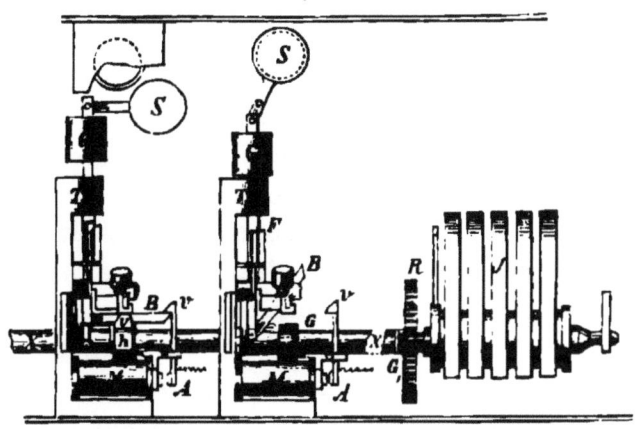

Axe *X* erzeugte Inductionsstrom direct durch die Linie
zum Dispositionsort, wo er den respectiven Zeichen-
Apparat passirt. Dieser Zeichen-Apparat besteht lediglich
aus einem Elektromagnet mit einem polarisirten Anker,
der eine weisse Blechscheibe trägt, die je nach der Lage
des Ankers hinter dem Fensterchen des Signalkastens
gesehen wird oder nicht. Ersichtlichermassen sind die
Ströme, welche am Central-Stellapparate durch die Vermittlung von *h*, *G*, *X*, G_1, *R* etc. erzeugt werden, beim Umlegen von *h* auf „Frei" von anderer Richtung als beim

Zurückstellen. In einem Falle wird der Strom z. B. positiv sein; also am Zeichen-Apparate der Dispositionsstelle den Anker z. B. nach rechts werfen und die weisse Scheibe sichtbar machen, im anderen Falle ist dann der Strom negativ und macht die Scheibe wieder verschwinden. Auf diese Weise erhält die Dispositionsstelle vom Oeffnen und Schliessen der Fahrstrasse Benachrichtigung, welche noch durch ein akustisches Signal ergänzt wird, indem die weissen Scheiben in der sichtbaren Lage den Localschluss einer Batterie und eines Weckers mit Selbstunterbrechung herstellen, so dass der Wecker so lange klingelt, als die Fahrstrasse offen bleibt.

Den Verschluss des Hebels H bewirkt ein Bügel B, der mit der in einem Ständer T geführten senkrechten Stange F charnierartig verbunden ist und durch den an dem Ankerhebel A, ν des Elektromagnets M befindlichen Schnapper ν in der Verschlusslage festgehalten wird. Sendet die Dispositionsstelle, indem ein dort befindlicher Taster niedergedrückt und dadurch der Zeichen-Apparat aus der Linie gebracht, dafür aber ein Inductor eingeschaltet wird, einen Strom durch M, so erfolgt die Anziehung des Ankers A, ν verlässt B, das auf die Stange F aufgesteckte Gewicht G kann wirksam werden und drückt B aus der Nuth des Armes h heraus und schiebt zugleich die gleichfalls durch ein Charnier mit F verbundene weisse Scheibe S vor das Fensterchen des Signalkastens. Nun kann H in die Stellung auf „Frei" umgelegt werden. Bei der Rückstellung stemmt sich das Ende n des Armes h gegen eine Nase des um j drehbaren Stückes D und zwingt dieses, in einen Schlitz der Stange F hineinzugreifen und diese durch den hier ausgeübten Druck der entsprechend abgeschrägten Auflaufkante *p* nach aufwärts zu heben. Wenn *h* vollends in seine richtige Lage gelangt, kann die Nase des Stückes *D* wieder an *u* vorüber und seinem Gewichte folgend in die in Fig. 106 gezeichnete Lage zurückkehren; *F* kann aber nicht mehr nach unten fallen, weil sich *B* an *v* gefangen hat.

Wie schon früher erwähnt, ist das Abhängigkeitsverhältniss zwischen Stellort und Dispositionsstelle auf den englischen Bahnen wesentlich anders als auf dem Continent. Dort wird der Stellort immer gleich zur Dispositionsstelle für die beiden Nachbarstellorte, d. h. jede Station ist für die abgehenden Züge der Disposition der beiden Nachbarstationen überantwortet und übt gleichzeitig die Disposition über dieselben, insoweit es sich um die kommenden Züge handelt; die Weichensicherung ist also direct mit der Zugdeckung combinirt.

Für diesen Zweck benutzt die Firma Saxby & Farmer auf mehreren englischen Bahnen den S. 216 beschriebenen Interlocking-Apparat von Farmer und Tyer welcher Apparat übrigens seit 1877 in den Details der Anordnung mancherlei Verbesserungen erfahren hat. In jeder Station sind sämmtliche Weichen und die vier Ausfahrtssignale (Doppelgeleise gerechnet), endlich ebenso viel Einfahrtssignale in einen Central-Stellapparat vereinigt und die einzelnen Stellhebel sind untereinander programmgemäss durch mechanische Verriegelung in Abhängigkeit gebracht. Ausserdem sind gewöhnlich Nadeltelegraphen für die laufende gegenseitige Verständigung der Stationen vorhanden. Wie S. 219 gezeigt wurde, ist das Stellen eines Signalhebels auf „Frei" nur möglich, wenn sich Strom in der Linie befindet. Das Arrangement ist nun so getroffen, dass dieser Strom in einer Station,

nachdem die telegraphische Anfrage eingelangt ist, ob ein
Zug vorrücken könne, nur dann geschlossen werden kann,
wenn vorher alle Weichen und Signale die mit Rücksicht
auf den zu empfangenden Zug nöthigen Stellungen haben.
Durch die Umstellung des Contacthebels wird diese Stellung unverrückbar gemacht und zugleich der Station,
von welcher der Zug kommen darf, die Freistellung des
respectiven Ausfahrtssignals ermöglicht. In der letztgedachten Station wird durch die Umstellung des Ausfahrtssignals auf „Frei" der Contacthebel festgemacht, so dass
sie ausser Stande ist, der nächsthinteren Station für einen
Folgezug die Erlaubniss zur Nachfahrt zu ertheilen, so
lange bis der abgegangene Zug ein auf Deckungsdistanz
vom Signale am Geleise angebrachtes Pedal niederdrückt
und dadurch eine Stromsendung bewirkt, welche den den
Contacthebel verschliessenden Riegel wieder aushebt.

In übereinstimmender Weise findet in England
auch das Interlocking-Signal von Sykes (vergl. S. 221)
zur Herstellung des stationsweisen Abhängigkeitsverhält-
nisses der Centralweichen und Signalstellvorrichtungen
Anwendung.

X. Control-Apparate.

Elektrische Einrichtungen zu Controlzwecken werden
von den Eisenbahnen vielfach und in den mannigfachsten
Anordnungen verwendet.

Schon hinsichtlich der Bewachung von Bahnhöfen
durch die Nachtwächter benutzt man nicht selten elektrische Control-Uhren, welche die Zeit der Anwesenheit
des Wächters an den bestimmten Punkten des Bahn-

hofes am Aufstellungspunkte des Control-Apparates genau registriren.

Solche Wächter-Control-Uhren sind im Band XIII der Elektro-technischen Bibliothek ausführlich beschrieben.

Weit wichtiger ist natürlich die Controle der Stellung von Signalen. Insbesondere bei den Distanzsignalen erweist sich die Nothwendigkeit, an jenem Punkte, von welchem aus das Signal gehandhabt wird, über das richtige Arbeiten des Signals jederzeit genaue Kenntniss zu haben. Häufig steht jedoch das Distanzsignal zu entfernt oder es wird durch das Terrain verdeckt, so dass die gewünschte Ueberzeugung durch den Augenschein nicht gewonnen werden kann. Man bringt deshalb Vorrichtungen an, welche am betreffenden Orte aufgestellt, vom eigentlichen Signal abhängig gemacht werden und durch gewisse optische oder akustische Zeichen über die Thätigkeit oder den Zustand des Distanzsignals Auskunft geben.

Elektrische Controlvorrichtungen, welche beispielsweise über die Stellung des Distanzsignals Bericht geben sollen, finden sich auf den deutschen Bahnen verhältnissmässig selten, dagegen sind alle österreichisch-ungarischen Bahnen, dann die französischen und endlich die meisten englischen und viele russische Bahnen mit solchen Apparaten versehen.

Der Natur der Sache nach bildet den Haupttheil dieser Einrichtungen eine am Distanzsignal angebrachte Contactvorrichtung, welche mit dem am Controlpunkte aufgestellten optischen oder akustischen Apparat und mit der Batterie durch eine Leitung entsprechend verbunden ist.

Die Controlvorrichtung muss so eingerichtet sein, dass sie durch die mechanische Einwirkung, welche

sie durch das Umstellen des Signals erfährt, entweder den Stromkreis schliesst oder unterbricht, oder
auch die Stromrichtung umkehrt u. s. w., kurz jenen Zustand in der Leitung hervorbringt, welcher bedingt ist,
um den Control-Apparat in die der betreffenden Stellung
des Signals entsprechende Thätigkeit zu bringen und
darin so lange, als am Distanzsignale nichts geändert
wird, zu erhalten.

Bei den österreichisch-ungarischen Eisenbahnen ist
die einfachste Anordnung nachstehende: Die Batterie steht
in der Regel im Telegraphenbureau der Station, der
eine Pol schliesst zur Erde an, vom anderen führt die
Leitung zu dem am Stationsperron an der Gebäudewand
angebrachten Stations-Controlklingelwerke, von hier weiter
zur Contactvorrichtung und dann wieder zur Erde. In
Mittelstationen, wo mindestens zwei und in Wechsel-
stationen, wo mehrere Distanzsignale vorhanden sind, wird
fast ausnahmslos eine Batterie gemeinschaftlich für alle
ausgenutzt. Das Prototyp der hier als Controlklingelwerke angewendeten einfachen Wecker zeigt Fig. 108.
Das eine Multiplicationsende ist zur Anschlussklemme L_1,
das zweite mit dem Metallträger N verbunden. Das von
N isolirte Metallstück V trägt die Contactschraube s_2
(s_1 hat eine Elfenbeinspitze) und ist mit der zweiten Anschlussklemme durch den Draht d verbunden; bei abgerissenem Anker ist der Stromweg von L_1 über $M N$,
den Anker A und die daran befestigte Feder f, die Contactschraube s_2, den Verbindungsdraht d und L_2 hergestellt. Beim Angezogenwerden des Ankers schlägt der
Klöppel K an die Glocke g und die Feder f verlässt
den Contact s_2, die Linie unterbrechend. Dieser Wecker
arbeitet sonach als Selbstunterbrecher.

Wenn ausser dem einen Controlklingelwerke in dieselbe Leitung noch ein zweites oder mehrere eingeschaltet werden sollen, wird häufig das Controlklingelwerk nicht auf Selbstunterbrechung, sondern auf Selbstausschaltung gerichtet, indem die isolirte Schraube s_1 gegen s_2 vertauscht, dann das früher an L_1 angeschlossene Multiplicationsende an das Stück V und N mit L_1 verbunden wird. Bei abgerissenem Anker führt der Stromweg

Fig. 109.

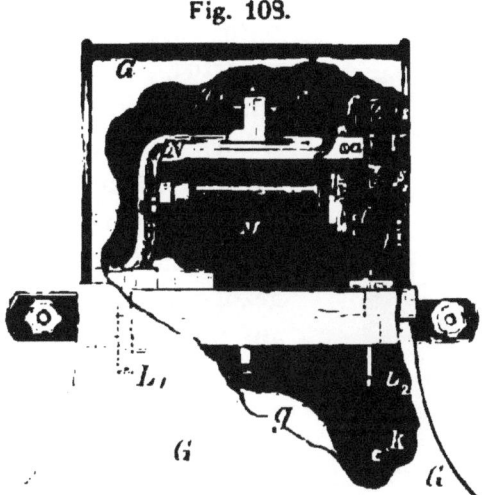

über L_1, N, M, V, d, L_2, da die Feder f auf der Contactschraube s_1 nicht aufliegt; bei angezogenem Anker findet der Strom aber seinen Weg gleich von L_1 über N, A, f, s_1, V, d zu L_2. Die Spulen M werden also bei jeder Ankeranziehung ausgeschlossen.

Bei einigen Bahnen macht man, um das lästige Rasseln des Controlweckers zu verhüten, den Klöppel K ganz besonders lang, so dass er fast so langsam wie ein Secundenpendel schwingt. Auch benutzt man solche

Wecker, da sich ihr Läuten von dem der gewöhnlichen Rassler deutlich unterscheidet, nicht selten an Stellen, wo zweierlei Controlen, die nicht verwechselt werden sollen, zusammenkommen.

Als optische Control-Apparate für sich oder auch in Verbindung mit Weckern dienen häufig Galvanoskope (Fig. 109), deren Zeiger hinter einem Fensterchen deutlich erkennbar ist und drei Zeichen geben kann: links Ausschlag, Stand auf 0 und rechts Ausschlag. Zumeist

Fig. 109.

wird nur auf zwei Zeichen reflectirt, nämlich auf „Ausschlag", Strom in der Linie (Halt) und „kein Ausschlag", stromlose Linie (Frei). Vielfach benutzt man einfache Elektromagnete, deren Anker ihre angezogene und abgezogene Lage auf eine Scheibe übertragen, die in den beiden Lagen mit verschiedener Farbe hinter dem Fensterchen eines Kästchens sichtbar werden. Fig. 110 zeigt eine solche Anordnung, wie sie Inspector Schellens auf der Rheinischen Bahn eingeführt hat. Von der roth und weiss bemalten Scheibe Z sind bei der abgerissenen Lage des Ankers A nur die rothen Felder im Fenster des Apparatkastens sichtbar. Kommt Strom durch den Elektromagnet M, so erfolgt die Anziehung des bei X drehbaren Ankers A, dessen Bewegung sich durch das gezahnte Segment S auf das Triebrad G, das auf der Axe der Zeichenscheibe Z festsitzt, überträgt, wodurch diese genügend weit gedreht wird, so

dass nunmehr ihre weissen Felder im Fensterchen erscheinen.

Die Engländer wenden Control-Apparate (Signal-
repeaters) an, welche den früher erwähnten Zeichengebern
der englischen Blocksysteme (Fig. 61 bis 65) ähnlich
sehen und in der Regel kleine Semaphore darstellen.

Die Contactvorrichtungen, welche an dem zu
controlirenden Signalmittel anzubringen sind, haben an
den Distanzsignalen, mit welchen nur die zwei Stellungen
„Halt" und „Frei" gegeben werden, auch nur zwei Ver-
richtungen durchzuführen;
sie müssen nämlich bei einer
Signalstellung den Strom in
der Controlleitung herstellen,
bei der anderen unterbrechen.
Seltener wird ein Umkehren
der Stromrichtung verlangt.
In Fig. 36 ist die Anord-
nung des Controlcontestac
bei den verbesserten Schön-

Fig. 110.

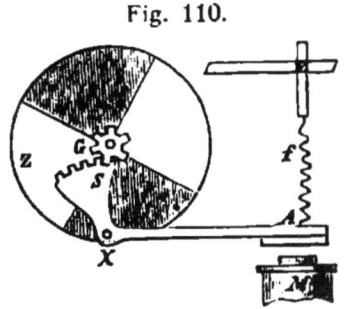

bach'schen Distanzsignalen ersichtlich gemacht. In der
dargestellten Lage ist das Signal auf „Frei" und die zwei
voneinander isolirten Federn F_1, F_2, zu welchen einerseits
die Erde, andererseits die zum Control-Apparat und zur
Batterie führende Leitung anschliessen, berühren sich nicht;
die Controllinie ist an dieser Stelle unterbrochen. Wird
das Distanzsignal auf „Halt" gestellt, so dreht sicht der
Daumenzapfen r um 90 Grad herüber, wie es die gestrichelte
Linie andeutet, drückt auf F_2 und stellt also zwischen
beiden Contactfedern die Berührung her, so lange er in
der Haltlage verbleibt; die Controlbatterie ist in Thätigkeit,
was der optische oder akustische Zeichen-Apparat anzeigt.

Beim Schäffler'schen Distanzsignal (Fig. 39) schliesst die Controllinie bei den Klemmen L und L_1 an; die Contactfedern f und f_1 berühren sich, die Controllinie ist intact, so lange das Signal die gezeichnete Lage (Halt) hat; bei der Umstellung auf „Frei" hebt das auf der Triebwerkaxe I sitzende Excenter C die Feder f von f_1 ab.

Fig. 111.

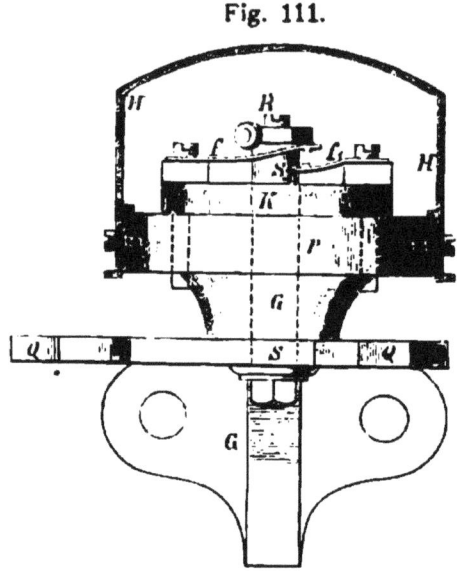

Viele französische Bahnen haben bei ihren mechanischen Distanzsignalen (Wendescheiben) an der eisernen Signalspindel, die gleich den Erdanschluss bildet, einfach einen federnden Arm angesetzt, der sich bei der Haltstellung an einen Contactambos anpresst, zu welchem die Controllinie anschliesst.

Bei den Controlvorrichtungen der Galizischen Carl Ludwig-Bahn (Fig. 111 und 112) trägt die am Signalständer angeschraubte gusseiserne Gestellplatte G und die ebenfalls gusseiserne Scheibe P. Auf dieser ist die Hart-

gummiplatte K befestigt, an der wieder die mit Platincontacten versehenen Federn f und f_1 an Anschluss-
klemmen angebracht sind. Durch G, P und K geht ein
isolirter drehbarer Stift S, an welchem unten die Gabel Q,
oben das Röllchen R angebracht ist. Das an der Scheiben-

Fig. 112.

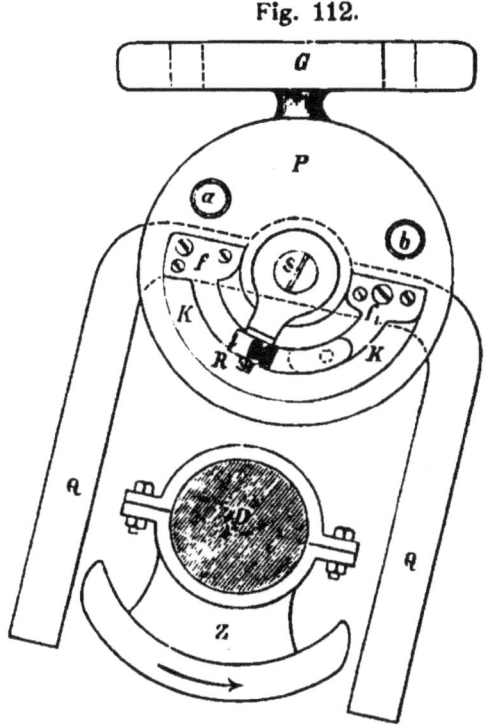

spindel D des Distanzsignals mittelst Flantschen und
Schrauben befestigte Stück Z drückt bei der Stellung
des Signals auf „Halt" den einen Arm von Q zur Seite,
und der sich hierbei mitdrehende Stift S presst mit dem
Röllchen R die zwei Contactfedern f und f_1 aufeinander.
Die Contactfedern sind durch eine auf P aufgesteckte
Blechhülse H geschützt.

Bei den von der Kaiser Ferdinands-Nordbahn
benutzten Contactvorrichtungen schliessen die beiden
Leitungen an Contactfedern, die in der Contacthülse
kreuzweise übereinander angebracht sind und aneinander-
gedrückt, also in Contact gebracht werden, sobald ein
unter dem Kreuzungspunkte angebrachter isolirter Stift
genügend hochgehoben wird. Letzteres geschieht durch
einen an der Spindel der Wendescheibe mittelst Flantschen befestigten eisernen Keil. Kommt das Signal in

Fig. 113.

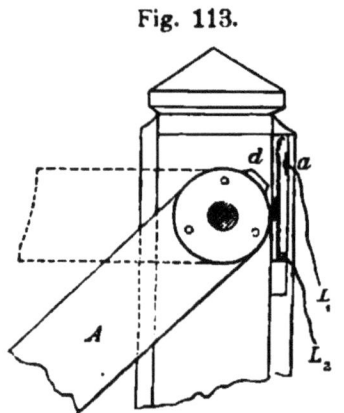

die Freistellung zurück, so
drückt eine Wurmfeder den
vorgedachten Stift wieder nach
unten und die Contactfedern
gehen auseinander.

Einfach gestalten sich
die Contactvorrichtungen an
Semaphoren. Fig. 113 zeigt
eine solche in England häufig
benutzte Anordnung. In
einem Blechgehäuse ist am
Maste die Feder f und der
Ambos a angebracht. Beide diese Theile sind isolirt; zu
denselben ist die Controllinie L_1 L_2 angeschlossen, welche
so lange immer unterbrochen bleibt, bis der Signalarm A
gehoben wird und mit dem Daumen d die Feder f auf
a presst.

Auf den Schweizer Bahnen, z. B. der Nordostbahn,
sind die daselbst in Anwendung stehenden Hipp'schen
Distanzsignale (siehe Fig. 40 bis 44) gleichfalls mit
Controlvorrichtungen versehen, und zwar ist jederzeit
am Stellpunkte (in der Station) ein optisches Galvanoskop
eingeschaltet und in der Regel auch ein Wecker, ferner

auch unter Umständen ein Läutewerk bei dem hinter dem
Signal situirten Streckenwächter. Im betreffenden Schema
(Fig. 114) ist G die Stationsklingel, B die Batterie, K
ein einfacher Kurbelumschalter, o das optische Galvanoskop mit einer Spule von bedeutendem Widerstande, M
der Elektromagnet der Distanzsignal-Auslösung, S der
Elektromagnet des beim Streckenwächter angebrachten
Control-Läutewerkes. Die als Selbstausschalter angeordnete
Klingel G kann vermöge der Spannung ihrer Abreissfeder nur läuten, wenn ein kräftiger Strom vorhanden
ist. In gleicher Weise bleibt der Anker des Elektromagnets M, so lange der Strom durch den Widerstand

Fig. 114.

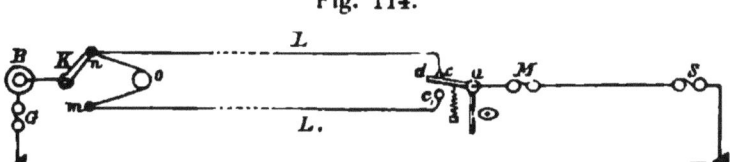

des optischen Galvanoskopes geschwächt ist, abgerissen.
Wird aber die Kurbel K von m auf n umgestellt, so kommt
o, so lange nicht auch das Deckungssignal seine Stellung
wechselt, aus der Linie. Der Strom hat nun genug Kraft,
den Wecker in der Station thätig zu machen, dann den
Anker von M und überdies auch jenen von S anzuziehen.
Wie der Arm d den Contact c verlässt, beziehungsweise
die Umstellung der Wendescheibe erfolgt, muss auch die
Thätigkeit des Weckers G wieder aufhören, da o neuerlich eingeschaltet ist. Durch diesen Apparat geht jetzt
der Strom in entgegengesetzter Richtung, als bei der
früheren Ruhelage des Umschalters, und die mit einem
Scheibchen versehene Nadel wird in die umgekehrte Rich-

tung abgelenkt; sie zeigt nun Weiss statt Roth. Das
Läutewerk S hat eine Glocke von 12 bis 30 Kg., wird
durch ein Triebwerk bethätigt und ist als Gruppen-
schläger (vergl. Abschnitt V) angeordnet. Die Spannfeder
des die Auslösung besorgenden Elektromagnet-Ankers ist
wieder so regulirt, dass das Abreissen nur nach Elimini-
rung des Widerstandes o vor sich gehen kann. Bei jeder
Wendung der Scheibe giebt also das Läutewerk S eine
Glockenschlaggruppe ab.

In grösseren Bahnhöfen, wo vom Stationsbureau aus
nicht immer übersehen werden kann, ob die Station ge-

Fig. 115.

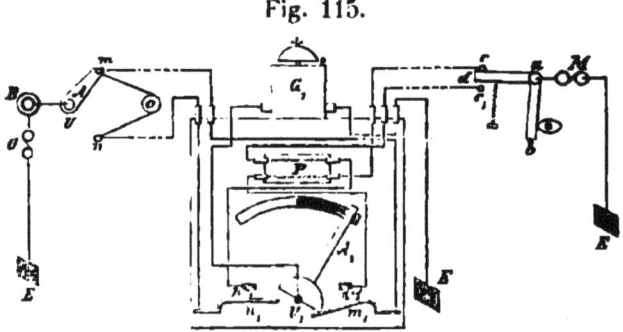

sperrt werden soll oder geöffnet werden darf, ist beim
Hipp'schen Distanzsignale die durch Fig. 115 erläuterte
Einrichtung getroffen.

Die Klingel G_1 und der Umschalter U_1 befindet sich
am Bahnwächterhause zunächst der Stationsausfahrt. Soll
die auf „Halt" stehende Wendescheibe von der Station
auf „Frei" gestellt werden, so wird die Kurbel A im
Umschalter U von n auf m gebracht; dadurch erfolgt
ein Stromschluss über A, m, m_1, A_1, G_1, Erde, G_1, B;
die beiden Glocken G und G_1 läuten, und zwar so lange,
bis der beim Endwechsel der Station postirte Wächter

seine Einwilligung zur Freistellung giebt, indem er den
Arm A_1 seines Umschalters U_1 nach links dreht, wodurch
die Verbindungen m_1, A_1, dann n_1, p aufgehoben, dagegen die Contacte n_1, A_1 und m_1, q hergestellt werden.
Der Strom findet jetzt von m_1 über q, die Blitzvorrich-
tung P seinen Weg zum Distanzsignal und bewirkt die
Umstellung auf „Frei".

Ebenso wichtig als die Kenntniss hinsichtlich der
Lage der Distanzsignale ist für den Stationsbeamten die
Gewissheit von der richtigen Lage der Weichen (vergl.
Abschnitt XI).

Man hat deshalb vielfach eine Weichencontrole
eingeführt, die der eben beschriebenen Signalcontrole ganz
ähnlich ist, nur müssen natürlich die Contactvorrichtungen dem Mechanismus der Weichen angepasst werden.
In Frankreich hat man seit Langem schon den Weichenständer ähnlich wie die Distanzsignalspindel auf Contactfedern wirken lassen, so dass diese zusammengedrückt
werden, wenn die Weiche auf die „Gerade" steht, und
sich trennen, wenn die Weiche auf „Ausweiche" steht,
oder umgekehrt. Aehnlich ist man in England vorgegangen.
Neuerer Zeit lässt man daselbst häufig eine mit der
Weichenzunge verbundene Stange einen in einem eisernen
Kästchen untergebrachten, auf beiden Seiten mit Contactfedern versehenen Hebel zwischen zwei gegeneinander
isolirten Contactschrauben hin- und herschieben. Bei den
beiden Weichenstellungen wird auf diese Art die Controlbatterie mittelst verschiedener Contacte geschlossen, so dass
sie einmal einen positiven, bei der anderen Weichenlage
aber einen negativen Strom in den Control-Apparat
schickt, der somit einmal Roth, dann Weiss zeigt, oder
endlich auch in einer Halbstellung bleibt, die dann be-

deutet, dass die Spitzschiene nicht ordentlich anschliesst,
während die ersteren zwei Zeichen die Wechselstellung
bei richtigem Anschluss der Spitzschiene kennzeichnen.
Auf der Französischen Ostbahn sind Lartigue'sche
Quecksilbercontacte (siehe S. 127) benutzt. An jeder der
beiden Stock- (Zwangs-) Schienen des Wechsels sind an
der Aussenseite mittelst Schrauben kleine Kästchen K
(Fig. 116) befestigt, welche sich um die Axe x drehen
lassen und durch eine senkrechte Scheidewand in zwei
ungleich grosse Theile getheilt sind. Ein mit dem verstellbaren, d. h. regulirbaren Kopf n versehener Stift s

Fig. 116.

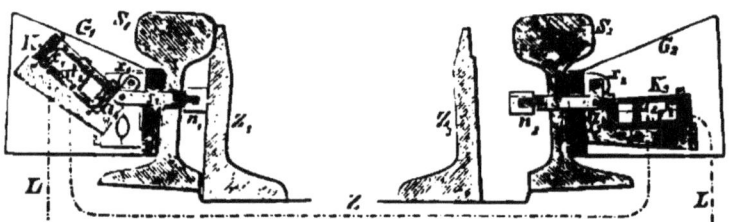

ist durch eine Axe a mit der Kästchenwand verbunden.
Wird die Weiche gestellt, also eine der Spitzschienen,
z. B. Z_1, gegen die Stockschiene gedrückt, so wird sie,
auf n_1 des gegenüberliegenden Kästchens wirkend, das
Quecksilbergefäss K_1 in die geneigte Lage heben, so
dass aus dem grösseren Gefässraum das Quecksilber
in den kleineren übergeht und der bestandene Contact
zwischen den Anschlüssen c_1 und d_1 der Controlleitung
aufhört. Steht die Zunge der Weiche, wie Z_2, von der
Stockschiene ab (das ist die zweite Lage der Weiche),
so fällt K in die horizontale Lage, das Quecksilber
gleicht sich in beiden Gefässtheilen aus und beide
Linienanschlüsse c, d sind in metallische Verbindung

gebracht. Wenn für eine Weiche zwei getrennte Control-
linien und Apparate mit diesen Contactvorrichtungen
verbunden sind, wird damit gleichzeitig die Stellung
der Weiche und das richtige Anliegen der Spitzschiene
controlirt; es können aber auch die Contactvorrichtungen
mehrerer Weichen, d. h. also eine ganze Weichenstrasse
in eine Controllinie gelegt werden und man kann dann
durch das correcte Zeichengeben des Control-Apparates

Fig. 117.

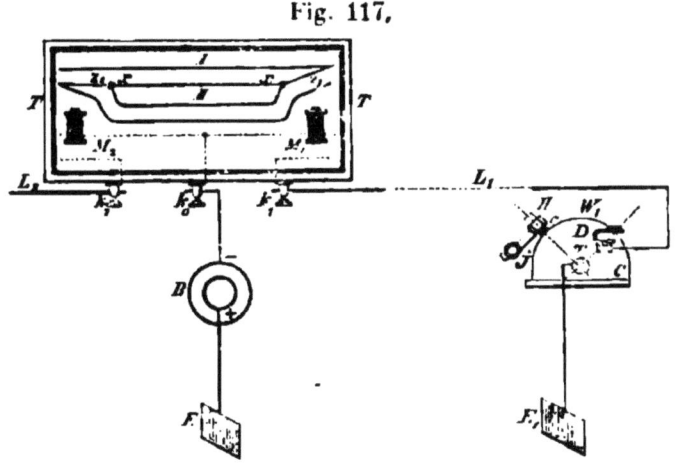

die Versicherung erlangen, dass die sämmtlichen, für die
fragliche Einfahrt massgebenden Weichen die richtige
Lage haben und vollkommen schliessen.

Auf der Pontebba-Bahn ist das V. Maroni'sche
System der Weichencontrole durchgeführt: Der Stationsbeamte hat in seinem Bureau oder am Perron ein Tableau
(Fig. 117), auf welchem die Geleise I, II etc. der Station
gemalt sind. Um x bewegliche Zeiger z repräsentiren die
Weichenzungen und sind mit der Axe je eines Elektromagnet-Ankers verbunden, der für jede Weichenzunge

vorhanden ist und hinter der Tableauwand liegt. Geht
Strom durch den betreffenden Elektromagnet M_1, M_2,
so wird der Anker angezogen und mit ihm der Zeiger
(in der Zeichnung z. B. Z_2) auf die Gerade gestellt; bei
unterbrochener Linie hingegen hält die Abreissfeder den
Anker abgezogen und Z (wie Z_1 in der Zeichnung)
zeigt im Tableau auf „Ausweiche". Natürlich sind am
Weichenständer W Contacte C so angebracht, dass der
Anschluss zwischen Controllinie und Erde E bei der
Geradestellung des Wechsels hergestellt, bei der Stellung
auf „Ausweiche" jedoch verhindert wird.

Bei der Wichtigkeit, welche mancherlei Signale für
die Verkehrssicherheit besitzen, kann es wünschenswerth
sein, dass man an der Dirigirungsstelle genaue Kenntniss
auch darüber besitze, ob bei Nacht die Signallampe
wirklich brenne. Nicht immer ist es möglich, sich über
diesen Umstand durch den Augenschein Gewissheit zu
verschaffen, und in solchen Fällen kann die elektrische
Controle wieder mit Vortheil ausgenutzt werden. Es bestehen solche Control-Einrichtungen, welche insbesondere
in England Anwendung finden, erstlich in einer Contactvorrichtung, welche durch die Flamme des Signallichtes
geschlossen oder unterbrochen wird; dieselbe ist durch
eine Drahtleitung mit dem in der Station aufgestellten
Zeichen-Apparate (Light recorder) und einer Batterie
verbunden. Diese Zeichen-Apparate gleichen ganz den
früher geschilderten, für die Signalstellung dienenden
optischen Controlvorrichtungen. Sie sind wieder Galvanoskope oder auch Armaturen, welche bei strom-
leerer Linie ein Täfelchen von bestimmter Farbe oder
mit einer bestimmten Aufschrift, z. B. „Licht", „Erloschen", aus einem Fensterchen des Apparatgehäuses

zeigen, während sich beim Stromschlusse Farbe oder Aufschrift entsprechend ändert. Mitunter sind auch Wecker in die Controllinie eingeschaltet, welche am Posten jenes Wärters angebracht sind, welchem die Vornahme und Beaufsichtigung der Beleuchtung obliegt, und die ertönen, sobald das Licht in der Signallampe erlischt.

Die Contactvorrichtungen beruhen durchweg darauf, dass die zum Schliessen oder Oeffnen der Linie nöthigen Bewegungen durch die Ausdehnung von Metallkörpern, welche dieselben vermöge der von der Signallampe erzeugten Wärme erfahren, hervorgebracht wird.

Von der Midland and Great Eastern-Eisenbahn und anderweitig wird die von Preece und Warwick angegebene Contactvorrichtung benutzt. Ueber der Flamme der Signallaterne (in der Regel ist Gaslicht benutzt) liegt eine ³/₄zöllige Messingröhre, welche von einem halbkreisförmigen eisernen Bügel in der Weise gehalten wird, dass sie an der einen Seite des Bügels festgenietet, auf der anderen Seite aber mit einem an ihr befestigten Stiel durch eine Oeffnung des Bügels durchragt. An dem Bügel ist nun aussen, zunächst der Stelle, an welcher die stielförmige Fortsetzung des Rohres durchreicht, ein kleiner Arbeitsstromtaster anmontirt, auf den das freie Rohrende, der Stiel, wenn das Rohr durch die Flammhitze sich ausdehnt, drückt, so dass im Taster Linienschluss entsteht. Erlischt die Flamme der Signallaterne, so zieht sich die Stange durch die Abkältung wieder zusammen, der Druck auf den kleinen Taster hört auf und die Controllinie wird wieder unterbrochen.

Bei der London and South Western-Eisenbahn werden Contactvorrichtungen von der in Fig. 118 dargestellten Anordnung benutzt. Die an den Stahlreifen R

genietete, mit einem Ansatz *A* versehene Messingspange
s s₁ hebt, wenn sie durch die darunter befindliche
Flamme erwärmt und in Folge dessen ausgedehnt wird,
den zur Erde *E* verbundenen, bei *x* drehbaren Contacthebel *H* von der an einem zur Controllinie verbundenen,
sonst isolirten Metallbügel *B* befindlichen Contactschraube
c ab und unterbricht die Controllinie *L*. Beim Erlöschen
der Flamme, beziehungsweise beim Erkalten und Zu-

Fig. 118.

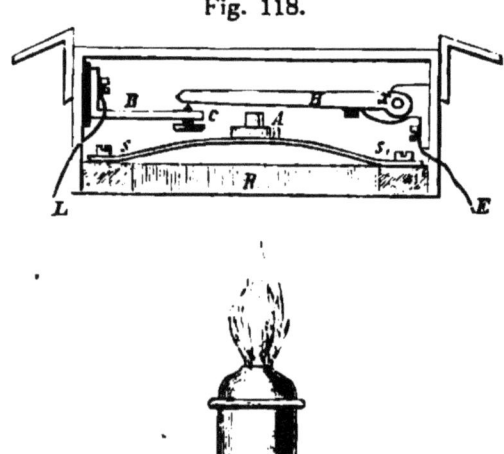

sammenziehen von *s s₁* kommt *H* wieder auf *c* und
die Controllinie in Schluss.

    Für Eisenbahnen spielt ferner auch die rechtzeitige Be-
schaffung des zur Speisung der Locomotive nöthigen
Wassers selbstverständlich eine wichtige Rolle, und da
es nicht immer möglich ist, die Wasserförderungsmaschine
nahe den Reservoirs aufzustellen, so sind auch häufig
hinsichtlich der nothwendigen Controle über die Wasser-
vorräthe mechanische Hilfsmittel nicht ausreichend, sondern man muss zu elektrischen greifen.

Zumeist genügt es, dass dem Maschinenwärter jener
Wasserstand (der höchste) signalisirt werde, bei welchem
er die weitere Wasserförderung einzustellen hat; oft erscheint es auch wieder wünschenswerth, dass er verständigt werde, wenn der auf das zulässige Minimum
gesunkene Wasserstand die Ingangsetzung der Pumpe
erheischt. Endlich kann auch die Forderung gestellt sein,
dass sich der jeweilige Stand des Wassers ersehen lasse
wie bei einem mechanischen Wasserstandszeiger.

Fig. 119.

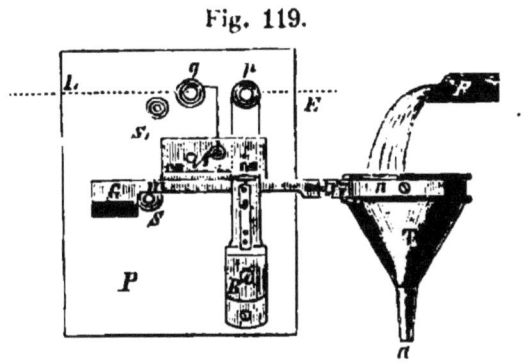

Eine von Lartigue zur Controle des Maximal-
Wasserstandes construirte und von französischen Bahnen
angewendete Vorrichtung zeigt Fig. 119. Der zweiarmige,
um o·drehbare Hebel *mn* trägt am Ende von *m* ein
Uebergewicht *G*, vermöge dessen dieser Arm in der
Regel auf dem Anschlagstift *S* aufliegt. Das andere Ende *n*
spaltet sich in zwei Aeste, zwischen welchen der kupferne
Blechtrichter *T* hängt. Auf dem Hebel *mn* ist ein Gefäss
A aus Hartgummi befestigt, durch dessen Wände zwei
Platindrähte geführt sind, wovon der eine, nahe am Ge-
fässboden befindliche ausserhalb der Gefässwand mit der
Erdleitung *E*, der zweite, höher angebrachte, mit der

zum Locale des Maschinenwärters laufenden und dort
an einen Wecker (Selbstunterbrecher) und eine Batterie
angeschlossenen Controlleitung L verbunden ist. Im Gefässe A befindet sich Quecksilber, jedoch nicht so hoch,
dass davon der obere Draht (Liniencontact) berührt würde.

In die Wand des Wasserreservoirs ist das Rohr R
eingesetzt, und zwar in jener Höhe vom Boden des Reservoirs, bis zu der die Flüssigkeit daselbst steigen darf.
Steigt sie höher, so erfolgt durch R ein Abfluss, welcher
seinen Weg in den gerade darunter befindlichen Trichter
nimmt und diesen sehr bald füllt, weil R einen grösseren
Querschnitt hat, als die Ausflussöffnung a des Trichters.

In Folge des Uebergewichtes, welches hierbei der
Hebel mn bei n erhält, kippt derselbe nieder. Das Quecksilber im Gefässe A · berührt nun nicht nur den Erd-,
sondern gleichzeitig auch den Liniendraht (siehe Lartigue's
Quecksilber-Commutator, S. 127 und S. 286) und vermittelt zwischen diesen beiden Anschlüssen den Stromweg.
Der Wecker beim Maschinenwärter läutet, und zwar so
lange, als mn in der gekippten Lage verbleibt, also so
lange bei R Flüssigkeit überfliesst.

Einen gleichfalls nur das Maximum angebenden
Wasserstandszeiger höchst einfacher Construction benutzt
die Kaiser Franz Josef-Bahn. Der Stiel Z (Fig. 120)
eines Schwimmers S drückt die durch das Gestänge und
das eiserne Reservoir mit der Erde verbundene Contactfeder F gegen den von G isolirten, aber mit der Linie L
verbundenen Contactbügel C und stellt so den Stromschluss her. Der Ring R lässt die Schwimmerstange beim
Fallen des Wassers nur ein kurzes Stück zurückgehen.
In der Regel ist die Linie L auch noch zu einem im
Stationsbureau befindlichen Arbeitsstromtaster T geführt,

dessen Federcontact mit der Erde in Verbindung steht.
Durch das Niederdrücken dieses Tasters kann die Weckerlinie $L L_1$ geschlossen und der Wecker des Pumpenwärters
gleichfalls thätig gemacht werden. Im Bedarfsfalle ist es
sonach möglich, auch vom Bureau aus das Signal zum
Pumpen zu ertheilen.

    Für viele österreichische und ungarische Bahnen hat
Leopolder Wasserstands-
Control-Einrichtungen geliefert, welche Maximum und
Minimum des Wasserstandes
angeben. Ein Schwimmer T
(Fig. 121) aus Messingblech
läuft mit vier seitlichen Oesen
p, p_1 längs den Führungs-
stangen aa, bb; er hängt an
einer Messingkette K, die über
die Rolle R läuft und am
anderen Ende das Gewicht Q
trägt. Die Platte D aus Gusseisen, auf welcher nebst dem
Lagergestelle der Rolle R auch
die im Gehäuse G eingeschlos-
sene Contactvorrichtung an-

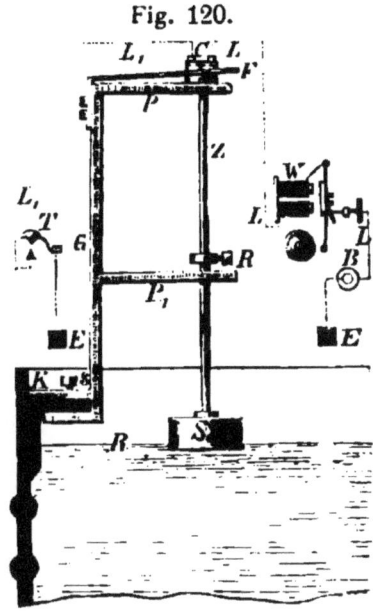

Fig. 120.

gebracht ist, wird mittelst Schrauben ss an der oberen Kante
der Reservoirwand festgeklemmt. Die Contactvorrichtung
besteht aus einem zweiarmigen Hebel MN, der durch den
Druck der zwei Federn F und F_1 (Fig. 122) für gewöhnlich in horizontaler Lage gehalten wird. Beide Hebel-
enden sind gabelförmig gespalten und genau zwischen
den Gabelzinken läuft die Kette K. An K sind zwei
ihrer Längsaxe nach durchbohrte Messingcylinder g

und g_1 aufgefädelt und mittelst einer Klemmschraube

Fig. 121.

an geeigneter Stelle an die Kette festgeklemmt. Der

Schwimmer wird nun mit dem Wasser steigen und
sinken. Ersterenfalls langt der Cylinder *g*, wenn der
Schwimmer seinen höchsten Stand erreicht hat, unter die
Gabel des Armes *M* und hebt diesen, da er viel breiter
ist als die Gabelöffnung, so dass die mit *MN* steif verbundene, durch Vermittlung des Metallkörpers der Vorrichtung zur Erde leitend angeschlossene Contactnase *C*
die mit der zum Control-Apparat gehenden Drahtleitung

Fig. 122.

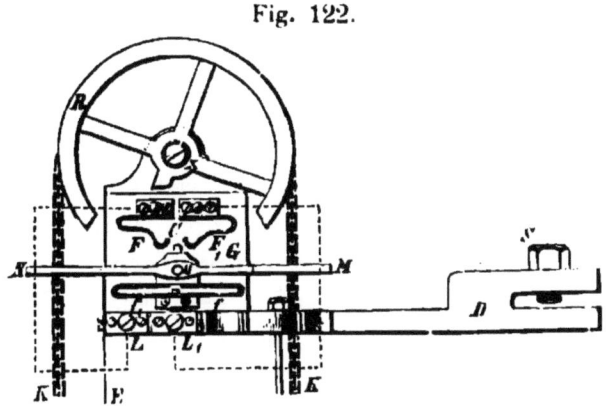

L verbundene Contactfeder *F* berührt und die Verbindung
von *L* zu *E* herstellt.

Beim Maschinenwärter ist wieder, wie in den früheren Fällen, eine Batterie und ein Wecker (Selbstunterbrecher, Fig. 108) eingeschaltet, der im obgedachten Falle
also so lange läutet, bis das Wasser wieder so weit
gesunken ist, dass *g* nicht mehr auf den Hebelarm *M* einwirken kann. Sinkt der Wasserspiegel bis zur angenommenen tiefsten Stelle, so hebt nun das Gewicht g_1 den
Arm *N* und *C* legt sich auf F_1. Je nachdem man einen
Wecker für das Maximum- und Minimum-Signal oder
für jedes dieser Signale einen etwa anders tönenden Wecker

19*

benutzen will, wird nur eine oder werden zwei Leitungen
vorhanden sein, und ist im ersten Falle F und F_1 gemeinschaftlich an die einzelne Leitung, im zweiten Falle
jedes für sich getrennt an eine der beiden Telegraphenleitungen L und L_1 angeschlossen.

Eine Einichtung zur Controle des Maximal- und
Minimal-Wasserstandes, überdem auch von Zwischen-
Wasserständen hat Hattemer auf der Berlin-Görlitzer
Eisenbahn eingeführt. Die Bewegungen des Schwimmers
übertragen sich durch eine Schartenkette K (Fig. 123) auf
ein Kettenrad R, welches von der völligen Entleerung
bis zum Füllen des Reservoirs und umgekehrt sechs bis
sieben Umdrehungen macht. Das auf der Axe II sitzende.
in ein Getriebe T der Axe I eingreifende Zahnrad R_1
dreht sich in Folge der gewählten Uebersetzung in
diesem Zeitraume nicht ganz einmal herum.

Steht der Schwimmer auf seinem tiefsten Punkte, so
ist der Anschlaghebel h, der auf II festsitzt und mit zwei
Anlauffedern f_1, f_2 versehen ist, an den im Gehäuse G
befestigten Zapfen ζ gestossen und dadurch der Lauf
des Rades begrenzt. In diesem Falle liegt gleichzeitig
das an dem Zahnrade festgeschraubte Winkelstück w
an dem herzförmigen Stahllappen p, wodurch dieser
um seinen Drehpunkt o nach rechts gedrückt, also die
Contactfeder F vom Ambos a abgehoben, d. h. die
Weckerlinie L unterbrochen wird. Der Wecker läutet, bis
sich der Schwimmer wieder so weit hebt, dass w p verlässt. In gleicher Weise wird beim Maximum des Wasserstandes, wo nun w von der verkehrten Seite unter p
tritt, das Signal erfolgen. Indem nun in den übrigen
drei Quadranten des Rades seitliche Stifte angebracht sind,
und zwar im 1. einer, im 2. zwei, im 3. drei, welche

beim Vorübergehen gleichfalls p heben, so kennzeichnet
sich auch die Viertel-, halbe und Dreiviertel-Füllung, beziehungsweise Entleerung durch 1, 2, 3, beziehungsweise
3, 2, 1 kurze Weckersignale.

Bei der Galizischen Carl Ludwig-Bahn, dann der
Kaiser Ferdinands-Nordbahn und auch anderen österrei-

Fig. 123.

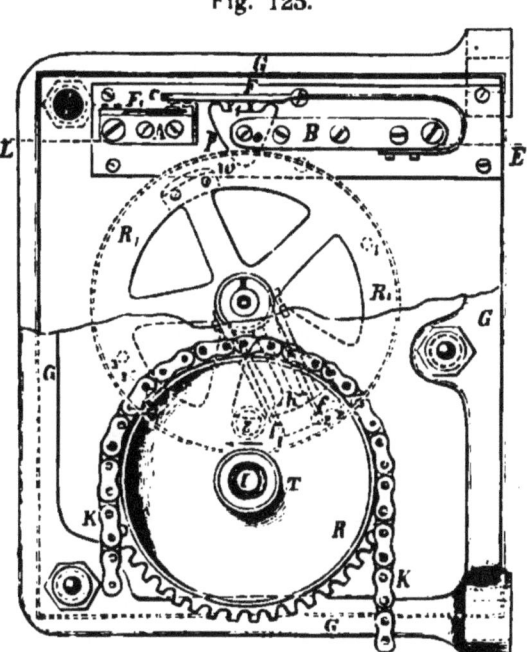

chischen und deutschen Bahnen benutzt man einen von
Inspector Wenzel Koblicek construirten elektrischen
Wasserstandszeiger, welcher Maximum und Minimum
optisch und akustisch, ausserdem auch die jeweilige
Wasserhöhe optisch signalisirt.

Diese Vorrichtung besteht beim Reservoir aus einer
Rollenscheibe, deren Umfang gleich dem Abstande zwi-

schen dem höchsten und niedersten Wasserstande ist.
Diese Rolle hat zwei Nuthen, in der einen liegt das Draht-
seil, an dem ein Schwimmer, in der anderen das, an
welchem das Gegengewicht hängt. Die Rolle kann sich
nur einmal völlig umdrehen. Auf ihrer Axe sitzt isolirt
ein Arm, der an seinem Ende eine platinirte, federnde
Rolle trägt, mit welcher er bei der Scheibendrehung über
eine mit radial stehenden Neusilberlamellen eingelegte Hartgummiplatte hingleitet. Zwischen je zweien dieser Lamellen ist eine Drahtrolle als Widerstand eingeschaltet.
Die erste Lamelle ist mit der Controllinie verbunden,
die auf der Schwimmeraxe befindliche Contactrolle mit
der Erde. Wenn der Wasserstand steigt, so schaltet
die Contactrolle auf ihrem Wege nach Art eines automatischen Rheostates immer mehr Widerstandsrollen
in die Linie ein, im umgekehrten Falle aus, und ein
entsprechend graduirtes, in die Leitung geschaltetes Galvanoskop lässt durch seinen Nadelschlag den Wasserstand ablesen. Beim Maximum und Minimum werden
überdem Wecker in die Linie geschaltet, die nun das
optische Signal akustisch unterstützen.

Abweichend von allen übrigen ähnlichen Control-
Apparaten ist der von Siemens & Halske construirte,
auf mehreren deutschen Bahnen benutzte Wasserstandsanzeiger auf Inductionsstrom - Betrieb eingerichtet. Der
Schwimmer spannt während eines bestimmten Weges
eine Feder, die, nachdem der besagte Wegabschnitt vom
Schwimmer zurückgelegt ist, abschnappt und die Axe
eines Inductor-Ankers bewegt, wodurch Ströme in die
Controllinie gelangen. Diese Ströme sind beim Aufwärtsgehen des Schwimmers entgegengesetzt gerichtet jenen
beim Abwärtsgehen (Sinken des Wassers); sie bethätigen

je nach ihrer Richtung immer den einen oder den anderen polarisirten Anker des aus zwei Elektromagneten bestehenden Zeichen-Apparates und der Gang des Elektromagnet-Ankers überträgt sich wieder weiter auf zwei Steigräder, die ihrerseits wieder die Bewegung durch Vermittlung eines sogenannten Planetenrädchens mit einem vor einer getheilten Scheibe laufenden Zeiger übertragen (siehe Zetzsche's Handbuch der Telegraphie, IV. Bd., S. 812).

Wichtig für die Eisenbahnen ist auch eine gute, sichere Controle der Zuggeschwindigkeit. Durch solche Vorrichtungen kann die Einhaltung der vorgeschriebenen Fahrgeschwindigkeit stetig überwacht, aber auch erfahrungsgemäss gefördert und den Locomotivführern trefflich angewöhnt werden. Insbesondere bei Unfällen erscheint eine vollkommen richtige Aufklärung darüber, ob nicht etwa eine zu grosse Fahrgeschwindigkeit das Ereigniss herbeigeführt oder gefördert habe, höchst erwünscht, nicht sowohl um falschen Angaben der Zugbeamten zu begegnen, als auch um diese gegen ungerechtfertigten Verdacht zu schützen.

Ueberhaupt ist die Füglichkeit, die Zuggeschwindigkeit für jeden Theil des Fahrtverlaufes genau und andauernd festzustellen, auch für die Klärung mannigfacher bahntechnischer Fragen, insbesondere bezüglich Strecken mit grossen Gefällen und hinsichtlich der Schienen-Abnutzung von hohem Werthe.

Dieser Zweck kann auf zweierlei Wegen angestrebt werden. Entweder bringt man am Bahnzuge selbst einen Apparat an, der die Bewegungen etwa eines Wagen- oder Locomotivrades empfängt und darüber bleibende Aufschreibungen hervorbringt, oder der registrirende

Apparat kann sich stabil in einer Station befinden, in welchem Falle auf der Strecke, in bestimmten Entfernungen voneinander, Vorrichtungen vorhanden sein müssen, welche den gedachten Stations-Apparat bei jeder Passirung eines Zuges bethätigen.

Das Wesen der auf den Zügen befindlichen Zuggeschwindigkeits-Apparate ist das der mit Chronographen verbundenen Registrirvorrichtungen. Eine Uhr bewegt ein Papier, auf dem die Radumdrehungen einzeln oder gruppenweise markirt werden. Die Bethätigung des Schreibstiftes geschieht entweder durch die natürlichen Laufbewegungen (das Rütteln) des Fahrzeuges, auf dem der Apparat untergebracht ist, oder durch directe mechanische oder anderweitige Uebertragung der Radumdrehungen u. s. w.

Von den bekannt gewordenen elektrischen Zuggeschwindigkeitsmessern wäre der von Claudius construirte, von Mayer und Wolf in Wien ausgeführte und seinerzeit auf der Oesterreichischen Südbahn versuchte zu erwähnen. Als Zeichengeber diente ein Morse-Schreiber mit zwei Armaturen. Die zwei Stifte schrieben nebeneinander, also in zwei Zeilen auf demselben Streifen, ähnlich wie beim Stöhrer'schen Doppelschreiber. Der eine Elektromagnet ist mit einer Batterie und mit einer am Wagenrade angebrachten Contactvorrichtung zusammengeschaltet. Die Contactvorrichtung schliesst bei jeder Umdrehung des Rades auf die Dauer der halben Umdrehung den Stromkreis. Der bezügliche Schreibstift markirt sonach am Streifen jede Umdrehung durch einen Punkt. Der zweite Elektromagnet stand in Verbindung mit einer zweiten eigenen Batterie und einer anderweitigen Contactvorrichtung. Diese Contactvorrichtung

bestand aus einer grossen Cylinderuhr, deren Secunden-
zeiger in Form einer Schleiffeder über einen Messing-
ring lief, der durch 60 eingelassene Elfenbeinplättchen
in ebenso viele leitende und nichtleitende Segmente getheilt war. So oft die Feder des Zeigers über ein leiten-
des Ringstück trat, also jede Secunde einmal, wurde die
zum Ring und Zeiger angeschlossene Leitung hergestellt
und der Strom thätig, welcher den zweiten Schreibstift
wirksam machte. Dieser machte also jede Secunde einen
Punkt auf dem Papier, der jedoch jede sechzigste Secunde länger wurde, weil hierfür in dem Ringe der
Contactvorrichtung ein breiteres Metallstück ausgespart
war. Der Streifen wurde nicht durch ein Uhrwerk, wie
bei gewöhnlichen Morse-Apparaten, sondern durch einen
kleinen, mittelst einer besonderen (dritten) Batterie betriebenen Elektromotor ab- und zugleich mit dem beschriebenen Theile wieder auf eine andere Rolle aufgewickelt. Die ganze Vorrichtung befand sich in einem
verschlossenen Kasten, der unter dem Sitze eines Wagens
I. Classe aufgestellt und dort durch zwei Leitungsdrähte
mit dem Gleitcontacte des Wagenrades verbunden
wurde.

Unter den stabilen Control-Apparaten für die Zuggeschwindigkeit, welche praktische Anwendung gefunden haben, scheint der 1867 von M. Hipp auf der
Strecke Basel-Olten eingerichtete der erste gewesen zu
sein. Den Schienen entlang ist an denselben auf je
1000 Meter Entfernung ein dem Morse-Taster ähnliches
Pedal angebracht. Alle diese Pedale sind durch eine
Leitung mit einem in der Station aufgestellten Schreib-
Apparat verbunden, dessen Schreibstift auf einer langsam sich drehenden und gleichzeitig sich längs der Axe

verschiebenden Papierrolle eine Anzahl von Punkten hervorbringt, wenn ein Zug über ein Pedal fährt. Die Zahl
der Punkte entspricht der der Axen des Zuges. Durch
den Vergleich der Zeitzeichen, welche entweder secunden-
weise auf den Streifen schon vorgezeichnet oder durch
einen besonderen, in einem Localschlusse mit einem
Uhrpendel sich befindenden Schreibstifte am Streifen angezeichnet werden, mit den durch die Pedale hervor-
gerufenen Zeichen lässt sich bestimmen, wo der Zug sich
zu einer fraglichen Zeit befunden und mit welcher Geschwindigkeit er von jedem Pedale zum nächsten gefahren ist.

Im Jahre 1874 wurden von dem Telegraphen-Inspector
A. Schell auf der Strecke Sommerau-Hausach (Schwarzwaldbahn) zur Controle für die bergabfahrenden Züge
in fünf Stationen Hipp'sche Morse-Apparate aufgestellt,
deren genau regulirte Uhrwerke in der Minute 3·5 Mm.
Papierstreifen abwickelten. In jeder Strecke (von Station
zu Station) sind in der Regel von Kilometer zu Kilometer Contactvorrichtungen (Radtaster) angebracht, welche
von den Rädern des darüber hinrollenden Zuges niedergedrückt werden. Eine Leitung, welche alle diese Contacte
passirt, ist an einem Ende isolirt, während sie am anderen
Ende durch den Registrir-Apparat (Morse), dann durch
die Batterie und endlich zur Erde geht. Jedes Rad des
Zuges drückt die Contactvorrichtung nieder und erzeugt
hierdurch eine Verbindung der Linie zur Erde; der
Batteriestrom wird in der Controllinie wirksam und erzeugt am Morse-Streifen in der Station für jede Zugaxe
eine Gruppe von Punkten. Die Abstände dieser Zeichen-
gruppen untereinander geben den Massstab für die Geschwindigkeit des controlirten Zuges.

Zur leichteren Nachschau hat jede Controlstation Lineale, auf welchen die Streifenlängen für bestimmte Zuggeschwindigkeiten — Zuggattungen — bereits eingezeichnet sind. Diese Lineale brauchen nur an den Controlstreifen angelegt und verglichen zu werden; der Beamte ersieht sofort, ob und wo Ueberschreitungen der Zuggeschwindigkeit vorgekommen sind. Die auf der Schwarzwaldbahn zuerst angewendeten Radtaster (Streckencontacte) bestanden aus einem Hebel, der mit einem Arm an die Schiene reichte und dort vom Radkranze der passirenden Fahrzeuge getroffen wurde, während der zweite längere Arm diese Bewegung auf eine zur Erdleitung verbundene senkrechte Stange übertrug, die beim Aufwärtsgehen mit einem zur Linie verbundenen Messingbolzen in Contact trat und dann immer wieder durch eine Spiralfeder zurückgedrückt wurde. Die neueren dort angewendeten, von Schell construirten Contacte (Fig. 124) befinden sich in einem Gusseisengehäuse G, das mittelst Schrauben gleich an der Schiene S befestigt ist. Der Stempel P wird durch die Spiralfeder F beständig nach aufwärts gedrückt; der auf P befestigte Arm A umfasst mit einem weiten Ausschnitt den um o drehbaren Hebel m. Auf m, jedoch von demselben durch einen Ebonitring isolirt, sitzt der Metallring v, welcher unten einen Platincontact p trägt, wogegen er oben an einer vom Gehäuse gleichfalls isolirten Stange t befestigt ist, auf welche eine Feder f mit dem Bestreben, v nach abwärts zu drücken, wirkt. Zu dem Ringe v ist die Controlleitung L angeschlossen, während das auf den Schienen metallisch aufsitzende Gehäuse G gleich als Erdleitung dient. Unbefahren hat der Apparat die in der Zeichnung dargestellte Lage, drückt jedoch das Rad

eines Fahrzeuges das Kopfstück K des Stempels P nieder,
so geht auch der Arm A nach unten, m kann somit dem
Drucke der Feder f folgen und p kommt auf den Ge-
häuse-Absatz q. Da p mit v, also mit der Linie L, und
q mit der Erde verbunden ist, entsteht ein Stromschluss, der in der Controlstation das vorbeschriebene
Zeichen hervorbringt.

Fig. 124.

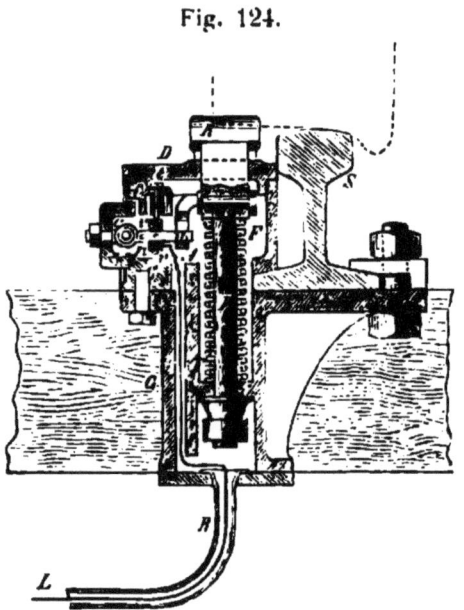

Diese Art von Controlvorrichtungen dient wohl ihrem
Zwecke und wird für kurze Strecken Verwendung finden
können, aber sie ist ganz bedeutend der Devastation
oder mindestens stark der Abnutzung ausgesetzt und
wird durch diesen Umstand für grössere Anlagen in der
Instandhaltung zu theuer. Bei der Bergisch-märkischen
und mehreren anderen deutschen Bahnen sind deshalb
neuerer Zeit vom Telegraphen-Inspector der Rheinischen

Eisenbahn, H. Schellens, construirte Streckencontacte acceptirt worden, bei welchen nicht die Räder der Fahrzeuge direct auf die Contactconstruction einwirken können, sondern die zur Erzielung eines Contactes nothwendigen Bewegungen durch die Durchbiegungen

Fig. 125.

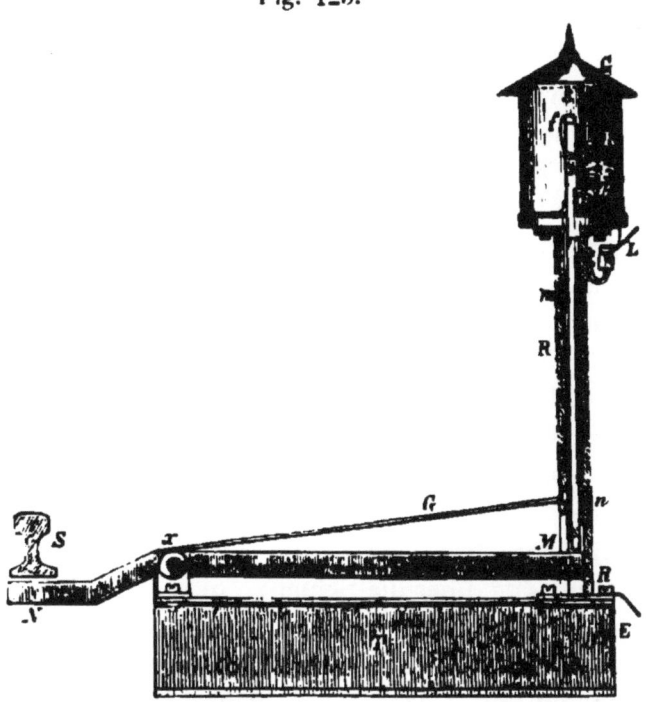

der Schienen hervorgebracht werden, welche diese beim Befahren durch den Zug erleiden (vergl. Elektr.-techn. Zeitschrift, 1881, S. 366, und 1882, S. 423). Die jüngste der diesfälligen Constructionen (Fig. 125) besteht aus einem zweiarmigen, um x drehbaren Hebel MN, der an einem in das Kiesbett gelagerten I-förmigen Blechträgerstück T angebracht ist und mit N unter der

Schiene S des nächsten Geleisstranges, in der Mitte zwischen zwei Querschwellen des Oberbaues, liegt, während M unter einer Stange ss liegt, welche in der auf T mit Flantschen aufgesetzten Röhre R, gehalten von den federnden Führungen m und n, frei beweglich ist. An s ist oben ein bei y drehbarer Arm K angebracht, der durch eine Feder f nach Art der Glockenklöppel für gewöhnlich in seiner horizontalen Lage erhalten wird. Dieser Klöppel K hat nach unten den Platincontact c, der, weil mit der Stange, dem Rohr R und dem Fundamentträger T verbunden, eine Erdverbindung bildet. Auf s ist ferner ein Stück Hartgummi H angesetzt, das eine Contactfeder F trägt, mit welcher die Leitung L durch Vermittlung des isolirt von ss angebrachten Messingstreifens r und der daran schleifenden, gleichfalls vom sonstigen Apparatkörper isolirten, mit L jedoch durch einen isolirten Draht verbundenen Feder P in Verbindung steht. Während der Ruhelage besteht sonach in der Vorrichtung, welche durch das blecherne Gehäuse G geschützt wird, keine Verbindung zwischen der Erde und der Linie. Fährt jedoch ein Zug über die Schiene, so erleidet diese Durchbiegungen. Der hierdurch auf N ausgeübte Druck hebt bei M die Stange ss; sobald der Raddruck auf die Schiene aufhört, geht diese vermöge ihrer Elasticität wieder in die Normallage zurück, ebenso der Hebel MN vermöge seines Uebergewichtes bei M, die Stange ss geht wieder durch ihr Eigengewicht abwärts; das Gleiche wiederholt sich bei jedem die Stelle passirenden Rade, und ss macht sonach für jeden Zug eine Reihe auf und nieder gehender Bewegungen, durch welche der Klöppel K in Schwingungen geräth und mit c die Feder F berührt, d. h. die Leitung mit der Erde in Verbindung bringt und als Folge davon Zeichen am Control-Apparate erzeugt.

Alle die hier angeführten elektrischen Controlvorrichtungen besitzen für die exacte Betriebführung der Eisenbahnen ganz wesentlichen Werth und können nicht leicht durch irgend andere Einrichtungen ersetzt werden. Aus der Ferne stellbare Eisenbahnsignale sollen, sobald sie am Stellort nicht mehr sinnlich wahrgenommen werden können, immer mit Wiederholungs-, d. h. Controlsignalen verbunden sein, die am Stellorte das erfolgte, beziehungsweise vorhandene Signalzeichen kennzeichnen. Hierzu eignen sich die elektrischen am besten. Die dem elektrischen Strome zugemuthete Leistung ist eine verhältnissmässig geringe, leicht erfüllbare, und wenn die Anlage einigermassen correct ist, kann auf eine entsprechende Betriebssicherheit gerechnet werden.

Viel zu selten mit Rücksicht auf ihre Wichtigkeit sind die Zuggeschwindigkeits-Control-Apparate in Anwendung. Diese Controle würde freilich mittelst mechanischen, den Zügen beigegebenen Apparaten am billigsten und einfachsten zu erzielen sein, allein obwohl es solcher eine Unzahl giebt, scheint doch noch keine Construction gefunden zu sein, welche, unbeirrt von den Zugerschütterungen, die Aufzeichnungen der Radumdrehungen durch directe Uebertragung vollständig sicher bewerkstelligt.

XI. Bremsen.

Unter die wichtigsten Sicherheitsvorrichtungen für
Eisenbahnzüge zählen gut und solid construirte, schnell
und verlässlich wirkende Bremsen, und ist seit dem Be-
stande der Eisenbahnen der Entwicklung dieser Zug-
einrichtung unausgesetzt eine ganz besondere Aufmerksamkeit zugewendet worden.

Das Hauptstreben ging dahin, eine Bremse zu schaf-
fen, mit der man zur Erzielung einer möglichst energi-
schen Wirkung von einer Stelle des Zuges aus nicht nur
die Hemmung eines einzelnen Fahrzeuges, beziehungsweise Axenpaares, sondern die einer ganzen Reihe oder
vielmehr der sämmtlichen Axen des ganzen Zuges zu
bewerkstelligen vermag.

Diese Bremse sollte sich, um vollkommen zu sein,
da in Gefahrmomenten jede, auch die kleinste Ver-
zögerung die weittragendsten Folgen haben kann, mit
geringem Aufwand von Zeit und Kraft bethätigen lassen.

Erst in jüngster Zeit ist man durch die pneumati-
schen continuirlichen Bremsen den angestrebten Zielen
ziemlich nahe gekommen. Mechanische Hilfsmittel allein
haben sich durchweg als unzulänglich erwiesen.

Der elektrische Strom schien in Anbetracht seiner
eminenten Fernwirkungen mit Vortheil zu solchen Brems-
vorrichtungen ausnutzbar.

Der erste Vorschlag zur Anwendung der Elektricität
für Zugbremsen scheint 1851 von Amberger gemacht
worden zu sein, später hat sich Maigrot (1853) eine
elektrische Bremse in Frankreich patentiren lassen.

Seit einer langen Reihe von Jahren beschäftigt sich
August Achard mit der Herstellung einer elektrischen

Bremse, und es gelang demselben, diese Aufgabe in einer Weise zu lösen, welche 1865 die Akademie der Wissenschaften in Paris bewog, ihm hierfür den Preis von Monthyon von 2500 Francs zuzuerkennen. Nichtsdestoweniger ist diese Bremse nur probeweise in Betrieb gestanden, und auch die Anwendung einer verbesserten Construction auf der Fanzösischen Nordbahn und Ostbahn (1879) scheint über das Stadium des Versuches nicht hinausgekommen zu sein.

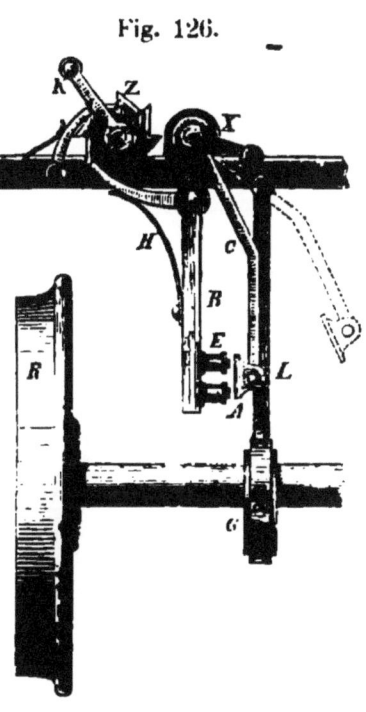

Fig. 126.

Die erste Constructionsform der Achard'schen Bremse zeigt im Principe Fig. 126. Bei jedem Bremswagen sollte auf einer Wagenaxe ein Excenter G angebracht sein, das bei den Umdrehungen den um eine feste Axe X drehbaren, mit dem Arm C verbundenen Kniehebel L auf und ab bewegte, wodurch C von der vollgezeichneten Lage in die gestrichelte und dann wieder in die erstere zurück hin und her bewegt wurde. An C war der Eisenanker A befestigt; gleichfalls an der Axe X, jedoch nur lose aufgesteckt, befand sich ein Arm B, der durch sein Eigengewicht unter normalen Verhältnissen senkrecht herunterhing. Auf diesem Arm sass der Elektromagnet E, zu dem die längs des ganzen Zuges geführte Leitung, welche im Hüttelwagen eine Batterie passirte, anschloss. So lange

kein Strom den Elektromagnet durchfloss und der Zug
sich in Bewegung befand, ging C einfach in der besagten
Weise hin und her.
Kam jedoch Strom in
die Leitung, so wurde
vermöge der magneti-
schen Anziehung zwi-
schen A und E der
Arm B genöthigt, die
Bewegung des Armes C
mitzumachen, wobei der
auf B sitzende Sperr-
kegel H bei jeder Um-
drehung des Wagen-
rades, beziehungsweise
des Excenters G, das
Sperrrad Z von Zahn
zu Zahn weiterschob.
Auf der Zahnradaxe P
war eine Kette befestigt,
welche durch die Dre-
hungen des Rades Z
auf P aufgewickelt, d. i.
verkürzt wurde und da-
durch die Bremsbacken
an die Waggonräder
drückte, also den Wa-
gen bremste.

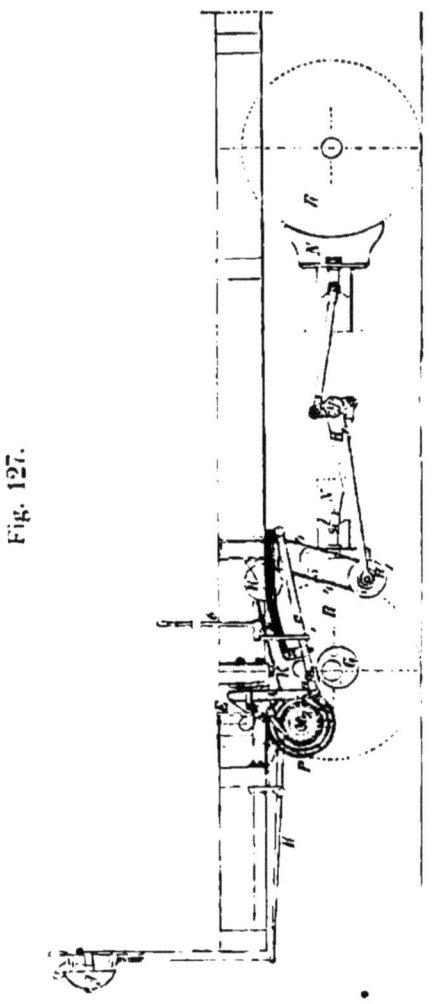

Fig. 127.

Indem sich hierbei
das Missliche ergab, dass
in Fällen, wo der Zug nach erfolgter Auslösung der Bremse
vermöge seiner gehabten Geschwindigkeit und der vor-

handenen Gefällsverhältnisse noch eine Strecke weiterfuhr,

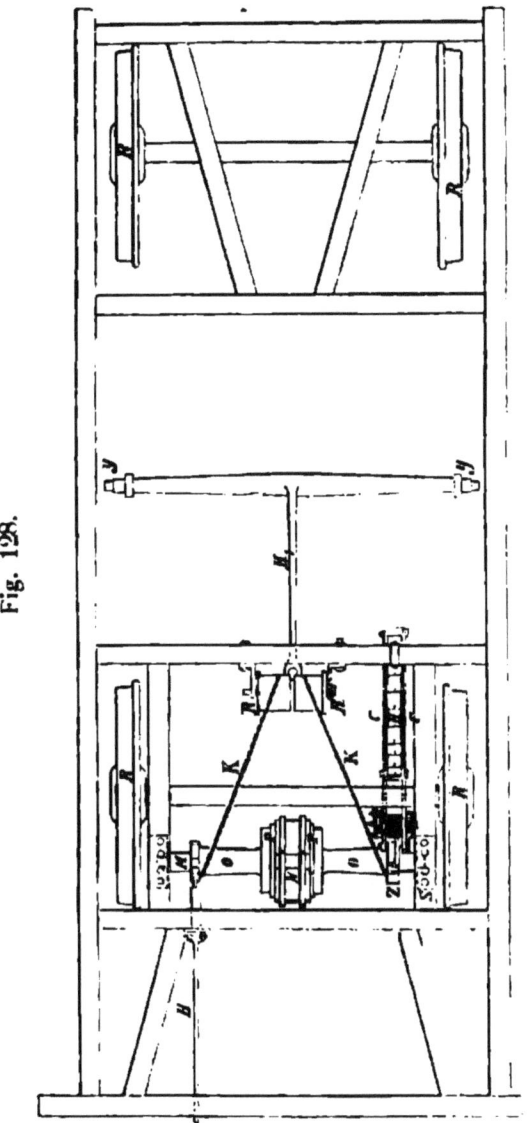

Fig. 128.

die Axe *P* des Rades *Z* so weit gedreht wurde, beziehungs-

weise die Ketten so viel aufgewickelt wurden, dass entweder die Ketten oder sonstige Theile der Vorrichtung
zerreissen mussten, verband Achard die Bremsenketten
nicht direct mit der genannten Axe, sondern gab der
Vorrichtung die in Fig. 127 und 128 dargestellte (preis-
gekrönte) Anordnung. Statt einer sind zwei Leitungen
längs des Zuges vorhanden, welche die Eisentheile der
Waggons und die Schienen oder einen besonderen Draht
als gemeinschaftliche Rückleitung haben. Die eine Leitung
verbindet die Elektromagnete der Auslösevorrichtungen
sämmtlicher Fahrzeuge des Zuges und ist von Ruhestrom durchflossen.

Sobald dieser Strom unterbrochen wird, sei es durch
einen der Zugbeamten, sei es durch einen Reisenden,
fällt an jeder Vorrichtung des Zuges das von dem vierfachen Elektromagnet E bisher festgehaltene Schienen-
(Anker-) Paar A ab und damit der Hebel C auf das an
der Wagenaxe angebrachte Excenter G, welches nun
bei jeder ferneren Umdrehung der Wagenaxe durch den
in das Zahnrad Z eingreifenden Sperrkegel k dieses Rad
und die damit fest verbundene Axe M um eine Zahnbreite
weiterdreht.

Die Axe M wirkt durch aufgesetzte Daumen auf
den Hebel H und macht hierdurch eine Allarmglocke g
thätig. Die über Rollen r, r_1 geführten Bremsketten werden
aber noch nicht angezogen, weil sie an gusseisernen
Muffen O befestigt sind, die auf der Axe M nicht festsitzen, sondern leer laufen. Erst wenn der Locomotivführer, welcher am Tender einen Commutator hat, auf
Grund des Allarmsignals durch Umstellen seines Wechsels
den Batteriestrom durch die vorbesagte zweite Linie,
die sonst stromleer ist, sendet, erfolgt das Bremsen. Die

zweite Linie ist nämlich durch zwei kräftige Elektro-
magnet-Paare geführt, welche auf der Axe M bei N
festgekeilt sind und sich mit M drehen. Werden sie
durch den durchgehenden Strom magnetisch gemacht, so
wirken sie auf die knapp gegenüberliegenden, scheibenförmigen Muffenenden P als Mitnehmer und nunmehr
wickeln sich die Bremsketten O auf, heben dabei den
Hebel H_1 und pressen die Backen N an die Räder R.
Sobald der Strom in dieser zweiten Linie wieder
durch Zurückstellen des Commutators unterbrochen wird,
werden auch die Muffen wieder losgelassen und die Ketten
wickeln sich vermöge des von H_1 ausgeübten Gegendruckes
wieder ab.

Wie man sieht, kann wohl die Auslösung des
Allarmsignals und die Vorbereitung zum Bremsen von
allen Zugbeamten und Reisenden bewerkstelligt, das
Bremsen aber nur vom Maschinenführer vorgenommen
werden.

Eine neuere Vereinfachung (Fig. 129 und 130) besteht in dem, dass die Welle, welche beim Bremsen die
Ketten aufzuwinden hat, nicht durch die obenbeschriebene
elektrisch auslösbare Hebelvorrichtung, sondern unmittelbar durch die Wagenradaxe, blos durch die Vermittlung
der zwei Frictionsscheiben A, A (Fig. 130), die auf der
Axe H H festsitzen, gedreht wird.

H H ist also beständig in Umdrehung, so lange
der Zug fährt. Die Bremskette wird aber dabei nicht aufgewickelt, so lange nicht die lose auf A gesteckten zwei
Muffen D, D durch den zwischen den scheibenförmigen
Muffenenden D', D' auf A festgekeilten vierfachen Elektromagnet E angezogen, beziehungsweise mitgenommen werden. Es ist nur eine Hin- und Rückleitung nöthig. Ein

in diese Linie geschalteter gewöhnlicher Stromschliesser
(Kurbelumschalter) ist behufs der Stromentsendung ent-

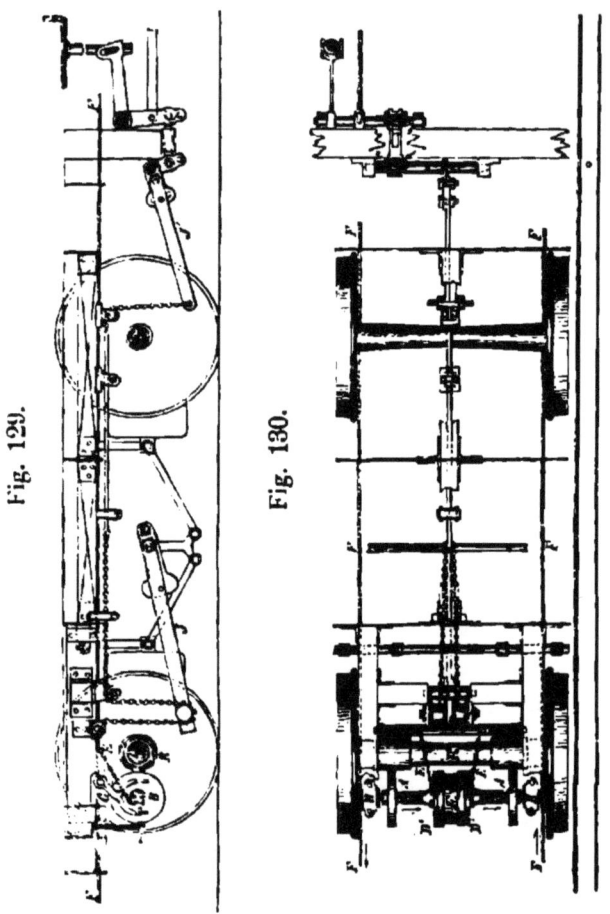

Fig. 129.

Fig. 130.

weder auf der Locomotive oder im Packetwagen-Coupé
des Zugführers vorhanden; Achard benutzt eine Batterie
aus vier Planté'schen Elementen, die jedes durch drei
Meidinger-Elemente geladen werden.

Bei der Pariser Ausstellung 1881 waren auch solche verbesserte Achard'sche Bremsen exponirt, bei welchen die durch die lebendige Kraft des bewegten Bahnzuges erzeugten Ströme einer Dynamomaschine zur Bethätigung der Bremsen dienten.

Bezüglich einer andern Form der Ausnutzung dynamoelektrischer Maschinen zum Bremsen hat S i e m e n s bei seiner elektrischen Eisenbahn bereits praktische Erfahrungen gewonnen. Zu dem gedachten Zwecke, nämlich den Zug der elektrischen Bahn anzuhalten und zu bremsen, wird der Strom der primären dynamo-elektrischen Maschine unterbrochen und die Multiplication der secundären dynamoelektrischen Maschine in kurzen Schluss gebracht. Die noch in Drehung begriffene Secundärmaschine wird nun eine stromerzeugende, und zwar erzeugt sie in Anbetracht des geringen Widerstandes (kurzen Schlusses) einen sehr kräftigen Strom, jedoch von einer Richtung, welche der des Stromes der Primärmaschine entgegengesetzt ist und also auch die Ankeraxe der Maschine in umgekehrter Richtung zu bewegen strebt, d. h. die vorhandene Bewegung aufhebt — bremst. (Das Nähere vergl. in Bd. II und XVII der Elektro - technischen Bibliothek.)

Diese Art Bremsen liesse sich selbstredend auch bei Locomotivbahnen anwenden, sobald diese (nach dem Vorschlage von Siemens, vergl. Elektro-technische Zeitschrift, Jahrgang I, S. 54 und 55) behufs Erhöhung der Betriebskraft mit Dynamomaschinen ausgerüstet sein würden.

Eine verwandte, von E d i s o n angegebene, elektrische Eisenbahnbremse beruht auf dem Principe der Faradayschen Kupferscheibe und ist im Band II der Elektro-technischen Bibliothek, S. 209, beschrieben, sowie bildlich (Fig. 39) dargestellt.

In Belgien wurden mit einer von Th. Masuin angegebenen Abänderung der Achard'schen Zugbremse Versuche angestellt. Die elektrische Leitung bestand aus zwei dem Zuge entlang laufenden isolirten Drähten, welche zwischen den Wagen, ähnlich wie bei den Preece'schen Intercommunications-Signalen, gekuppelt waren. In jedem Bremswagen befand sich ein Relais, das einen Localschluss zur Bethätigung der Bremse schloss. Im ersten und letzten Wagen des Zuges standen die Linienbatterien und je ein Commutator mit zwei Griffen, mittelst deren man alle oder auch nur eine Bremse des Zuges anziehen konnte. Die Sache war, wie man schon aus diesen Andeutungen ersieht, viel zu complicirt, als dass sie für die Praxis geeignet gewesen wäre.

Auch in England hat man mit einer von Josef Olmsted in Chicago construirten, von General Chopin nach England importirten, der Achard'schen Anordnung verwandten Bremse Versuche gemacht („Engineer", 1873, S. 152).

Das jüngste Glied in der Bemühung, die Achardsche Bremse in eine praktische Form zu bringen, ging vom Universitäts-Professor Walter in Cincinnati aus und soll (?) diese Einrichtung bereits von mehreren amerikanischen Bahnen („Der Elektrotechniker", Bd. II, Nr. 1) acceptirt worden sein. Auf der Axe des Bremswagens ist ein cylindrischer Elektromagnet befestigt, der sich frei in einer Trommel bewegt, welche neun Eisenanker enthält, die durch Abreissfedern vom Elektromagnetkern entfernt gehalten werden. Gelangt jedoch ein Strom in die Win-

dungen des Elektromagnets, so werden die neun Anker
gegen die Axe gezogen und zwingen dadurch die Trommel,
mit der sie mittelst Zapfen verbunden sind, sich zu
drehen. Eine auf der Trommel laufende Kette übermittelt
diese Bewegung auf ein excentrisches Rad und dieses
wieder mit Hilfe einer anderweitigen Kette auf den
Bremshebel. Als Elektricitätsquelle wird eine auf der
Locomotive angebrachte Dynamomaschine — System
Weston — von der Kraft von 16 Bunsen benutzt. Der
Locomotivführer hat es in der Hand, die Umdrehungs-
geschwindigkeit der Dynamomaschine, d. h. die Stromstärke und somit die Bremswirkung beliebig zu mindern
oder bis zum Leistungsmaximum zu steigern durch
die Regulirung der Dampfzuströmung zu der kleinen
Dampfmaschine, die der Dynamo als Motor dient und
gleichfalls auf der Locomotive sich befindet. Mit der
einen Hand regulirt der Maschinenführer die Dampfein-
strömung, mit der anderen drückt er den Sender nieder.

Es ist derzeit wohl noch nicht möglich, ein bestimmtes Urtheil darüber zu fällen, ob die elektrischen
Bremsen eine Zukunft haben, wenngleich nach dem
heutigen Stand der Elektrotechnik die Frage der Um-
setzung der Arbeit des Zuges in Bremswirkung als nahezu gelöst betrachtet werden darf. Immerhin bleibt die
Kuppelung der Leitung von Wagen zu Wagen eine
missliche und unverlässliche Sache, die Anwendung der
Multiplication und Contacte hat ihre schwerwiegenden
Schwierigkeiten. Mit der lebendigen Kraft des Zuges
könnten freilich immense magnetische Bremswirkungen
erzielt werden, allein bei solchen Anordnungen sind die
zur Sicherung des Dienstes absolut nothwendigen Erpro-

bungen der Bremsanlage vor Ingangsetzung des Zuges
nicht möglich; wird hingegen die Leistung eines eigenen
Motors, wie bei der Walter'schen Bremse, zur Strom-
erzeugung ausgenutzt, ist wohl die Erprobung ermöglicht,
dafür kann die Benutzung der Bremse aber nur wieder
einer einzigen Stelle, nämlich jener, die den Motor dirigirt, anheimgegeben werden.

Ein nach allen Seiten so ziemlich entsprechendes
Resultat liesse sich vielleicht erreichen, wenn man den
auf der Locomotive befindlichen Regulator der continuirlichen Westinghouse'schen oder Hardy'schen Bremsen
nach Art der Lartigue'schen Dampfpfeife (vergl. Abschnitt VII) ausführen und die Leitung zu dem bezüglichen
Hughes'schen Magnete über dem Zuge führen wollte,
so dass der Locomotivführer die Bremse nach Bedarf
mit der Hand, aber auch das übrige Zugpersonal im
Nothfalle auf elektrischem Wege auslösen könnte.

XII. Aussergewöhnliche elektrische Eisen-bahn-Einrichtungen.

Bei den Eisenbahnen finden sich noch mannigfache
elektrische Einrichtungen, die theils von anderen An-
wendungsgebieten entlehnt und angenommen, theils eines
besonderen Bedürfnisses wegen entstanden, d. i. für ausser-
gewöhnliche Verhältnisse absichtlich construirt worden sind.

Es giebt wohl kaum eine grössere Bahn, bei welcher
in den Bureaux der Centralleitung nicht von Haustelegraphen ausgiebiger Gebrauch gemacht würde, wie es
ebenso auf weitläufigen Bahnhöfen mit stark besetzten
Magazinen in der Regel einen besonderen Feuertelegraphen

giebt. M. Pollitzer hat einen Thermo-Telegraphen für die Züge der Oesterreichisch-ungarischen Staatsbahn-Gesellschaft construirt, welcher die Aufgabe hat, beim Zugführer einen Wecker thätig zu machen, wenn die Temperatur in den Wagen über ein festgesetztes Maximum steigt.

Ganz die Form gewöhnlicher Haustelegraphen (vergl. Bd. XIV der Elektro-technischen Bibliothek), nur mit dem Unterschiede, dass der Wecker, damit er im Freien angebracht werden kann, mit einer wasserdichten Blechhaube versehen ist, haben die in Oesterreich-Ungarn häufig angewendeten, einen Bestandtheil der Distanzsignale bildenden sogenannten Rufklingelwerke.

In jenen Stationen, wo für die Stationsdeckung mechanische Distanzsignale vorhanden sind, die von dem nächst den Ausfahrtsweichen postirten Wächter gestellt werden, dient das Rufklingelwerk zur Ertheilung der Dispositionen, welche vom Stationsbureau aus dem Signalsteller ertheilt werden. Die Rufleitung schliesst, von der Erde in der Station ausgehend, an den Pol einer im Stationsbureau befindlichen Batterie, geht vom zweiten Batteriepol zu einem gewöhnlichen, sogenannten Zimmertaster, der gleichfalls im Stationsbureau angebracht ist, vom zweiten Anschlusse des Zimmertasters läuft die Leitung längs des Bahnhofes bis zur Bude oder dem Wohnhause des Weichenwärters, passirt dort den an der Hauswand befestigten, als Selbstunterbrecher eingerichteten Wecker, um endlich hinter diesem wieder zur Erde zu gelangen. Durch das Niederdrücken des Tasters im Stationsbureau wird sonach der Wecker des Weichenwärters, beziehungsweise Signalstellers zum Läuten gebracht. Ein einmaliges längeres Läuten gilt dem Wärter als Auftrag,

das Stationsdeckungssignal auf „Verbot der Einfahrt" zu
stellen, ein fünfmaliges Ertönen des Weckers gilt als
Weisung, die Einfahrt wieder frei zu machen. Aehnliche
Verständigungsmittel für den gleichen Zweck werden
auch auf den französischen und deutschen Bahnen häufig
benutzt; bei letzteren ersetzt jedoch gewöhnlich ein
Magnet-Inductor die Batterie, und die Wecker der Wärter
haben zumeist Abfallscheiben, damit der Wärter die er-
erfolgte Weisung auch für den Fall inne wird, als er im
Momente des Ertönens des Weckers sich ausser Hörweite
befunden hätte.

Auf den englischen Bahnen ist es in Stationen, wo
viele Routen einmünden, wünschenswerth, dass die Beamten
sowohl als das Publicum an den Expeditionsstellen wissen,
aus, beziehungsweise nach welcher Richtung der eben ein-
langende Zug kommt, beziehungsweise geht. Es sind zu
diesem Ende an den gewünschten Stellen, z. B. auf der
Expeditionsbrücke, grosse Scheiben von schwarzer Farbe
aufgestellt, auf welchen in der Peripherie die verschiedenen
Routen wie die Stundenziffern einer Uhr weiss angeschrieben
stehen. Ein Zeiger dreht sich vor dieser Tafel und bleibt
immer bei jener Aufschrift stehen, welche die Route des
zunächstkommenden Zuges nennt. Dieser Anzeige-
Apparat — Train-Describer, wie ihn die Engländer
heissen — wird elektrisch bewegt. Der dazugehörige Sender
gleicht im Aeusseren dem vorgeschilderten Empfangs-
Apparate, mit dem Unterschiede, dass bei jeder Routen-
bezeichnung seitlich ein Tasterknopf vorsteht, und derselbe
befindet sich im Aufenthaltsraume des Central-Weichen-
stellers, der telegraphisch von der Nachbarstation über
das Eintreffen der Züge Nachricht erhält. Sobald er den
fraglichen Zug vorrücken lässt und für dessen Fahrt Alles

vorbereitet hat, drückt er am Train-Describer jenen Tasterknopf nieder, der der Zugroute entspricht. Hierdurch löst
sich ein Uhrwerk aus, welches einen automatischen Strom-
sender bewegt und mit diesem eine Reihe von Batterieströmen entsendet, die durch einen Elektromagnet des
Zeichen-Apparates gehen und den Zeiger desselben sprung-
weise vorwärts drehen, bis er vor der betreffenden Routen-
tafel stehen bleibt. Die Anzahl der Ströme ist natürlich
genau danach bemessen, dass der Zeiger an die richtige
Stelle kommt, und das gegenseitige Arrangement zwischen
Sender und Zeichengeber, sowie die Einrichtung dieser
Apparate selbst hat, wie man sieht, ganz den Charakter
eines Zeigertelegraphen (vergl. Bd. V).

Aehnliche Zuganzeiger, welche dazu dienen, die ankommenden Züge und die Richtung, aus der sie kommen,
im Bahnhofe zu signalisiren, sind auch von Hipp ausgeführt und auf vielen Schweizer Bahnen in Benutzung
(vergl. Zetzsche's Handbuch, IV. Bd., S. 826 ff.).

Um den Wunsch der Reisenden, bei der Einfahrt in
eine Station den Namen derselben zu kennen, zu befrie-
digen, hat F. M. Rogers in London 1879 eine Einrichtung construirt, welche in Nachfolgendem besteht:
In jeder Abtheilung jedes Wagens ist ein mit den Namen
der aufeinanderfolgenden Stationen beschriebenes Zifferblatt vorhanden und ein über demselben laufender Zeiger
rückt beim Einfahren in jede Station um ein Feld weiter.
Zu diesem Zwecke befindet sich am Gestelle des ersten
Wagens ein kleiner Arm, welcher beim Einfahren in die
Station gegen einen an der Perronkante angebrachten
Stift stösst, von diesem zurückgedrückt einen Contact
schliesst, wodurch die mit den Zeichenscheiben durch
eine Leitung verbundene, im Wagen angebrachte Batterie

wirksam werden kann und die Zeiger der sämmtlichen
Stationsanzeiger um ein Feld weiterrücken.

Ein dem gleichen Zwecke dienender, von M. Por-
litzer angegebener und von Leopolder und Teirich in
Wien ausgeführter Apparat war von der Oesterreichisch-
ungarischen Staatseisenbahn-Gesellschaft auf der Pariser
Ausstellung exponirt. In einem Kästchen waren die Sta-
tionsnamen nebst der Minutenzahl des Zugsaufenthaltes
auf hintereinanderliegenden Täfelchen geschrieben, von
welchen immer das den Namen der nächsten Station
tragende vor einem Glasfensterchen gesehen werden konnte.
Bei der Einfahrt in jede Station hatte durch den Zugführer eine Stromabgabe durch Niederdrücken eines in
seinem Coupé befindlichen Tasters zu erfolgen. Dieser
Strom bethätigte in jedem der Stationsanzeige-Apparate
einen Elektromagnet, der Anker des letzteren wurde
angezogen und das bisher sichtbar gewesene Täfelchen
fiel in den Kasten hinunter, wogegen das Täfelchen der
erreichten Station nunmehr als erstes vor dem Fensterchen
erschien. Der ausgestellte Apparat hatte die Bestimmung,
gleich in die Linie des elektrischen Intercommunications-
Signals (vergl. S. 199) eingeschaltet zu werden.

Auf der a. pr. Buschtěhrader Eisenbahn besteht
auf der Station Prag (Sandthor-Bahnhof) eine eigenthüm-
liche Einrichtung, die dort mit dem Namen Allarmsignal
bezeichnet wird. Am Ende der bezeichneten Station ist
eine sehr frequente Bahnübersetzung, auf der anderen
Stationsseite schliesst die Strecke bis zur nächsten Station
in einer sehr starken Steigung (1 : 40) an. Es war seinerzeit vorgekommen, dass bei Glatteis oder Schnee u. s. w.
die von dem Gefälle herabkommenden Züge vor dem
Stationsgebäude in Prag (Sandthor) nicht anhalten konnten,

sondern bis zur vorbezeichneten Bahnübersetzung vor-
oder gar darüber hinaus fuhren. Damit für jeden Fall die
Schrankensperrung rechtzeitig erfolge, ist daselbst ein auf
Ruhestrom geschalteter Glocken-Apparat, System Leopolder (Fig. 26), aufgestellt, an welchem die auf der
Triebwerksaxe a_1 sitzende Einlösenase d jedoch weggenommen ist. Wenn also der Apparat durch Stromunterbrechung ausgelöst wird, so läutet er so lange fort, als
das Gewicht läuft, oder vielmehr bis ihn der Schrankenwärter mit der Hand arretirt. Die vom Läutewerke ausgehende
Leitung passirt mehrere plombirte Unterbrechungstaster,
wovon sich einer in der Station Prag (Sandthor-Bahnhof),
die anderen bei den zwischen Prag (Sandthor-Bahnhof)
und Weleslawin liegenden Bahnwächterhäusern befinden,
und geht in der letztbenannten Station durch eine Batterie zur Erde. Wenn der Allarm-Apparat ertönt, hat der
Schrankenwärter in Prag (Sandthor-Bahnhof) unverzüglich
den Schranken zu schliessen und die oberen Weichen-
wärter haben das Einfahrtsgeleise mit dem immer in der
Nähe vorbereiteten Sand zu bestreuen. Umgekehrt hat
jeder Bahnwärter der in Frage kommenden Strecke, sowie
die Beamten der beiden Stationen die Pflicht, sobald ein
Zug zu rasch fährt oder wenn der Maschinenführer Brems-
signale giebt, selbstverständlich auch sonst, wenn etwa
Fahrbetriebsmittel entrollen oder Zugtrennungen vor-
kämen, unverzüglich das Allarmsignal durch Umstellung
der Kurbel seines Unterbrechungstasters zu geben.

Schliesslich möge noch die telegraphische Mit-
theilung der Zeit bei den Eisenbahnen Erwähnung finden.
Es ist ja ein Haupterforderniss für die prompte Abwicklung des Verkehrsdienstes, dass Diejenigen, welche
auf die Fahrgeschwindigkeit der Züge Einfluss üben, also

in erster Linie die Locomotivführer und Zugführer und
ebenso die Zugexpedienten in den Stationen, schliesslich
aber auch das gesammte Stations- und Streckenpersonale,
welches für den Empfang oder Lauf des Zuges Vor-
kehrung und Sicherheitsmassnahmen zu treffen hat, genau
über die Zeit informirt seien. Die Uhren in den Stationen,
sowie die der Wächter und endlich die Taschenuhren
sämmtlicher Betheiligten sollen die gleiche Zeit zeigen.
Die Richtigstellung geschieht durch täglichen Vergleich.
In der Regel wird von jeder Bahn täglich telegraphisch
an alle ihre Stationen zur bestimmten Stunde die Zeit
gegeben, sei es nach einer Normaluhr, sei es nach dem
telegraphischen Zeitzeichen einer Sternwarte.   In Oesterreich-Ungarn giebt jede Station die Zeit auch noch durch
ein durchlaufendes Liniensignal an sämmtliche Strecken-
wächterposten ab.   Nach diesen telegraphischen Zeichen
sind sämmtliche Uhren zu richten. Viele Bahnen, insbesondere die englischen, belgischen und Schweizer Bahnen,
bewerkstelligen die Uhrenregulirung, indem in allen Stationen elektrische Uhren aufgestellt sind, welche von
einer Normaluhr betrieben werden oder indem an den
gewöhnlichen Uhren aller Stationen wenigstens Regulir-
vorrichtungen angebracht sind, deren Auslösung von
einem Punkte aus gleichzeitig auf telegraphischem Wege
erfolgt, so dass in demselben Momente in allen Stationen die Uhrzeiger auf die gleiche Stelle geschoben
werden (siehe Bd. XIII der Elektro-technischen Bibliothek).

Index.